当代中人经济学家文库

主编 / 胡必亮　赵建廷

黄有光自选集

山西出版集团
山西经济出版社 SHANXI ECONOMIC PRESS

黄有光自选集

黄有光

总 序

改革开放以来，中国经济增长、社会转型与政治改革都表现出循序渐进、健康稳步发展的良好势头。工业化、城市化、信息化、全球化等多种力量在同一时期汇聚于中国发展的历史大舞台，为中国的加速发展创造了千载难逢的历史性机遇并直接提供了强劲的动力。中国的和平崛起已经成为新世纪人类历史发展新阶段的重大事件，并引起了全世界的普遍关注。

变革的时代必然产生创新的思想。在中国发生这场伟大的历史性变革过程中，中国大陆经济学家，香港、澳门和台湾经济学家以及旅居海外的华人经济学家共同见证和详细观察了这场具有革命性意义的伟大变迁甚至直接参与其中，根据中国国情并参照国际经验，创立了许多具有重大创新意义的经济学理论。这些经济学理论一方面源于中国改革开放的伟大实践，另一方面也对这一伟大实践起到了重要的理论指导作用。将这些经济学家独立创新的经济学理论疏理清楚，并整理出来，不仅有利于世界经济学界正确认识和理解中国经济学与中国经济学家，也有利于我们从一个侧面深入理解中国在这样一个特殊历史时期的一系列改革开放政策。

20 世纪，山西经济出版社曾出版了一套《中国当代经济学家文丛》，收录了国内 59 位经济学家的选集，在中国经济学界产生了深远的影响。在此基础上，21 世纪拟出版一套《当代华人经济学家文库》，收录全球华人中卓有建树的经济学家的代表作。与其他类似的图书相比，这套文库具有三个主要特点：一是强调理论性，即所选文章必须是理论性论文；二是强调独创性，所选论文要求理论观点鲜明，而且必须具有原创性；三是强调规范性，即所选论文的写作方式必须符合经济学研究的基本规范。

从本文库的编辑形式来看，也具有一定的独特性：首先，每篇作者自选的论文后面都有一篇作者的自述短文或本研究领域学术权威（包括相关研究机构、学术报刊等）的评论文章，对该文的研究背景、创新意义及其学术影响做出实事求是的评论，以帮助读者进一步理解文章的学术价值；其次，不论作者创新的理论观点多寡，文章长短，著作厚薄，只要有五万字以上文字即可成书，重在原创性；最后，除文库主编（创意提出者与设计者）外，文库编委会成员皆由入选作者组成，为保证本文库较高的学术水准，每部候选著作都必须经编委会成员全数通过，方可入选。

经过近30年的改革开放，中国经济已经基本融入全球经济一体化过程之中。相应地，中国经济学与中国经济学家也正逐步走向世界。我们期待着，曾经产生过许多世界上最优秀的古代思想家的中华民族，也将在新的历史时代产生许多世界上最优秀的现代经济学家。

"人事有代谢，往来成古今。江山留胜迹，我辈复登临。"我们希望，这套文库成为当代华人经济学家贡献给历史和后人的一处独特的学术风景，为构建中国经济学繁荣与发展之大厦起到铺路石的作用。

主　编

2006年6月10日

学术小传

黄有光，经济学博士，蒙纳士(Monash)大学讲座教授 (personal chair; 1985-)。1942年出生于马来西亚，毕业于槟城韩江中学(1961)、新加坡南洋大学(1966)、悉尼大学(PhD 1971)。于1971年任University of New England 讲师与高级讲师，1973年到1974任牛津大学Nuffield学院访问研究员 (Visiting Nuffield Foundation Fellow)，1974年任蒙纳士大学教授(reader)。先后访问过中、英、美与新加坡等地多所大学。于1980年被选为澳大利亚社会科学院院士。于1986年被选为"Who's Who in Economics: A Biographical Dictionary of Major Economists 1700-1986"中的十名澳大利亚学者与全球十名华裔学者之一。于2007年被澳大利亚经济学会选为杰出学者(Distinguished Fellow)。在经济学、哲学、生物学、心理学、数学等学术期刊(包括American Economic Review, Economica, Economic Journal, Journal of Economic Theory, Journal of Political Economy, Review of Economic Studies, Social Choice and Welfare) 发表两百余篇审稿论文。兴趣与贡献包括: 中国经济问题,福祉经济学与公共政策,提创综合微观、宏观与全局均衡的综观分析, 提创研究动物福祉的福祉生物学，与杨小凯合作发展以现代数理方法分析古典的分工、专业化与经济组织的新兴古典经济学。专著包括：Welfare Economics, London: Palgrave/Macmillan 2004 （中译《福祉经济学》, 东北财经大学出版社，2005); Mesoeconomics: A Micro-Macro Analysis. London: Harvester, 1986 （中译《综观经济学》, 中国社会科学出版社，1996); Specialization and Economic Organization, Amsterdam: North Holland, 1993 (与杨小凯; 中译《专业化与经济组织》, 经济科学出版社, 1999); Increasing Returns and Economic Analysis, ed., London: Macmillan, 1998, 与 Kenneth Arrow （诺奖得主）及 Xiaokai Yang； Efficiency, Equality, and the Foundation of Public Policy, London: Macmillan and New York: St. Martin's Press, 2000 （中译《效率、平等与经济政策》)（社会科学文献出版社，2003);《千古奇情记》（作家出版社, 1993）;《经济与快乐》, 东北财大出版社, 2000;《金钱能买快乐吗?》（四川人民出版社，2002）;《社会福祉与经济政策》（北京大学出版社，2005）;《黄有光看世界》（经济科学出版社，2005）。即将出版Increasing Returns and Economic Efficiency (London: Palgrave/Macmillan, 2009)及与张定胜合著的《高级微观经济学》（上海格致出版社，2008）。

黄有光自选集

前　言

感谢樊刚、本文库主编与山西经济出版社给我出版本书的机会。我从1965年在Journal of Political Economy发表学术论文以来，已经有40多年的历史。要从这许多文章中选出有代表性的10篇，也不容易。结果选出12篇，超出原来规定的篇幅，蒙主编体谅，再谢了。从20世纪70年代到21世纪，刚好每十年各三篇，在时间上也有代表性。

既然每篇文章前面都写了自述，这里不必多说。文章由不同译者翻，都经过我大略看过与修改。有一些修改没有得到译者的同意，尤其是两位我不认识的译者（刘晓芳，胡芸）所译的，因为不知道如何联系译者。刘晓芳译的《东亚快乐鸿沟》发表在《信息空间》创刊号(2003年12月)，50~58页。胡芸译的《从偏好到快乐》发表在2005年4月《新政治经济学评论》第1卷第1期，110~149页。本书收集的都经过我修改。

主观上肯定是要修正，但难免有些地方反而修歪，尤其是我可能根据新加坡与马来西亚的华语习惯用法来修改，可能在国内被认为不恰当。希望译者原谅。

在我的学术生涯中，福祉经济学及与之有关的公共政策问题是我主要感兴趣的研究领域。（福祉经济学向来译为福利经济学[①]。但是“福利”比较容易被误为是指“福利开支”，或被误为只限于有关物质利益的福利。把 Welfare 译为福祉，比较会被正确地理解为幸福或快乐）本书所收集的 12 篇文章，有 10 篇是关于这方面的。中国对现代经济学的研究，近年已经有了很大的进展，但在福祉经济学及公共政策的理论基础方面，还差强人意。由于生产不是最终目标，福祉或快乐才是最终目标，有关福祉的研究是非常重要的。希望本书的出版，能略微增加人们对这些重要问题的兴趣。

黄有光

2007 年 4 月 9 日于墨尔本蒙纳士（以前译为莫纳什）大学

① 本书译文中遵从译者习惯，有时仍保留“福利”的译法。

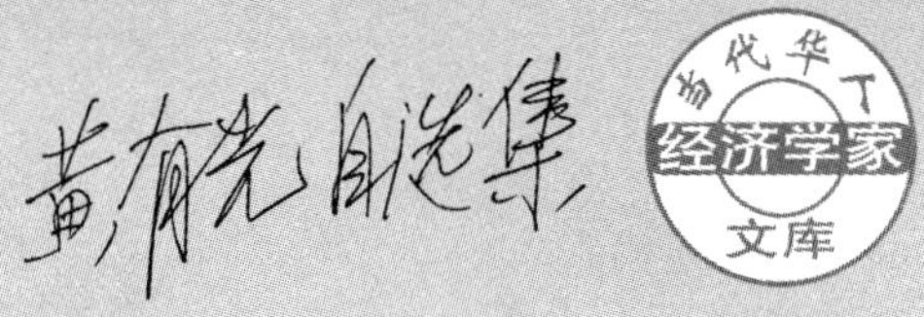

目录

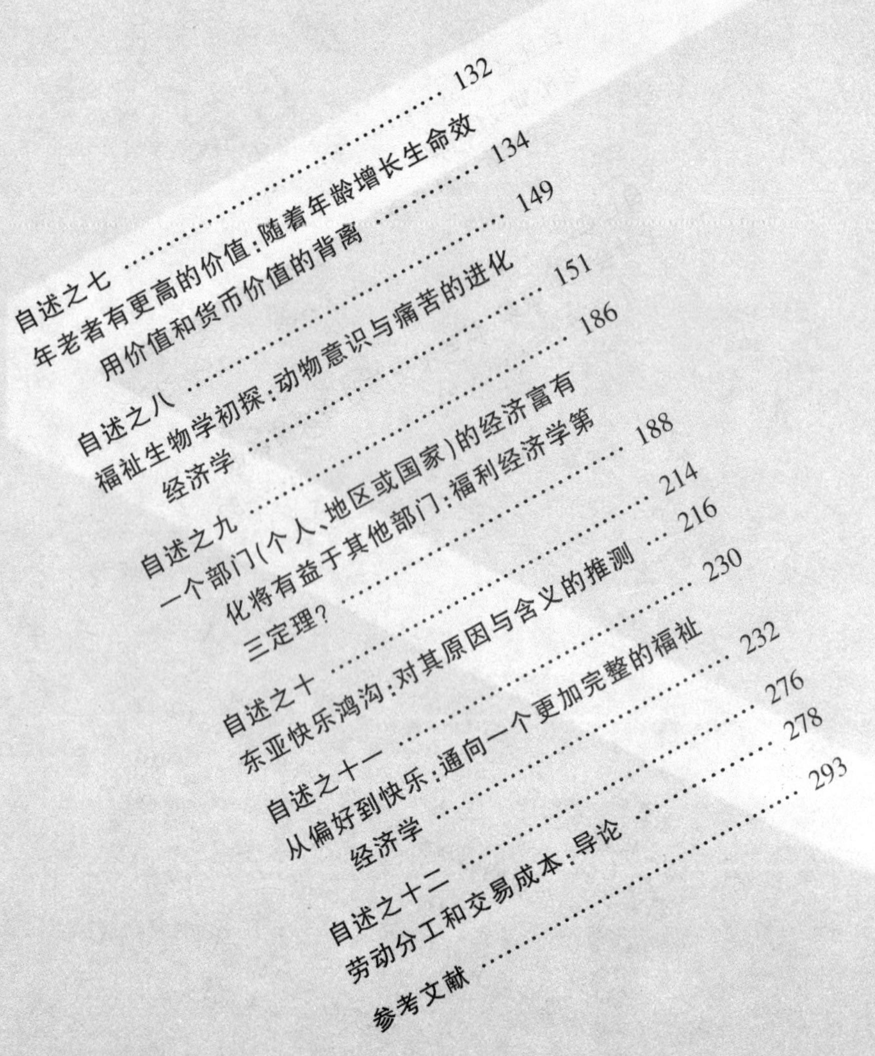

自述之一

在我的学术生涯中，福祉经济学及与之有关的公共政策问题是我主要感兴趣的研究领域。福祉经济学的一个重要问题是,公共政策应该极大化的是什么?如果说,公共政策应该极大化社会福祉,那么,社会福祉函数应该是什么形式?我在《边沁抑或伯格森?》这篇1975年的文章中证明了效用主义的加总定理，即社会福祉应该是社会中所有个人的福祉的无权(即每个人的权数相等)总和。终极而言,公共政策应该把所有人的福祉的无权总和极大化。这不但是福祉经济学与公共政策的重要结论,也是伦理哲学的重要结论。

关于这篇文章,有几个小插曲。我于1970年底呈上博士论文,于1971年初到新英格兰大学任讲师。1972年申请升任高级讲师时,请澳大利亚著名经济学家Geoffrey Harcourt为我写推荐信。当时听他说,要成为一个优秀的经济学者,必须在RES(Review of Economic Studies)与JET(Journal of Economic Theory)上发表文章。这两家英美期刊都是很数理性的第一流期刊。Harcourt对我说这话时,我只在American Economic Review,Economic Journal,Journal of Political Economy等第一流期刊发表过文章,未曾在RES或JET上发表过。也许因为听了他的话,就把文章往这两家期刊送。结果于1974年在RES上发表了与Mendel Weiser合作的文章,于1975年发表了《边沁抑或伯格森?》,及在JET发表了另一篇文章。我把这些文章寄给Harcourt,对他说,我满足了成为一个优秀的经济学者的Harcourt必要条件。

其实,《边沁抑或伯格森?》是我1974年在牛津大学纳菲(Nuffield)学院访问时写的，当时在后来于1996年拿到诺奖的James Mirrlees主持的研讨会上讨论过。会后,Mirrlees让我把文章给当时他主编的RES发表。经过审稿与修改,没有等到1981年,而于1975年发表。为何说没有等到1981年呢?

此文用了有限敏感度概念,它反映了这样一个事实,即人类感官的分辨力不是无限的。假设某人喝咖啡时喜欢加两匙糖,但该人多数觉察不出1.95与2匙糖之间的差别。早在1781年和1881年,Borda和Edgeworth就分别论及了有限敏感度概念。因而,1974年当我在纳菲学院演讲时,一个与会者突然插话说,“你为什么不多等几年,到1981年再发表这一观点呢?”我回答说,等到文章发表时,大概已经是1981年了。由于早发了,我于1981年补发了另一篇有关文章。

就所有人的所有形式的快感而言,“最小可感知量”即恰好可感的快乐增量都可以视作等同的(Edgeworth 1881,pp.7ff.,60ff.)。埃齐沃斯(Edgeworth)认为这是一个不言自明的公理,或用他的话说“一个无从证明的第一原理”。《边沁抑或伯格森?》一文用了一些更加非接受不可的公理,证明最小可感知快乐量是人际可比的。更进一步,这篇文章证明社会福祉就是个人福祉的总和。此文发表后,新南威尔斯大学的Murray Kemp教授说,它一定会成为标准参考文献。但后来此文被引用频率却不高,可能因为1977、1978年拿到诺奖的A.K.Sen教授不久后对社会选择的综述文章中,忽略了此文,后来我把它寄给Sen,他写信向我道歉,说不应忽略了此文。

不过,我在社会选择领域的贡献得到了Dennis Mueller(1989,pp.383&441;他当时是美国公共选择学会的会长)的认可:“继Parks和Kemp & Ng(1976)开创性的论文之后,一些论文重新确立了,如果只有序数效用,不可能得出Bergson-Samuelson的社会福祉函数(SWF)……黄有光在1975年的最初理论以及随后的详尽论述(Ng 1981b,1982,1983,1984b,1985a),有力地支持了加总性[即效用主义]社会福祉函数(SWF)理论。”

边沁抑或伯格森？

——有限敏感度、效用函数与社会福祉函数

唐翔　译

一、引言及概述

自从伯格森1938年的著名论文引入社会福祉函数(SWF)的概念以来，这一概念在福祉经济学中所扮演的角色虽然愈来愈重要，但基本上还是非常形式化的。典型的做法是，所有涉及人际效用比较的问题都被认为必然牵涉伦理性的考量，而被移交给一个抽象的形式未定的社会福祉函数来处理[①]。另一方面，寻找一个合理的由个体偏好导出社会排序的法则的努力至今尚无结果，对于阿罗1951年著名论文(Arrow 1951)所揭示的社会选择悖论也依然没有解决。我们能否由一系列公认的价值判断推导出一个特定的形式完全确定的社会福祉函数呢？社会选择的悖论能不能在理论上也得到解决呢？本文试图对这两个问题作出肯定的回答。

本文使用的核心概念是有限敏感度，它反映了这样一个事实，即人类感官的分辨力不是无限的[②]。举例来说，假设某人喝咖啡时喜欢加两匙糖(x方案)甚于加一匙糖(y方案)，如果我们从一匙的量开始逐渐地增加糖的量，我们将达到一点y'(比如1.8匙)，使得该人觉察不出x与y'之间的差别。此外，可能存在另一点y''(比方说1.6匙)，该人认为它与y'无差别，但是他可以感觉到x优于y''。

① 我(在第一章)已经阐明，涉及效用人际比较的判断并不是价值判断，而是对事实的主观判断。此外，由于这种判断与其研究领域密切相关，经济学家们较之一般人士更有资格做出这种关于事实的主观判断。

② 无限感知力假设既有悖于人们的常识，也不符合心理学研究的结果。

因此,给定有限敏感度,一个完全理性个体的偏好无差异可能是不传递的。

有限敏感度的概念并不是笔者首次提出的,早在 1781 年与 1881 年这个事实就分别为德勒达 (deBorda) 与埃齐沃斯(Edgeworth)所提出。埃齐沃斯称之为"最小可感知量"(minimum sensible),并把如下命题当作是一个公理,或者用他的话来说,是"一个无从证明的基本原理",这个命题是说,就所有人的所有形式的快感而言,"最小可感知量"即恰好可感的快乐增量都可以视作等同的 (Edgeworth 1881,pp.7ff.,60ff.)。此外,阿姆斯特朗(Armstrong 1951)对一个他称之为"边际偏好"的类似概念作了一番更为细致的探讨。在心理学领域,这一概念通常被称为"恰好可感知的差异"[①]。

本文的主旨是,借助有限敏感度的概念与一个比一般帕累托标准还要弱的价值先设,以及其他一些常规的技术性假设,证明社会福祉函数应该取边沁提出的形式即个体效用的无权加总 (第 4 节)。第 5 节将讨论这一结论以及上述价值先设的伦理可取性。第 6 节论证的是,至少从理论上讲,我们可以合理地构造出完全基数性且定义了零点的效用和福祉函数,以实现某些目的。第 7 节将对本章提出的若干论点略作评论。虽然我们提出的社会福祉函数应取加总形式的结论并不依赖于对单位边际无差异的数目进行度量的实际可能性,但是,我们同时提出的社会福祉函数的无权性却依赖于这一点。然而,要实际进行这种度量却面临许多困难,这包括,可能出现虚假的偏好显示,不存在可行的替代方案,以及明确引入时间因素所涉及的各种问题, 这些困难以及解决它们的方法将在

① 我们下面(第 3 节)将会看到,在通常的连续性假设下,任给某个备选方案 x,并不一定存在一个在边际上恰好优于 x 的方案 y。在此情况下,虽然无法适用"最小可感量"、"边际偏好"或者"恰好可感差异"等概念,但是我们可以使用与之相仿的"最大不可感量"、"边际无差异"以及"恰好不可感差异"等姊妹概念。

最末一节予以讨论。

加总形式的社会福祉函数在伦理上可能不大受人欢迎，持平等主义伦理观的人往往偏爱具有严格准凹形式的社会福祉函数，这种形式的社会福祉函数所对应的福祉等高线凸向效用空间的原点。在下面一节,我将阐明这种对非线性社会福祉函数的偏爱一般源于我所谓的“效用幻觉”,即对富人的收入的社会价值权数作重复打折的倾向。

二、效用幻觉

经济学家们认为一般公众有货币幻觉，而他们自己却有效用幻觉。

我们只要稍微浏览一下福祉经济学方面的文献,就会发现,如果不是全部的话，至少绝大部分作者所采用的社会福祉等高线的形状是凸向效用空间原点的。如果效用函数只被当作是偏好的一种序数表征的话,那么,在某种意义上说,福祉等高线的形状无关紧要。这是因为,只要对效用函数作适当的严格递增变换,就可以将凸状的福祉等高线变成凹状的。不过,福祉等高线几乎无一例外地被作成凸状的事实一定有其原因。我认为,这个原因就是平等主义的伦理观。如果我们不仅仅把效用当作是偏好的一个序数表征,而使得它在某种意义上是基数可量且人际可比的，大多数人依然会认为穷人的一单位效用比富人的一单位效用重要。这种观点要么是基于某种对于效用平等本身的终极偏好,要么是由于“效用幻觉”所导致。

如果我们不是在一个效用平面，而是在一个各坐标轴分别表示不同个体的收入水平(比如在一组给定的产出与定价法则下)的收入平面上作福祉等高线，绝大多数人都会同意这些等高线应凸向原点,其理由是这样一种观点,即就任何一个给定的个体而言,

边际的一元钱在其收入较低时与其收入较高时相比，所满足的需要更为重要。因此,随着个体收入的增加,社会赋予其边际收入的权重应不断下降。因此,不论我们是否假设个体的享受能力相同,我们导出的福祉等高线(在收入空间中)都应是凸向原点的。如果我们不仅仅把效用当作一个序数表征来使用,那么可以认为,对每个个体,收入的边际效用都是递减的。如果我们进一步假设效用是人际可比的并且个体的享受能力相同，那么在给定总收入额的条件下,不平等的收入分配会降低社会的总效用,因为如此一来较迫切的需要就得不到满足。然而,这一平等主义的伦理观点可能会被粗率地套用在效用的分配问题上。因为收入分配的不平等往往意味着效用分配的不平等,所以这两者有时被当作是一码事。于是,收入分配不平等的恶名也会连累到效用分配的不平等。

试举一个简单的例子,假设个体的享受能力相当,给定100元的总收入,我们可能认为(50元:50元)的方案(即将这100元平均分给两个社会成员)优于(70元:30元)。如果我们假设上述分配方案所涉及的是效用值而非收入值，我们可能会认为（50个效用单位:50个效用单位)优于(70个效用单位:30个效用单位),理由是前者是对同一数额的总收入较为平等的一种分配方案。但是,在收入的边际效用递减且个体享受能力相似的假设下，前一种分配方案涉及的总收入一定较小。如果我们赞成对给定总收入进行平等分配的依据是收入的边际效用递减律,那么这并不表示,分配上虽较不平等但涉及总收入较大的方案一定不可取。

如果我们反对对给定总收入作不平等分配的理由仅仅是基于收入的边际效用递减律，那么认为一个分配上更为平等但涉及总效用较小的方案优于一个涉及总效用较大的方案一定是由于重复计算(或重复打折)的缘故。在收入的边际效用递减和效用人际可比的假设下，当我们以效用而非收入形式来表示一个分配较不平等但涉及总收入较大的方案时,对个体的收入已经打了折。如果对不平等的效用分配又打一次折扣，这种第二层次的打折就不能再次用收入的边际效用递减来支持。

当然，你可以坚持认为，不但收入的平等分配可取，而且效用的平等分配也是可取的，并且把这种主张当作一个无须作进一步解释的基本价值判断来持有。诚然，我们也无法证明一个价值判断是对还是错。不过，我们可以证明某些价值判断隐含另一些价值判断，或者某些价值判断含示对另一些价值判断的否定(Sen 1970a, pp.59ff.;Pattanaik 1971, pp.20–24)。在后面的几节里(特别是在第四节)，我将证明，只要我们接受一个非常温和的价值先设以及别的一些合理假设，我们就应认为对给定总效用的不同分配方案是没有优劣之分的，即我们只需要关心个体效用值的总和①。

三、不可传递的偏好无差异与效用函数的存在性

在证明作为本文核心结论的加总定理之前，我们尚需要解决效用的表征问题。给定有限敏感度以及与之相关联的无差异的不可传递性，是否对每个个体都存在一个刻画其偏好的实值效用函数呢？此问题及相关的一些问题已有不少学者作过探究。具体来说，路斯(Luce, 1956)定义了一个半排序，斯哥特与苏普斯(Scott 与 Suppes, 1958) 证明定义在一个有限集上的半排序可以用闭区间来刻画(参见 Fishburn, 1973a, p.92)。……费什本(Fishburn, 1973a, 定

① 上述反对效用幻觉而赞成加总式 SWF 的观点并不表示我主张对收入作更不平等的分配。诚然，莫里斯(Mirrlees, 1971)及其追随者采用边沁式 SWF 所作的最优所得税研究表明，最优的所得税累进率比现代西方国家所通行的要低得多。不过，这一结论有赖于某些假设，这些假设在给定收入边际效用递减的速率以及工作激励程度的条件下给效用函数规定了特定的形状。更要紧的是，我认为，这些研究者都忽略了个体效用对于其他人收入水平的依赖性(以简化数理讨论)。如果考虑到这个因素，边沁式的 SWF 也许并不排除较高的所得税累进率。

理 6)提供了若干用闭区间来刻画半排序的必要和充分条件,不过,这些条件涉及某些含义不是很直观的密度及可数性方面的要求。本文证明表征定理的途径是,利用关于显性偏好和显性无差异等传统概念的标准假设,来证明“隐性偏好”也必定满足某些学界所熟知的足以保证存在一个效用函数的条件。此外,如此得到的效用函数可以作适当的量标变换以满足如下约定:

约定 A:$(\forall i, \forall x,y)\{yP_ix \leftrightarrow V^i(y)-V^i(x)>a; xR_iy \leftrightarrow V^i(y)-V^i(x) \leq a\}$,其中 a 是对所有个体都相同的一个正的常数。(证明略去,详见拙著 Ng,1975a,pp.548–52,566–7。)

四、从个体效用函数到社会福祉函数

在为每个个体构造了一个相应的效用函数 V^i 之后,我们现在来推导社会福祉函数。为达此目的,我们需要更多的假设。如果我们将社会福祉定义为应当追求或者加以最大化的某个目标,那么这些假设就是一些价值先设,虽然它们可能非常弱。另外,我们也可以将这些假设仅仅当作定义一个新的概念即“社会福祉”的一些法则。后一种解释不会涉及任何价值判断,但是由此得到的社会福祉函数在不引入某些价值判断的前提下却没有任何指示性的含义。显然,我们感兴趣的是前一种解释,而本文所采用的也是这一种解释。

关于社会福祉的假设:

1. 一般效用主义。其含义是,社会福祉 W 只是个体效用的一个函数,即

$$W=W'(U^1,\dots,U^s)=W(V^1,\dots,V^s)$$

2. W 是 V^i 的连续且可微函数。

3. W 是准凹或准凸函数(引入这一条件只是为了排除 W 在“小范围内”呈非线性的情况,下文将作进一步解释)。

4. 弱式多数偏好法则 (weak majority preference criterion, WMP):任给两个备选方案 x 与 y,如果没有人偏好 y 甚于 x,并且(1)当社会成员的个数 s 为偶数时,至少有 $s/2$ 的人偏好 x 甚于 y;或者(2)当 s 为奇数时,至少有 $(s-1)/2$ 的人偏好 x 甚于 y 且至少另有一人的效用水平在 x 下不比在 y 下低,那么 x 方案下的社会福祉较高。

满足假设 1 的社会福祉函数有时被称作个人主义式的社会福祉函数。不过,"个人主义"一语用在此处容易引起误会,因为我并没有假设个体效用只是其本人消费向量的一个函数,换言之,我没有排除各种形式的外部性影响个体偏好的可能, 其中包括对他人的伦理性关怀①。实际上,假设 1 可以用假设 4 和其他一些假设导出②。不过,既然假设 1 非常弱,直接将它列出应该没有太大问题。假设 2 的合理性也是显而易见的, 因为任何个体效用水平的微小变化都不应引起社会福祉作跳跃性的变动。假设 3 略强一些,并且

① 不过,如果个体偏好(区别于满足即快乐程度)受到诸如此类的伦理性考虑的影响,那么最大化一个作为个体效用值(表征偏好)函数的社会福祉函数就不等同于最大化一个作为个体快乐值函数的社会福祉函数,关于这一点,请参见森(Sen, 1973a, pp. 253-254)。在此情形下,就效用计算而论,也许应该要求个体单单基于其本人的快乐程度来报告其偏好。

② 假设有别的某种因素 (或者某些因素组成的一个矢量)E 进入我们的社会福祉函数,即有 $W=W(V^1,\ldots,V^S,E)$。那么,我们可以利用 WMP 以及假设 2 证明,任给 E 与所有 V 的取值,都有 $W_E(\equiv\partial W/\partial E)=0$,因此 E 实际上并不进入社会福祉函数。详细证明如下,设有两种社会方案 x 与 y,使得 $V(y)-V(x)=a$ 对于一半个体成立,而 $V(x)-V(y)=a+h$ 对于另一半个体成立,其中 h 是一极小的正数(如果有奇数个个体,则不妨设其中某个体认为 x 与 y 无差异而只考虑余下的个体)。根据 WMP,无论 E 的取值如何变化,都应有 $W(x)>W(y)$;换言之,无论 E 增加一千倍或是趋于无穷小,我们仍然有 $W(x)>W(y)$。基于假设 2,如果 E 不进入 W,我们可以令 $W(x)-W(y)$(在绝对值意义上)任意小而不改变上述结论。但是,如果 E 确实进入 W 并且 W_E 不总是为零,那么 E 的某个足够大的变动就可以逆转 h 对 W 的影响而导致 $W(x)<W(y)$,而这就违反了 WMP。以上证明与个体效用值 V 的组合无关,因此 E 不进入 W。

其含义也超过了实际所需。它要求不同个体效用水平之间的边际替代率要么是不增的，要么是不减的。如图 1 所示，形如 W_2 与 W_3 或者 W_1 与 W_2 的社会福祉等高线是可取的，而形如 W_4 的福祉等高线则为假设 3 所排除。我们下面将会看到，即使不用假设 3 也可以排除W_4，采用假设 3 只是为了排除形如 W_0 这样“在大范围内”呈线性而在“小范围内”呈非线性的福祉等高线。因此，我们求诸假设 3 实际上是很弱的。

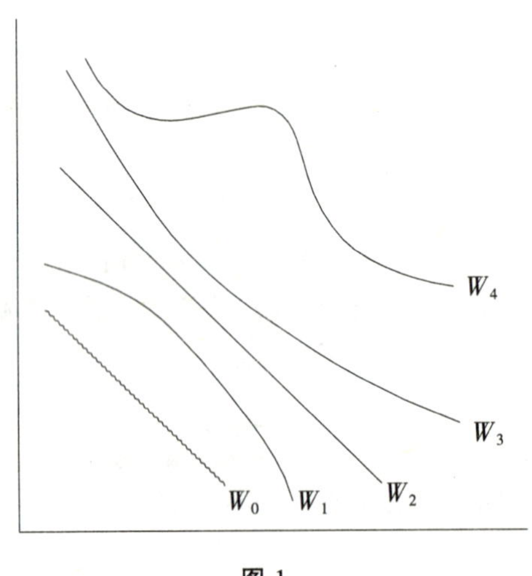

图 1

弱式多数偏好法则(假设 4)要求多数人(包括勉强过半的多数)的偏好应该胜过少数人的无差异，这是本文的基本价值假设，其理由详见下一节。现在我们先来提出并证明我们的定理[①]。

加总定理：任何一个满足假设 1~4 的社会福祉函数必定取$\sum_{i=1}^{s}V^i$的形式或其单调递增变换。

证明：试考虑 s 为偶数的情形(s 为奇数的情形可以通过令某

① 值得一提的是，费什本(Fishburn 1973b)提出的加总式社会选择函数，比起下面定理所涉及的边沁式 SWF，是一个宽泛得多的概念。

个 V 保持不变的办法来处理）。设有某对备选方案 x 与 y，对 $j=1,\dots,s/2$，有 $V^j(y)=V^j(x)+b$，其中 $b>a$；且对 $k=s/2+1,\dots,s$，有 $V^k(y)=V^k(x)-a$。根据约定 A，对 $j=1,\dots,s/2$ 与 $k=s/2+1,\dots,s$，分别有 yP_jx 与 yI_kx 成立。于是，根据 WMP，可推知 $W(y)>W(x)$。更准确地说，我们有

$$W\{V^1(x)+b,\dots,V^{\frac{s}{2}}(x)+b,V^{\frac{s}{2}+1}(x)-a,\dots,V^s(x)-a\}>W\{V^1(x),\dots,V^s(x)\} \quad (1)$$

类似的，我们有

$$W\{V^1(x)+a,\dots,V^{\frac{s}{2}}(x)+a,V^{\frac{s}{2}+1}(x)-b,\dots,V^s(x)-b\}<W\{V^1(x),\dots,V^s(x)\} \quad (2)$$

令 b 趋近于 a，则 1 式的左边趋近于 2 式的左边（根据假设 2）。但是，只要 $b>a$，上面两不等式依然成立。于是，取极限可得，

$$W\{V^1(x)+a,\dots,V^{\frac{s}{2}}(x)+a,V^{\frac{s}{2}+1}(x)-a,\dots,V^s(x)-a\}=W\{V^1(x),\dots,V^s(x)\} \quad (3)$$

经由类似的推导过程（即，将第二至第 $s/2$ 个以及最后一个个体的效用指数减去 a，并将其余个体的效用指数加上 a），可以得到

$$W\{V^1(x)+a,\dots,V^{\frac{s}{2}}(x)+a,V^{\frac{s}{2}+1}(x)-a,\dots,V^s(x)-a\}=W\{V^1(x)+2a,V^2(x),\dots,V^{s-1}(x),V^s(x)-2a\} \quad (4)$$

显然，等式 3 与 4 的右边必相等。并且，任给初始点 x，且任选两个 V^i 而分别令其增加和减少 $2a$，这一关系依然成立。于是，对任意的 j,k 及任意的 λ,μ，我们有：

$$\int_{\lambda}^{\lambda+2a} W_j\partial V^j=\int_{\mu}^{\mu+2a} W_k\partial V^k \quad (5)$$

其中两积分是连续取得的。5 式的含义是，如果我们令某一 V^i 增加 $2a$，并令另一 V^i 减少 $2a$，同时使其余的 V^i 保持不变，则我们仍处于同一福祉等高线上。考虑图 2 所示的福祉等高线，由于其余

的 V^i 都保持不变，所以图中的福祉等高线只是就 V^j 与 V^k 作出。如果 V^j 与 V^k 的度量尺度一致，即 a 在两坐标轴上对应的距离相等，那么经过任意给定一点(例如 A 点)的福祉等高线也必定经过位于负斜率的 45°线上，与之相距 $\sqrt{8}\ a$ 或其整数倍长度的各点(即 B、C 等各点)。既然大小为 a 的效用差异不足以产生一个偏好，我们可以把 $2a$ 称为“小范围”。因此，等式 5 所要求的是社会福祉函数在大范围内必须是线性的，同时它并没有排除“小范围”内非线性的情形，如图 2 中所示蛇形的福祉等高线对应的社会福祉函数就是等式 5 所允许的[①]。正是在这一点上我们需要用到假设 3。因为 W 必须是准凹或准凸函数，所以当我们沿给定的福祉等高线移动时，$-W_j/W_k(=\partial V^k/\partial V^j$，如果我们令 W 与其余所有 V^i 保持不变)的值应保持恒定或只能朝一个方向变化。然而，只要$-W_j/W_k$ 朝任一方向变化(即递增或递减)，则等式 5 就不可能对任意的 j,k 及任意的 λ,μ 均成立，所以 W_j/W_k 必定对这些变量的任意取值都保持恒定。于是由等式 5 可知，对所有的 i，都有 $W_i=G$(某个正的常数)。

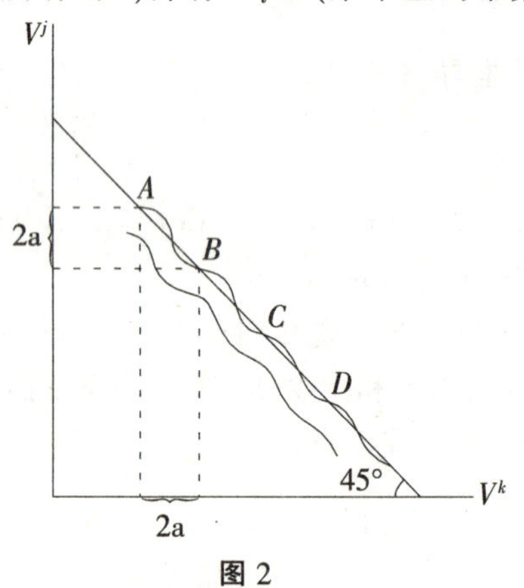

图 2

① 我曾一度误以为等式 5 足以导出线性 SWF 的结论。所幸的是，莫里斯在他的一次经济学理论的研讨会上，举出图 2 中的蛇形福祉等高线作为一个反例，这令我获益匪浅。

现在我们对满足假设 1 的 W 作全微分：

$$dW=\sum_{1}^{s} W_i dV^i \tag{6}$$

将 $W_i=G$ 代入 6 式,并对等式两边求积分,得到

$$W=G\sum_{1}^{s} V^i+H \tag{7}$$

其中 H 是积分常数之和。迄今为止,我们尚未对 W 施加任何使其成为一个基数函数的限制,因此,W 的任何单调递增变换也是可以接受的,因为这不会改变原有的排序。这就是说,我们可以令 $G=1$,$H=0$ 而不失一般性,于是 $W=\sum_{i=1}^{s}V^i$。证毕。

五、伦理上的考量

上述加总定理毫无疑问是一个较强的结论，因此许多读者会对我们的假设提出质疑,以期推翻这一定理。不过,除了假设 4 之外，这些假设似乎都非常弱，并且/或者只涉及纯技术性细节,因此,该定理的成立与否取决于弱式多数偏好法则的可取性。

在我看来,弱式多数偏好法则(WMP)是极为合理的,它是多数决定法则和帕累托标准的一个综合。其大致的含义是,如果至少有一半人赞成某项社会变革而没有人反对，那么这一变革就是可取的。作为社会改进的一个充分条件,它比多数决定法则和帕累托标准要容易接受得多①。帕累托标准是说，如果有些人偏好 x 甚于 y 而没有人偏好 y 甚于 x,则社会应认为 x 优于 y。除此之外,WMP 还要求至少一半的人偏好 x 甚于 y。只要你接受帕累托标准与多数决定法则这二者之一,在逻辑上你就势必接受 WMP。

---

① 我在别处(Ng 1973b)曾经指出,对帕累托原理的通行反对观点是站不住脚的,因为这一观点混淆了必要性与充分性。

有读者可能反对说,就涉及有限敏感度的模型而言,帕累托标准所指的实际上应该是隐性偏好而非显性偏好。与帕累托标准的这种解释相比,弱式多数偏好法则并不见得更弱。不过,我希望阐明 WMP 就其本身而言也是一个非常合理的社会选择法则。

首先,我们必须对我们所谓"偏好"的含义作一番澄清。就理想的情形而言,作为社会福祉函数的一个自变量,一个个体的偏好应该是指他对自身福祉的真实感受,而既非其事前的偏好显示,也非其实际选择。显示偏好可能由于预见力的不完善、非理性选择或者对他人福祉的关心而背离实际的福祉感受。假设澳大利亚民众的显示偏好是倾向于宽松的货币政策(x)而非谨慎的政策(y),因为他们认为在失业和通胀之间存在稳定的消长关系。但如果这一消长关系实际上是暂时的,那么我相信不会有人认为实施 x 方案的社会福祉比 y 方案高。不过,以实际福祉来定义个体偏好几乎是不可操作的,因此,我们也许不得不主要使用显示偏好,而只是在二者存在较为显著的分歧时作相应的调整。不过,诸如不完善预见力之类的问题是一个相对独立的题目,这里不妨将其抽象掉。易言之,我们既可以将"偏好"定义为实际的福祉感受而忽略操作上的问题,也可以假设不存在预见力不完善等问题,而认为显示偏好与实际福祉是完全一致的。

由上述讨论可见,我们的有限敏感度概念有别于乔治斯库–雷根(Georgescu–Roegen 1936, 1958)提出的选择阈(the threshold in choice)的概念。这种阈值受到不完善预见力的影响,因而是作出某项选择所容许的考虑时间的一个函数。"间隔时间越长,则当事者的心理阈值越小。当试验时间趋于无穷大时,阈值为零"(Georgescu–Roegen 1936, p.152)。在我们的模型中,预见力不完善和时间等因素已经被抽象掉了,但由于人类感受能力的根本局限,这种心理阈限依然存在。

现在让我们回过头来考虑 WMP 的可取性。在比较两种社会状

态 x 与 y 时,如果没有一个人感觉(这里我们在广义上使用“感觉”一词)x 较差,而多数人感觉 x 较好,那么似乎没有理由否认社会福祉在 x 下较高。如果多数人偏好 x 甚于 y,但是其余的少数人更为强烈地偏好 y 甚于 x,那么我们也许应该选择 y。但是就 WMP 所假设的情形而言,余下的少数人中没有一个人对 x 有任何程度的较差的感受,更不用说是“更为强烈地偏好 y 甚于 x”了。

如果 WMP 本身是无懈可击的,还可以通过批评其蕴涵即上述加总定理的方式来间接对其发难。该定理意味着每个个体的一个边际无差异或一个分辨等级(discrimination level)对社会福祉的影响程度相同,而不论其处境如何。这一含义引起了不少学者的质疑(Arrow 1951a/1963,pp.116-118;Sen 1970a,p.94;Pattanaik 1971,p.150)。首先,请考虑下面一种意见:

假设有两个人的感受能力在这样一种意义上是同等的,即福祉的两个极端水平——我们不妨称之为至福与永劫——之间的差距对这两个人来说是相同的。再假设其中一个人的感觉分辨力较为细微,因而他在至福与永劫之间有很多分辨等级,而另一个人在这两极之间只有少数的分辨等级。在此情况下,宣称两人的福祉各作一个等级变动的社会重要性是相同的,将被许多人认为对分辨等级较少者是不公平的(Pattanaik 1971,p.150)。

如果确如上文所言,第二个人在至福与永劫之间的分辨等级比第一个人少得多,那么依我看假设两人的福祉在两极之间的差距相等就是自相矛盾的。

还有一种批评意见,只是对古德曼与马柯维茨(Goodman 与 Markowitz 1952)提议的人际比较方法成立。这两位学者将一个分辨等级定义为一个边际偏好:“相邻等级之间的变化表示个体可以觉察的最小差异。”(Goodman 与 Markowitz 1952,p.259)但是,由于意识到确定分辨等级的准确个数实际困难太大,他们建议采用实际可以获取的偏好等级作为分辨等级的近似。举个例子,如果仅有五个人竞选美国总统职位，则近似分辨等级的可觉察的最大数目就是4。用这种方法来衡量分辨等级的个数是非常粗糙的，并且其前提是有较多的备选方案（Arrow 1951a/1963，p.116；Sen 1970a，p.93）。不过，古德曼-马柯维茨方法的这种缺陷并不是分辨等级这一概念本身所具有的。诚然，由于可能缺乏可行的中间备选方案，运用这一概念有很大的实际困难，不过，我将在后文论证，这种困难可以通过间接度量来克服。

阿罗（Arrow 1951a，pp.116-118）也撰文驳斥最大化分辨等级个数的原则，他证明，如果采纳这一原则，个体敏感度的微小差别将导致收入分配完全不平等。其证明有赖于这样一个假设，即构成一个分辨等级的收入差额与收入水平无关，而合理的假设是，随着收入的减少，个体对其收入水平一定量的变化将越来越敏感（即收入的边际效用递减）。阿罗承认，"很容易构造出这样一个模型，……来证明只要个体的分辨力随收入水平的下降而提高，就不会出现完全不平等的结局。"（Arrow 1951a，p.118n）虽然如此，他并不放弃他的反对立场，其理由是，即使考虑到收入的边际效用递减效应，只要这种效应不太大，仍然可能导致极度不平等的收入分配。

对此，我的看法是，撇开激励效应不谈，如果在政策实践中运用边沁式的社会福祉函数，由于敏感度的差异而造成收入分配严重失衡的可能性是很小的。心理学家对痛感的研究表明，不同个体的痛感阈值是相当接近的（例如，如果均值是230，则标准差仅为±10），恰好可感差异的个数也相去无几（参见Hardy 1967，pp.88,157）。如果个体对收入的享受能力确实有很大差异，这大概是由于"学习效应"的作用，而这种可能可以用一个长期的社会福祉函数来处理。如果在考虑到各种因素（包括外部性）的影响之后仍然需要存在一定程度的不平等，只要这种收入格局能最大化社会的总效用，就没有理由认为它不是最优的。很多人（我认为他们都有效用幻觉）主张应该对穷人的偏好赋予较大的权重。如果把这一说法中的“偏好”换成“收入”,我会举双手赞成。但是,对个体的偏好赋予不同的权重则意味着少数人的无差异在社会选择的重要性上可以压倒多数人的严格偏好，我认为这种结论在伦理上是说不通的。

如果我们扪心自问为什么我们希望对穷人赋予较大的权重，答案可能有好几种。最明显的答案是穷人的收入所满足的需要较为迫切，但是以效用而非收入来描述备选社会方案已经将这一因素考虑在内了。其次,还可以认为,由于势利心理、攀比效应等因素,富人的消费是相互抵消的,而穷人的消费(比如用于教育、保健方面的支出)则具有非常有益的长期社会效应。不过,这种想法也可以为我们的模型所容纳，只要我们允许引入各种形式的外部效应。

我能想到的唯一一个合乎逻辑(但不一定成立)的反对加总定理提出的加总社会福祉函数的理由是,根据这种社会福祉函数,较不敏感的个体分配到的总效用会较低。如果我们认为效用分配的平等本身(而不是由于不平等对社会和谐的不利影响等其他理由)即有某种终极价值，那么我们可以接受以福祉较高者的较大效用损失为代价来换取福祉较低者的较小效用增进。这种观点表面上很有说服力,但是许多人没有意识到,它与弱式多数偏好法则是相互冲突的。为了理解上述观点何以似是而非,我们不妨换一个角度来看这个问题。我们暂不考虑工作激励、外部性等枝节问题,并假设社会的初始状态是收入分配完全平等的局面。如果我对收入的享受能力比某甲较为迟钝,换句话说,从我的收入中转移 x 元给他对我的实际感受并无影响,而他会明显感到有所受益,那么为什么我不应该同意这种转移呢？我想,我们倾向于强调(这也许是对的)福祉较高者对福祉较低者给予更多让步的必要，以至于（不正确的)忽略了后者对前者也应该给予一定的照顾。这就是我之所以认为罗尔斯的最小最大化的社会正义论在伦理上不能接受的原因之一。从富人的角度来看,这一理论颇具吸引力,因为它能打动他们的利他心(这或许可以部分的由富人的负疚感来解释)。但是,如果我们从穷人的角度,尤其是从处境最不利者的角度来看,最小最大化标准是很成问题的。首先,为什么社会应该对处境最不利者情有独钟而置其他穷困者于不顾呢?其次,如果你设身处地地把自己放到处境最不利者的位置上,我相信,你肯定不会认为社会应该为了你一个人福祉的点滴增进而让其他人的福祉作出巨大的牺牲。这似乎使罗尔斯标准的支持者陷入了某种两难困境:一方面,根据这一标准人们应该以巨大的牺牲来换取处境最不利者的些微受益;而另一方面,类似(但不完全相同)的伦理法则似乎不允许处境最不利者接受这样的牺牲[①]。

请考虑如下一个颇受人推崇的原则,“各尽所能,按需分配”(如果不存在反激励效应的话,我个人对此是认同的)。为什么不把它改成“等量劳动,平均分配”呢?如果一个体弱的人经不起四小时的劳动,就应该让强壮的人多干一些来减轻他的负担。同样道理,如果新增的购买力不能给一个较不敏感的人带来多少享受,那么就应该多分配一些给较为敏感的人。由于我们的效用幻觉,也许还有某种负疚心理,使我们不能看到这一简单的类比。

六、预期福祉

我们在4节已经证明,一个可接受的社会福祉函数应该是形

---

① 众所周知,罗尔斯试图以一个假想的在“前宪法阶段”(at a pre-constitutional stage)自愿签订的社会契约来证明其最小最大化原则的合理性。他假设,在“原初状态下”,没有谁知道谁会是未来社会状态下的最不幸者。不过我以为,在这种立宪阶段接受最小最大化原则是不理性的。甚至,在我看来,不论谁是“后宪法阶段”(post-constitutional stage)的最不幸者,他都不应当容许以其他个体福祉的重大损失来换取他个人福祉的些微改进。

如$\sum V^i$或其单调递增变换的函数。只要每个个体的效用函数都满足第六章将要介绍的两个预期效用模型中的任何一个，我们就不需要将U^i变换为V^i。不过，这样一来，常数a就会因人而异，与此相应的，社会福祉函数就应写成$W=\sum U^i/a^i$或其单调递增变换的形式。我们必须对每个U^i的度量尺度加以调整以使a^i在个体之间相同，才会有$W=\sum U^i$或其单调递增变换。然而，如果我们采用某些假设，这些假设与关于社会选择的预期效用假说所依赖的假设相类似，则我们可以将可接受的社会福祉函数形式的范围缩小到$\sum U^i$或其线性递增变换，即$W=G\sum U^i+H$，其中G是任意正数，H是任意常数①。G显然只是一个比例因子，而H的存在表明原点是未定的。不过至少在理论上，可以用下面这种方法来对原点作有实质内涵的定义。

首先从个体的效用函数谈起。就某个个体而言，其偏好尺度的原点究竟有没有合理的所指呢？这个问题可以用下面的引文来回答：

几乎可以肯定的是，一个个体不但可以在某两个选项之间相对偏好其中之一，或认为二者无差异，还可以绝对喜好或者绝对厌恶某个选项，而这种好恶并不是与别的某个选项相比较而产生的。似乎有一些愉快的情形本身就是可欲的，而有一些痛苦的情形本身就是可憎的。因此，我们可以顺理成章地假定个体的福祉在前一种情形下为正而在后一种情形下为负。(Armstrong 1951 p.269)

如果我们考虑的是个体整个寿命期间的总效用函数，那么正负效用值的含义在下面这种说法中也是很清楚的："如果我注定要过如此悲惨的一生，我宁愿不生下来。"

---

① 哈森伊(Harsanyi 1955)曾采用(个体及社会偏好两种意义上的)预期效用假说导出了一个加总式但是有权重的SWF。与此不同，本文则是在已经导出无权加总的SWF之后，利用这些假说来讨论哪些是合理的对SWF的变换。弗莱明(Fleming 1952)也得到一个与哈森伊相似的SWF，不过他依赖的假设有所不同。

在给每个个体的效用函数定义了原点之后，W 的原点可以定义如下：当对所有 i 都有 $U^i=0$ 时，$W=0$。这样我们就得到一个定义完备的基数社会福祉函数，它对同比例变换是唯一的。

通常情况下，要描述、预测或者评价社会选择方案并不需要福祉(或效用)函数是充分基数性的。就某些(不涉及风险的)选择方案而言，采用原函数或其任意单调递增变换作出的决策并无二致。只有在进行涉及风险的选择时，才需要限定福祉函数对于线性变换必须是唯一的。此外，当风险选择涉及相关主体(对全球社会福祉函数来说就是全人类，对个体效用函数来说就是个人）的存亡时，福祉函数必须对于同比例变换是唯一的。例如，假设发射一艘宇宙飞船对火星进行探察后返回地球可能造成如下两种结局：①99.99%的可能是我们的科学知识取得某种进步；②0.01%的可能是该飞船携带回一种未知的超级病毒，使全人类在瞬间毫无痛感地死去。

在上述例子中，要做出理性的选择，一个办法是衡量可能取得的科技进步能给人类带来的福祉增进与全人类现有福祉水平（其相反数即是与人类灭绝相联系的福祉损失)的比例是多大。诚然，这种基数性比较并不是必需的，我们也可以简单作如下设问：我们是否愿意为了发生概率为99.99%的相应受益而接受发生概率为0.01%的危险呢？不过，直接回答这个问题是极为困难的。如果我们同意理性的选择方式是最大化预期福祉，那么采用对于同比例变换唯一的基数福祉函数来权衡损益就是更明智的做法。

也许应该指出，前面几节所作讨论的有效性并不依赖于本节的论点。事实上，如果你认为(在理论或操作上)找不到一个合理的办法来给效用函数定义一个原点，那么前几节的结论就愈发显得正确了，这是因为如此一来就更没有什么理由反对弱式多数偏好法则了。

七、本文结论的蕴涵

下面我分两个层次来讨论本文结论的蕴涵。首先，有一些蕴涵不依赖于对相关的边际无差异的个数进行度量在操作上是否可行。如果我们对每个个体都能导出一个效用函数，而这些效用函数满足下一章将要介绍的两个预期效用模型之一，那么我们就知道相应的社会福祉函数必定形如$\sum U^i/a^i=\sum k^iU^i$（或其单调递增变换），其中k^i为常数。要确定各个k^i的取值必须对不同个体边际无差异的大小加以比较。不过我们至少知道我们只需要就权数k^i的取值进行选择，而无须考虑非线性的社会福祉函数，因为我们已经排除了这种可能性。说得更具体一点，任何一个使得福祉等高线凸向效用空间原点（而这种形状的福祉等高线在福祉经济学的文献中却是司空见惯）的严格准凹函数（或者严格准凸函数）都是不能接受的。

对于涉及风险的选择来说，存在这么一个问题，即我们的最大化目标到底应该是作为个体预期效用值的一个函数的社会福祉呢，即

$$WE=W(E^1,\dots,E^s)=W(\sum_j\theta_jU^1_j,\dots,\sum_j\theta_jU^s_j),\qquad(8)$$

还是作为个体事后效用的一个函数的预期社会福祉，即$EW=\sum_j\theta_jW(U^1_j,\dots,U^s_j)$，其中$\theta_j$是状态$j$实现的概率。这两种方法似乎都有很好的理由。不过，如果社会福祉是个体效用值的（无权或固定权数）加总的话，那么这两种方法就是等价的，因为$EW=\sum_j\theta_j\sum_ik^iU^i_j=\sum_ik^i\sum_j\theta_jU^i_j=EW$。因此，本文提出的加总定理使我们避免了在这二者之间作艰难选择的必要，我们可以视方便与否而任选其中一种。

本文所作的分析还有一个附带的用处，这就是，即使在无差异不具有可传递性的情形下，我们依然可以用它来定义效用函数，并

且,我们可以有实质内涵地限定这些效用函数必须是基数性的。如果我们可以进一步对边际无差异的大小进行量度,那么,在某种非伦理的意义上,这些效用函数还是人际可比的。这种可比性森(Sen 1970a p.106)称之为单位可比性。我们还可以按照6节的讨论来定义效用原点。这样的话,这些效用函数就具有完备的人际可比性。既然上述基数性及人际可比性可以由一些非常弱的假设导出,我们就有充分的理由质疑那种认为无法科学地进行人际效用比较的观点,即所谓"每个人的心都是其他人所不能理解的,不同个体的感觉体验也绝无共通之处[①]。"尽管弱式多数偏好法则极为合理,但它毕竟是一个价值先设。不过,如果我们关心的是人际效用比较这一问题本身,而不是推导社会福祉函数,那么该法则就可以用一个更具实证性的假设或约定来取代。例如,我们可以约定给每一级的边际无差异都赋予效用值"1",由此得到的人际可比性就不是基于任何伦理性的考虑。当然,除非我们另外引入某种价值先设(例如弱式多数偏好法则),它就不具有任何道德含义(休谟定律)。但是,既然这种人际可比的效用单位是基于对所有个体都有相同定义的一个有关偏好的概念(即边际无差异),它在理论上就是有实质含义。毕竟贵族的享乐能力是否比贫民高10倍(见Robbins 1938, p.636)是可反驳的[②]。

至此,有些读者会意识到,我们的讨论已经进入本文结论蕴含的"第二层次",即假设边际无差异的级数已知的情形。给定这一信息,我们甚至不需要为社会福祉函数中的个体效用值选择适当的权重。于是,只要借助于一些极其弱的假设,就可以为边沁(Bentham)的社会伦理观点提供辩护。换句话说,只要你认为本文的假设是合理的(如果不是不容置疑的话),你在逻辑上就无法拒

---

① 此系杰文斯的原话,转引自罗宾斯(Robbins 1938, p.637),为后者所推许。

② 需要指出的是,西蒙(Simon 1974)提出的采用自杀率等替代指标的人际比较方法与本文提出的基于边际无差异的人际比较方法是截然不同的。

绝边沁的主张，而接受一个非个体效用无权加总形式的社会福祉函数。如果有些人仍然不肯放弃“平等主义式”的(严格)准凹社会福祉函数,很难想象他们有什么理由。

心理学研究有证据表明,除了极端情形以外,任何刺激引起的恰好可感增量都与该刺激值的大小有一个固定的比例关系,这就是韦伯—费希纳定律(The Weber-Fechner Law):感觉=$k$log(刺激)。[①] 如果我们同意这个一般性定律可以适用于个体关于收入的效用函数,则有 $U=k\log c$,其中 c 是个体的消费。因此,采用这一简单便利的效用函数是有一定合理性的。如果我们进一步假定个体有相同的享受能力，或者认为我们现在尚无力考察个体间享受能力的差异,那么可以令 k 对所有个体都取同一值。这样的话,社会福祉函数就可以写成关于 c^i 的一个简单函数,即 $W=\sum\log c^i$。该函数形式的主要缺点是,它忽略了个体之间的相互影响以及远期效应。

本文所作分析还有助于解决阿罗提出的社会选择悖论。如果我们以个体效用的总和作为社会排序的依据,那么可以证明,这种排序法则满足阿罗定理的公理及假设条件（除了无关选择项之独立性假设的排序性方面之外[②]),并且还满足别的一些合理条件,包括匿名性、中立性以及路径无关性（关于最末一个条件，请参见 Plott,1973)。由于它不能满足上述独立性假设在排序性方面的要求,该法则并不构成对阿罗定理的一个反例。不过,既然它用到了个体偏好强度的信息,也就自然而然地排除了排序性方面的要求。

上述法则之所以满足匿名性假设，是因为每个个体都以同样的形式进入效用加总。匿名性既然成立,非独裁性条件当然满足。同时,由于 $xP_iy\Rightarrow U^i(x)>U^i(y)$,阿罗的条件 P(即假定对所有个体 i

① 路斯与爱德渥兹(Luce 与 Edwards,1958)对费什纳(Fechner)的批评并不适用于这一特定形式的函数。

② 阿罗的条件 3 涉及迥然有别的两方面含义(即排序性与无关性),敏锐地指出这一点的是森(Sen 1970a,pp.89-92)。

都有 xP_iy 的弱式帕累托原则）显然也能满足。另外还值得一提的是，使用该法则来取代简单多数法则可以避免一种情形，即"当不允许含有风险性方案进入备选方案集时，有可能作出不利的社会选择"(Zechhauser 1969, p.696)[①]。

本文的分析说明，至少从理论上讲，社会选择悖论可以在一系列合理条件的约束下理性地加以解决。然而，要在实践中解决这个问题尚有很大困难，因而阿罗不可能定理依然具有非常重要的现实意义。不过，正如下一节的讨论所表明，这个问题所涉及的操作上的困难不是不能克服的。

八、关于实际量度

尽管有限敏感度以及与之相关的边际无差异的概念在理论上似乎无懈可击，但是要对边际无差异的级数作实际量度却是困难重重。不过，大多数量度都是某种形式的近似，甚至就量度包括长度在内的物理量而言我们也无法做到百分之百的精确。此外，我希望能够说明，量度边际无差异级数所涉及的实际困难，在很大程度上可以通过使用适当的量度方法来加以克服。

实际量度所存在的一个明显的问题是个体偏好显示的可信性。由于利益的驱动，个体会夸大其敏感程度。例如，如果个体被告知我们将根据他所披露的偏好给他的咖啡中加入连续量的糖，他

① 关于涉及风险的社会选择，还可参阅费什本(Fishburn 1972)。此外，有必要指出，虽然允许赌局作为备选方案进入社会选择提高了多数决定法则的"事前帕累托效率"，但这并不能保证社会福祉的最大化。因特里各特(Intriligator 1973)的概率模型虽然不允许以赌局作为备选社会方案，但是它允许社会以一定概率在若干确定性的备选方案之间进行选择，且定义了一个以决定该概率的规则。尽管这个模型不无有趣之处，它并不能导出福祉最大化的结论。具体来说，按照该模型，如果一个方案只是为某个个体所略有偏爱而为其他所有个体所强烈反对，它依然有正的概率被社会所采纳。

也许会声称他偏好某一分量甚于另一较小量，虽然事实上他并不能觉察出二者之间的差别。这个例子告诉我们,实际量度的一个原则是不能让个体知道变化的方向。比如,我们可以在个体不知情的前提下时而增加时而减少糖的分量。如果他撒谎,他就会作出自相矛盾的判断。这也提示我们,任何有明确变化方向的量度都是不适宜的。

其次,还存在时间因素的问题。本文讨论的模型没有明确的引入时间因素。然而,诚如阿姆斯特朗所指出,“所有体验(以及感受到的愉悦)都有一定的持续时间,并且是由若干时间段所构成的”(Armstrong 1955,p.173)。如果考虑到持续时间长度,那么弱式偏好标准(当然也包括帕累托标准)必须参照某一时间单位来重新加以定义。然而,由于篇幅所限,我们不可能对引入时间因素所涉及的种种问题作详细的考察[①]。我们只想指出,时间因素所导致的量度上的困难至少在某种程度上可以用下文将要介绍的间接方法来克服。

再次,由于不可分性即不存在可行的中间过渡方案的问题,我们也许不能对边际无差异作精确的分级。例如,虽然我们在某种程度上可以做到连续地改变一杯咖啡的甜度,但是,如果可能的话,要在政府首脑候选人的某方面排序上取得类似的连续程度却困难得多。

上述第二及第三种困难在很大程度上可以利用间接量度的办法来克服。我们首先找出偏好最容易量度的某方面特征,如果某两个方案 x 与 y 只在该方面存在差异,则可以比较容易地确定它们之间边际无差异的个数(D)。然后,我们再来考虑 x 与另一方案 z 之间边际无差异的个数 (D')，其中 z 与 x 在偏好的其他方面存在差异,而这些方面是难以进行直接量度的。对此,有不止一种的间接

① 第二章里关于有限敏感度方法的一节对此有更多讨论,可供参考。

量度方案可供选择。

首先，我们可以采用给个体以完全补偿所需要的货币金额作为一种衡量手段。假设个体的现状是 x 并且他认为 x 同时优于 y 及 z，那么，我们可以考察他为了避免其状况变动至 y 所愿意支付的最大货币额(£g)，以及他为了避免变动至 z（即在支付£g 之前由处境 x 移动至 z）所愿意支付的相应货币额[①]。如果我们忽略不超过一个边际无差异的偏好差异，则有如下等式成立：

$$U(x-£g)=U(x)+\int_{\bar{M}}^{\bar{M}-£g} MUMdM=U(y) \tag{9}$$

$$U(x-£h)=U(x)+\int_{\bar{M}}^{\bar{M}-£h} MUMdM=U(z) \tag{10}$$

其中 MUM 是货币的边际效用。假设 MUM 是大致恒定的，我们就可以推知 $\{U(x)-U(y)\}/\{U(x)-U(z)\}=g/h$，也即 $D/D'=g/h$，于是 D' 就可以由其他三个变量的值算得。

在使用这一估算方法时，我们实际上并不需要假设个体只关心其本人的消费。在上例中，(x-£g)不但可以表示个体原有的消费减去£g，也可以表示由于个体支付£g 所实现的任一社会状态。就后一种更为一般的形式而言，我们还须指明该项货币转移的用途，因为个体对此也许有偏好。此时，MUM 就应理解为个体对于该项货币转移（包括其用途）的边际效用。这种方法的问题在于，如果 g 与 h 相差太大，那么由于货币边际效用的变化，可能会产生很大的误差。不过，我们可以结合实际情况对参与比较的备选方案加以审慎的选择，使 g 与 h 尽可能接近，从而把误差减小到我们可以接受的程度。

其次，我们还可以利用预期效用最大化的原理（详见拙著 Ng，

---

① 如果 y 与 z 都优于 x，则相应的我们需要确定为使该个体接受上述变动所需要支付给他的金额。

1975a, pp.558-61)。假设个体认为 z 优于 y 且 y 优于 x,我们可以让他在无风险的 y 方案和风险组合方案($x,z;\alpha,\beta$)之间进行选择,其中$\beta=1-\alpha$。研究者应逐渐地调整 α 的值,直到这两种方案对个体是无差异的(或者准确地说,直到个体觉察不到二者之间的差异)。此时,我们有

$$U(y)=\alpha U(x)+\beta U(z) \tag{11}$$

由是可得

$$U(y)-U(x)=\beta\{U(z)-U(x)\} \tag{12}$$

于是我们得到 $D=D'\beta$[①]

上述量度方法的适用范围并不限于通过某一方案 x 而发生关联的三种方案。例如,假设我们知道 x 与 y 之间边际无差异的个数(D)而试图估计 z 与 r 之间的边际无差异个数(D''),那么,经过反复运用上述方法,我们可以得到以下等式(假设 $rPzPyPx$),

$$U(y)=\alpha U(x)+\beta U(r) \tag{13}$$

$$U(z)=\alpha' U(x)+\beta' U(r) \tag{14}$$

从而有

$$U(y)-U(x)=\beta\{U(r)-U(x)\} \tag{15}$$

$$U(r)-U(z)=\alpha'\{U(r)-U(x)\} \tag{16}$$

因此,

$$\{U(y)-U(x)\}/\beta=\{U(r)-U(z)\}/\alpha' \tag{17}$$

即

$$D/\beta=D''/\alpha' \tag{18}$$

综上所述,即使个体偏好在某些方面不太容易加以直接量度,我们依然可以通过间接量度的方式来估计所涉及的边际无差异的单位个数。因此,在实际量度边际无差异时,最好的做法也许是,先选出偏好的某几方面并通过细致反复的测量对这几方面所涉及边

---

① 使用这种间接量度方法并不需要以加总形式来定义预期效用。采用别的形式定义预期效用并不妨碍我们使用这一方法,虽然计算会变得复杂一点。

际无差异的个数作相当精确的量度，然后再利用间接量度对偏好的其他方面进行估计。

我无意否认,尽管存在间接量度的可能性,要进行效用差异的实际量度和比较依旧困难重重。但是,在三百年前,要测量某一地区的气温并以之与另一地区相比较也同样是非常困难。本文所提议的方案在理论上似乎能够成立,对于实践也有相当的意义,但我不知道能否在有生之年看到它为政策制定者所实际采用。可以指望的是,学界会进行一些实验,以考察上述方案的可行性。最后,请恕我冒昧地(或许有些挑战性的)套用弗利得里希·恩格斯的话来结尾：只有当人类以最大化其边际无差异个数的总和为指导原则来追求自身利益并解决他们之间冲突的时候，他们才可以自豪地宣告,人类已经从非理性时代迈入了理性时代。

自述之二

这篇 Kemp 与我合作的 1976 年的论文，证明阿罗(Arrow)式的不可能定理在个人偏好不变的情形下也还成立，因而使不可能定理不受里特(Little)与萨缪尔森(Samuelson)的论点所影响。

远在 1950 年与 1951 年时，阿罗就分别在 Journal of Political Economy 与专著中证明了其著名的不可能定理。(证明中的一个小错误后来得到了修正。)当有三个或以上的选项时，要根据个人对选项的排序(即只根据个人的序数偏好)来决定社会的排序，不可能满足一些非常合理的要求(包括自由排序、弱帕累托原则、不受无关选项的影响、非独裁性)。阿罗不可能定理有很重大的负面意义。民主决策不就是要根据个人对选项的排序来决定社会的排序吗？合理的公共政策的决定，不也应该根据个人对选项的排序来决定吗？然而根据阿罗不可能定理，这些都是不可能的！

里特与萨缪尔森认为阿罗不可能定理只对政治决策有影响，却不影响福祉经济学。阿罗不可能定理，是在多组合(或称组合间)框架下，即在个人偏好组合可以改变的情况下证明的。里特与萨缪尔森认为，福祉经济学只需要在一个给定的个人偏好组合下，有一个社会福祉函数。如果不要求在不同的个人偏好组合下的不同的社会福祉函数之间的一致性，则阿罗不可能定理不排除根据个人对选项的排序来决定社会的排序的可能。

在单组合或组合内的框架下，即个人偏好组合固定不变的情形下，Kemp 与我合作的论文(Kemp & Ng 1976)以及帕克斯(Parks 1976)分别证明了不可能定理依然成立。这结论使阿罗式不可能定理不受里特与萨缪尔森的论点影响。

Kemp 与我合作的论文于 1976 年 2 月发表于伦敦经济学院的

Economica。当年,斯坦福大学的 Peter Hammond 就发表了把我们的结论应用到收入分配问题的文章。因此,我猜想他是我们文章的审稿人之一(另一位是 Amartya Sen;他后来跟我们提起),在我们文章还没有发表前很早就读过。后来,我们的结论,也有其他经济学者加以推广(如 R.A.Pollak 1979,Kevin Roberts 1980)。

然而,萨缪尔森读了我们的文章,很生气,于第二年就发表了很不客气地回应我们的文章。编者给我们于同期发表回应萨缪尔森的回应。萨缪尔森认为我们的一个公理(公理三)不合理。我们解释说,这公理只是反映了只根据个人对选项的排序(即只根据个人的序数偏好)的要求。别人可以不接受这公理,但萨缪尔森几十年来强调只需要序数偏好,不需要基数偏好。除非他放弃序数主义,否则非接受该公理不可。

我们的结论显示,不论是政治决策问题,或是福祉经济学中的社会福祉函数问题,也不论我们是否接受里特与萨缪尔森的论点,只根据个人对选项的排序或序数偏好,不能得出合理的社会排序或决策。这并不表示不能进行合理的公共或社会决策,而是表示,要进行合理的公共或社会决策,不但要考虑人们的序数偏好,也要考虑人们偏好的强度。我认为,这是阿罗与我们的不可能定理的最重要含义。

后来,我和阿罗谈及萨缪尔森和我们的论争,阿罗说,如果萨缪尔森要自圆其说,就必须放弃无关性(independence)。当时,我回答说,无关性是非接受不可的(compelling)。后来,我仔细一想,明白了萨缪尔森不能放弃无关性。

根据“伯格森(Bergson)—萨缪尔森传统”,任何一种社会状态下的社会福祉只取决于该社会状态下的个人效用值,即 $W(x)=W[u_1(x),u_2(x),\dots,u_n(x)]$,其中 $u_i(x)$ 是代表个人 i 的序数偏好的效用函数,x 表示某种社会状态。

上述伯格森—萨缪尔森传统隐含个人主义这一点是显而易见

的,因为社会福祉仅取决于个人效用值。容易看出,这一表述形式还隐含着无关性,因为 $W(x)$ 仅取决于 x 社会状态下的个人效用值，且这一点对所有 x 都成立。因此，如果萨缪尔森不放弃伯格森—萨缪尔森传统,则他不能放弃无关性。

另外，伯格森和萨缪尔森强调序数主义。伯格森本人写道(Bergson 1938):“我认为剑桥学派的经济学家[系指马歇尔、庇古等人]所引入的[基数]效用计算对福祉经济学来说并不是一件合用的工具”(转引自 Arrow 与 Scitovsky 1969 p.20)。阿罗对伯格森的话有如下解释:“伯格森认为有可能根据个人的无差异曲线 [即只用序数效用] 来对社会状态进行排序，萨缪尔森对此表示赞同”(Arrow 1951/1963,p.5)。萨缪尔森的观点甚至比伯格森还要鲜明,他反复断言伯格森—萨缪尔森式的社会福祉函数“肯定存在。……它丝毫不涉及基数偏好强度”(Samuelson 1977,p.86)。我们 1976 年的论文证明这是不可能的。

在 2005 年 12 月的 Social Choiceand Welfare 上,有一篇著名公共选择学者 K.Suzumura 采访萨缪尔森的文章。通常这种文章是讲被采访者的好话的,大致上这篇文章也不例外。但在谈到萨缪尔森与我们的论争时,虽然萨缪尔森本人坚持己见,而采访者 Suzumura 说,“罪过可能并不在于 Kemp-Ng 的公理三,而在于序数福祉主义的狭窄的信息基础”(第 345 页附注)。也就是说,单单根据人们的序数偏好是不够的。显然,Suzumura 同意 Kemp-Ng 的看法。

其实,序数主义的不足是显而易见的。例如:甲,x 是获得两个苹果,y 是获得一个苹果,z 是整个人掉进火坑;或是:乙,x 是获得一个梨,y 是全身被淋镪水,z 是被蚊子叮后又全身被淋镪水。如果只看排序,不论是甲或乙情况,排序都是 xPyPz(P 代表优于)。然而,在甲情况,x 与 y 之间只差一点,而两者都比 z 好很多。在乙情况,x 与 y 之间差很多,而 y 与 z 差不多。不考虑这种重大差异,怎么能做出适当的社会决策呢?

论社会福利函数、社会排序与社会决策函数的存在性

唐翔 译

伯格森—萨缪尔森式的社会福利函数 (Social Welfare Function,简写为 SWF)已经成为福利经济学的标准分析工具,我们撰写这篇短文的主要目的是要质疑这种社会福利函数的存在性。说得更明白一点,我们试图证明,如果个人偏好组合的多样性足够大,并且社会备择状态集满足一些较弱的条件, 那么就不可能找到一个普遍适用的伯格森—萨缪尔森式的社会福利函数,以“合理”地由个人偏好排序导出社会排序。易言之,对于伯格森—萨缪尔森式的社会福利函数, 存在与阿罗式的社会福利函数极为相似的不可能性结论。

如果以其个人主义及帕累托式的专门形式来表达,伯格森—萨缪尔森式的社会福利函数可以写成:

$$W(x)\equiv F\{U_1(x),U_2(x),\dots,U_m(x)\},\partial F/\partial U_i>0$$

其中,W 是描述社会福利的一个序数性指数,U_i 是用以表达第 i 个人的给定偏好的一个序数性指数($i=1,\dots,m;m\geqslant 2$),x 是给定社会备择状态集的任一元素。既然 W 与 U_i 都只是序数性指数,它们对任意的单调递增变换就是唯一的。但是, 如果对 U_i 作了上述变换,则必须对 W 的形式作相应的调整,以保持原有的社会排序(见 Samuelson,1947,p.228;Graff,1957,p.37)。

伯格森—萨缪尔森式的社会福利函数与阿罗式社会福利函数的区别在于, 后者是将某一可接受个人偏好组合集的所有元素转换为相应的社会排序的映射法则, 而前者只是将某一个给定的个人偏好组合转换为社会排序的映射法则。有学者认为,由于存在这一区别, 阿罗不可能定理并不对伯格森—萨缪尔森式社会福利函

数的存在性构成威胁(Samuelson 1967)。

在本文中,我们将说明,对一个给定的个人偏好组合以及社会备择状态集施加哪些约束,将导致不存在“合理”的基于个人排序的伯格森—萨缪尔森式社会福利函数的结果。具体来说,我们证明(命题 1),给定上述约束条件,经由一个满足某些“合理”条件的法则导出的任何社会排序都必定是字典式排序, 因而无法用一个实值函数来表达。其次,我们证明(命题 2),如果在这些“合理”条件之外再添加一项“匿名性”要求,那么甚至无法导出一个社会排序。不过,即使在不存在社会排序的情况下,我们依然可能有某种社会决策函数(Social Decision Function,简写为 SDF)。但是,我们最后还证明(命题 3),不存在这样一个社会决策函数,它同时满足命题 2 的条件和森提出的理性选择的性质 β(Sen 1970,p.17)。

一、分析

记给定的社会备择状态集为 X。

如果第 i 个个人偏好社会状态 x'甚于社会状态 x'',或者认为二者对他而言无差异,则我们记作 $x'R_ix''$。如果有 $x'R_ix''$,但 $x''R_ix'$不成立,则记作 $x'P_ix''$。如果同时有 $x'R_ix''$与 $x''R_ix'$,则记作 $x'I_ix''$。如果社会偏好 x'甚于 x''或者认为二者无差异,我们记作 $x'Rx''$。如果有 $x'Rx''$,但 $x''Rx'$不成立,则记作 $x'Px''$。如果同时有 $x'Rx''$与 $x''Rx'$,则记作 $x'Ix''$。

如果下列命题之一成立, 我们就说第 i 个个人对于社会状态 x',x''与 x'''有强排序:

$x'P_ix''P_ix'''$

$x'P_ix'''P_ix''$

$x''P_ix'P_ix'''$

$x''P_ix'''P_ix'$

$x'''P_i x' P_i x''$

$x'''P_i x'' P_i x'''$。

如果有($x'P_i x''$与$x''P_i x'$)或者($x'P_i x''$与$x''P_i x'$)成立,我们就说第i个个人与第j个个人对社会状态x'与x''的排序有强差异。

设x为X中任意一点,我们将X中所有对第i个个人而言与x无差异的点的集合记作$Hx(i)$,并记交集

$$\mathrm{I}_{i \neq j,k} Hx(i)$$

为$Hx(i \neq j,k)$。显然,除了j与k之外的所有个人都认为$Hx(i \neq j,k)$中的点是无差异的。

命题1的证明用到了如下假设:

(A1)社会备择状态集X是d维欧氏空间E^d的一个子集,其中$d \geqslant 2$。

(A2)存在两个个人,设为j与k,以及某个社会状态$\bar{x}$,使得

(i)$Hx(i \neq j,k)$为E^d的一个子集,它本身为d'维($d' \geqslant 2$)并包含了一个以$\bar{x}$为内点的连通子集;并且

(ii)存在$\bar{x}$的某个领域$N(\bar{x})$,使得j与k各自在$H_{\bar{x}}(i \neq j,k)$中关于$\bar{x}$的无差异集均为$d'-1$维且与N($\bar{x}$)有交集(相交或相切),此交集可能但不一定包含$\bar{x}$。

(A3) 对于任意两种社会状态的社会排序只取决于m个个体对它们的排序。正式的,我们有,任给X的元素x',x'',x'''与x''''(不一定相异),如果($x\bar{R}_i x'' \Leftrightarrow x'''\bar{R}_i x''''$对所有$i$成立),那么有($x'\bar{R}x'' \Leftrightarrow x'''\bar{R}x''''$),其中$\bar{R}_i$表示$P_i$、$I_i$、逆$P_i$三种情况之一(对不同的$i$可能不同),$\bar{R}$表示$P$、$I$、逆$P$三种情况之一。

(A4)对任意两种社会状态x'与x'',由(对所有i均有$x'R_i x''$)可推知($x'Rx''$),且由(对所有i都有$x'R_i x''$,且对某些j有$x'P_j x''$)可推知($x'Px''$)。

关于假设(A2)对个人偏好及社会备择状态集所施加约束的含义,读者不妨作以下设想,即,如果每种社会状态分别对应一种将n

种可分商品分配给 m 个消费者的方式，那么 $d=mn$。在此情形下，有 $d\geqslant m$，并且，如果各个个体的无差异集都是 $d-1$ 维的超曲面，那么必定存在 X 的一个内点 x，使得 $d'\geqslant 2$。如果(A2)依然不能得到满足，那么这就说明，任给 X 的元素 x 及个体 j 与 k，j 和 k 各自在集合 $Hx(i\neq j,k)$ 中关于 x 的无差异集要么不相交，要么维度不为 $d'-1$。既然个体的无差异集都是 $d-1$ 维的超曲面，要出现这种结果，除非所有个体的偏好都相同（这样的话就不存在社会选择的问题），或者个人偏好组合具有别的某种极为异常的性质。因此，尽管其表述形式比较复杂，(A2)实际上是一个非常温和的假设。

假设(A3)类似于阿罗的排除无关选择假设，不过它是就给定个人偏好组合的情形而言的。这一假设对本文的讨论范畴作了限定，因为它排除了偏好强度对社会选择的影响。请注意我们使用了一个不同寻常的记号$\bar{R}$，它并不表示某一具体形式的 R 关系（后者只可能是 P 或者 I，而不能是逆 P）。例如，（对所有 i 均有 $x'\bar{R}_i x''\Leftrightarrow x'''\bar{R}_i x''''$）无非是以下命题的简记：

对所有 i 均有 $x'P_i x''\Leftrightarrow x'''P_i x''''$

$x'I_i x''\Leftrightarrow x'''I_i x''''$

$x''P_i x'\Leftrightarrow x''''P_i x'''$

假设(A4)是强式帕累托原则的一个正式表述。

下面我们正式提出并证明命题 1。

命题 1：给定假设(A1)~(A4)，不存在对 X 的所有元素 x 均有定义的实值函数 $W(x)$，使得任给 X 的元素 x' 与 x''，当且仅当 $W(x')\geqslant(Wx'')$时有 $x'Rx''$。

证明：根据(A2)，存在 X 的某元素 $\bar{x}$ 使得 $H_{\bar{x}}(i\neq j,k)$的维度不少于 2。我们不妨就最不利的情形，即 $H_{\bar{x}}(i\neq j,k)$维度正好是 2 的情形进行讨论。将个体 j 与 k 在 $H_{\bar{x}}(i\neq j,k)$中关于$\bar{x}$的无差异集分别记作 $H_{\bar{x}}(i\neq k)$与 $H_{\bar{x}}(i\neq j)$。在上述情形下，此两集合为 1 维，这

即是说,它们在坐标平面上可表示为两条无差异曲线,请参考图 1。

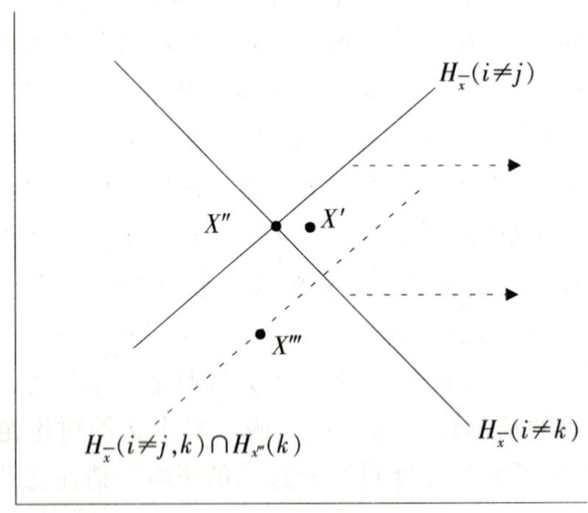

图 1

不过,其含义并不同于通常的无差异曲线。这是因为,图 1 中的每一变动不仅涉及可在图上反映出来的两个选择维度,而且还可能伴随有其他维度上的相应调整,以便使余下的 $m-2$ 个个体对此变动持无差异态度,而这些维度上的变化却不能在图中加以反映。我们所作的假设不足以限定 $H_{\bar{x}}(i\neq j)$ 与 $H_{\bar{x}}(i\neq k)$ 的斜率和曲率,甚至连个体偏好的方向也不能确定。所以图 1 所表示的只是可能情形之一,其中的箭头表示个体偏好的方向。(个体偏好方向不一定是单调的,不过,由于我们对无差异集的维度作了上述假设,这并不影响我们的结论。)

根据(A2),可以找到 X 的某元素 $\bar{x}$,使得 $H_{\bar{x}}(i\neq j)$ 与 $H_{\bar{x}}(i\neq k)$ 不重合但是在 $H_{\bar{x}}(i\neq j,k)$ 及 $\mathrm{N}(\bar{x})$ 内有交集(相切或相交)。因为个体偏好的方向有两种可能,我们一共需要考虑四种情形,图 2 分别对应这四种情形。

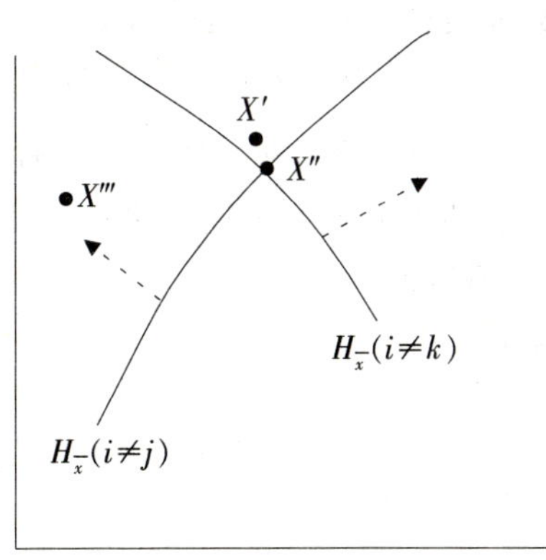

图 2

既然图 2 中的无差异曲线都是 1 维的(即厚度为零),那么总可以找到 N($\underline{x}$)中的三点,使得

$x'P_jx''P_jx'''$

$x'''P_kx'P_kx''$。 (1)

至于余下的 m−2 个个体,自然都认为 x′、x″与 x‴无差异。

既然社会福利函数的存在以社会排序的存在为先决条件,我们首先来考虑对于 x′与 x″的社会排序。既然 j 与 k 都偏好 x′甚于 x″,而其他所有个体都认为这两者无差异,由(A4)可推知

$x'Px''$ (2)

其次再来考虑对于 x′与 x‴的社会排序,这里无非三种可能:x′Ix‴、x′Px‴或者 x‴Px′。假设 x′Ix‴,那么根据(2)以及社会排序的传递性,我们有

$x'''Px''$ (2′)

因此,如果除了 j 和 k 之外的所有个体都认为 x″与 x‴无差异,而 j 和 k 对 x″与x‴的排序有强差异的话,那么对于 x″与x‴的社会排

序正好等同于 k 对它们的个人排序。根据这一事实以及(A2),可以推论,社会偏好对于 j 与 k 的个体偏好是局部字典序式的,因而不能用一个实值函数来表达。我们下面以图 1 示意的情形为例证明此点,余可类推。在图 1 中,我们不仅作出了 $H_{\bar{x}}(i\neq j)$与 $H_{\bar{x}}(i\neq k)$,还作出了 $H_{\bar{x}}(i\neq j,k)\cap H_{x'''}(k)$,即个体 k 在集合 $H_{\bar{x}}(i\neq j,k)$中关于 x'''的无差异集。现在我们假定社会偏好可以用一个实值函数 W 来表达,并定义实数区间

$$I_1=[\inf_a W,\sup_a W]$$

及

$$I_2=[\inf_b W,\sup_b W]$$

其中,例如

$$\inf_a W$$

表示 W 在 a 上的下确界,a 与 b 分别表示集合 $H_{\bar{x}}(i\neq j)$与 $H_{\bar{x}}(i\neq j,k)\cap H_{x'''}(k)$。个体 j 不认为 $H_{\bar{x}}(i\neq j)$中的所有点对他都是无差异的,于是,由(A4)可知:

$$\sup_a W>\inf_a W$$

因此 I_1 是非退化的。类似的,可以证明 I_2 也是非退化的。并且,根据(2′)及(A3)可知:

$$\inf_a W>\sup_a W$$

以上分析可以对个体 k 在 $H_{\bar{x}}(i\neq j,k)$中的任意两条无差异曲线反复运用,这就是说,个体 k 在集合 $H_{\bar{x}}(i\neq j,k)$中的无差异曲线集与一个由两两不相交的非退化实数区间组成的集合之间有一一对应的关系。但是,由(A2)可知前一个集合不可数,而后一个集合显然可数,于是导出矛盾(参见 Debreu,1959,pp.72-73)。因此,如果 $x'Ix''''$则不存在实值的社会福利函数。类似可证,在 $x'Px'''$或者 x'''

Px'的假设下有同样的不存在性结论，只要j与k对x'与x'''的偏好恰好相反而余下的$m-2$个个体对此持无差异态度。证毕。

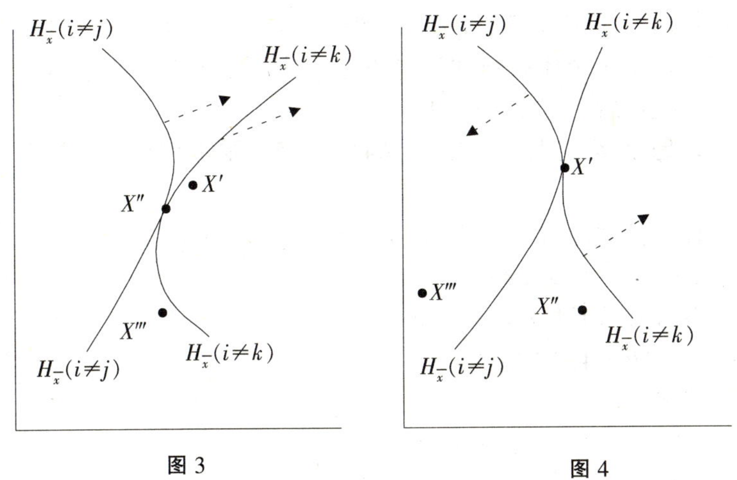

图 3　　　　　　　　　　图 4

第二个命题的证明不需要用到假设(A1)，且可以利用一种较弱形式的(A2)。

(A2′)存在三种社会状态x'、x''与x'''及两个个体j与k，使得：$(a)j$与k分别对$\{x',x'',x'''\}$有强排序，$(b)j$与k对于$\{x',x'',x'''\}$中某两对元素的排序有强差异而对余下的一对元素的排序相同，并且(c)余下的$m-2$个个体对x'、x''与x'''持无差异态度。

另一方面，我们需要借助一项新的假设即匿名性。

(A5)任给X的元素x'、x''、x'''与x''''(不一定相异)，如果由(对所有i有$x'\bar{R}_i x''$)可推知$x'\bar{R}x''$，那么由(对所有i有$x'''\bar{\bar{R}}_i x''''$)可推知$x'''\bar{R}x''''$，其中$(\bar{\bar{R}}_1,\bar{\bar{R}}_2,\ldots,\bar{\bar{R}}_m)$是$(\bar{R}_1,\bar{R}_2,\ldots,\bar{R}_m)$的任意排列。

在给定个人偏好的前提下，(A5)表达了这样一种要求，即只要对于两对社会状态(它们可以有一项相同)的个人排序模式相同，则对于它们的社会排序也应相同。值得注意的是，根据(A5)，社会排序应该只取决于个人排序。事实上,(A5)隐含(A3)。这并不难理解,因为(A3)等同于这样一个假设(A3′):任给 X 的元素 x'、x''、x''' 与 x''''(不一定相异),如果由(对所有 i 有 $x'\bar{R}_i x''$)可推知 $x'\bar{R}x''$,那么由(对所有 i 有 $x'''\bar{R}_i x''''$)可推知 $x'''\bar{R}x''''$。同时还需指出的是,在我们所考虑的给定个体偏好(即组合内)的框架下,(A5)不但包含着匿名性,还包含着中立性的要求。

命题 2:给定假设(A2′)、(A4)及(A5),则不存在任何社会排序。

证明:根据(A2′),存在 X 的元素 x'、x''、x''',使得

$x'I_i x'' I_i x'''$,任给 $i \neq j, k$; (3)

并且有以下两者之一成立,

$x'P_j x'' P_j x'''$ 且 $x'''P_k x' P_k x''$ (1)

或者,

$x'P_j x'' P_j x'''$ 且 $x''P_k x''' P_k x'$。 (1′)

我们仅就前一种情形进行证明,后一种情形类似可证。由(A4)可得 $x'Px''$。根据(A5),社会应认为 x' 与 x''' 无差异。于是由传递性可知 $x'''Px''$,但是这违反了(A5)。因为 $x''P_j x'''$,$x'''P_k x''$ 而余下的 $m-2$ 个个体对于 x'' 与 x''' 持无差异态度。证毕。

以上讨论是在伯格森—萨缪尔森式的给定个体偏好组合的框架下进行的,如果要在此基础上更进一步,我们还可以将命题 2 看作一个阿罗式的不可能定理。我们用匿名性假设取代了阿罗所采用的较弱的非独裁性假设,从而使证明过程得以简化。另一方面,我们的假设(A2′)又比阿罗的条件 1 或条件 1′要弱一些(参见 Arrow,1963,pp.24,96)。

在提出命题 3 之前,我们有必要对(A5)的形式做一些修改并给森提出的性质 β 作一个正式表述。设 X_i 为 X 的任意子集,$C(X_i)$ 为 X_i 的选择集,则(A5)可以表述为:

(A5′)任给 $X_1=\{x', x''\}\subset X$ 与 $X_2=\{x''', x''''\}\subset X$,如果由(对所有 i

有 $x'\bar{R}_i x''$)可推知(x'属于 $C(X_1)$),那么由(对所有 i 有 $x'''\bar{\bar{R}}_i x''''$)可推知($x'''$属于 $C(X_2)$),其中($\bar{\bar{R}}_1,\bar{\bar{R}}_2,\ldots,\bar{\bar{R}}_m$)是($\bar{R}_1,\bar{R}_2,\ldots,\bar{R}_m$)的任意排列。

森提出的性质β可以写成:

(A6)如果 x' 与 x''都属于 $C(X_1)$且 X_1 是 X_2 的一个子集,那么{x'属于 $C(X_2)\Leftrightarrow x''$属于 $C(X_2)$}。

命题 3:不存在同时满足(A2′)、(A4)、(A5′)及(A6)的社会决策函数。

证明:我们再次考虑满足(1)与(3)的 X 的三元素 x'、x''、x'''。令 X_1={x',x'''},X_2={x'',x'''},则根据(A5′)有

x'属于 $C(X_1)\Leftrightarrow x'''$属于 $C(X_1)$

x''属于 $C(X_2)\Leftrightarrow x'''$属于 $C(X_2)$。 (4)

现在令 X_3={x',x'',x'''},显然 $X_1\subset X_3$,$X_2\subset X_3$。因此,由(A6)及(4)可知

x'属于 $C(X_3)\Leftrightarrow x'''$属于 $C(X_3)$

x''属于 $C(X3)\Leftrightarrow x'''$属于 $C(X_3)$。

所以,如果 $C(X_3)$存在且非空,那么它同时包含 x',x''及 x'''。但是 x''在帕累托效率上劣于 x',于是产生矛盾。证毕。

(除此之外, 命题 3 也可作为命题 2 与森的引理 1*q (Sen 1970,p.19)的一个推论导出)。

二、附论

命题 1 对那种显然广为流行的, 认为伯格森—萨缪尔森式社会福利函数可以由个体序数效用导出(Samuelson 1947,p.228)的观点提出了挑战。但是,这并不意味社会福利函数这一概念本身应该被取消。对于任何希望充当伦理观察者的个体来说,只要他接受基

数个人福利值及其人际可比性，他就可以构造一个社会福利函数作为方便其社会评价的工具。具体地说，他可以假设 X 包含了若干世界状态的不同概率混合，并给个体在不同世界状态下的处境赋以相应的诺依曼—摩根斯坦效用值，然后再探讨是否存在一个满足(A4)及经过恰当弱化的(A3)与(A5)的社会福利函数。哈森伊(Harsanyi 1955)及卡玛柯与桑斯特利(Camacho 与 Sonstelie 1974)已经证明，的确存在这样一个函数，并且它就是个人效用的加权总和。本文作者之一有另文(Ng 1975)利用其他一些假设证明，“合理”的社会福利函数一定是个人基数效用的简单加总。

当然，仅靠基数效用本身并不足以保证社会福利函数的存在，但是，如果没有基数效用，仅有人际可比性也是不够的。例如，在证明命题 1 的过程中，我们考虑了一个社会偏好对于个人偏好呈局部字典序的例子，这就隐含了某种形式的人际可比性，同时我们却证明不存在社会福利函数。匿名性也是人际可比性的一种形式，可是(在序数效用假设下)我们利用它证明了社会福利函数不存在。

致谢

在撰写本文的过程中，我们偶然发现了罗伯特·帕克斯的一篇未发表的论文(Robert Parks 1973)，该文提出了与本文命题 1 相类似的一个命题，只不过它采用的假设在某些方面比本文强了一些。

理查德·曼宁(Richard Manning)审阅了本文的初稿，阿玛提亚·森(Amartya Sen)和 Michihiro Ohyama 给作者提供了许多有益的建议，在此谨致谢忱。

自述之三

“次优”理论是 Lipsey 与 Lancaster 远在半世纪前(1956 年),总结经济学者们在税收、国际贸易、关税同盟等领域的类似理论发现而提出的。最优或第一优理论推导出,给定资源与生产技术,如何配置资源来生产那些物品与劳务,如何把生产出来的物品与劳务分配给各个消费者,才能使效率最高,或达到帕累托最优。如果有一些最优条件不能满足,给定这额外约束,不能达到最优,次优理论探讨达到次优的条件是什么。

次优理论指出,在上述额外的“次优”约束下,那些还能满足的简单的最优条件 (例如边际成本等于价格或边际价值) 已经不适用。遵守较多的(但非所有)最优条件,未必比遵守较少的最优条件比较好。如果不能满足所有的最优条件而达到峰顶,则一般要偏离所有最优条件,遵守次优的条件。然而这些次优条件很复杂,不但要考虑边际成本与边际价值等信息,还要考虑边际成本与边际价值随产量或消费量而变化的程度。因此,确定适当的公共政策需要非常复杂的信息,其中大多数在实际中得不到。这使福祉经济学没有用武之地。其次,用次优理论的类似推理,也能得出,给定额外的“次优”约束,遵守较多的(但非所有)次优条件,未必比遵守较少的次优条件比较好。因此,我们是否应该停止学习福祉经济学呢?

“第三优”理论指出,在信息贫乏的情况下,简单的“最优”法则(如价格=边际成本)是合适的;在信息不足的情况下,“第三优”法则(复杂程度高于“最优”法则,却低于“次优”法则)是合适的。在现实经济中,“次优”约束是存在的(不能满足所有的最优条件),而信息或者贫乏或者不足。因此,可以说,“第三优”理论对现实经济提供了政策指导。因此,不必停止学习福祉经济学!

第三优理论发凡 *

唐翔 译

一、引言

福祉经济学方面的绝大多数论文都有一个简化假设，即第一优条件成立,或者至少“在经济的其余部分”是如此。但是,所有的经济学家都知道现实经济中充满了各种各样的扭曲。根据次优理论,即使只存在一个无法消除的“次优类型”的扭曲,也会导致经济中的所有部门偏离第一优法则①。这是不是意味着任何基于第一优假设的理论分析都是无用的呢?

要解出次优解，不但需要知道相关的目标函数和约束函数的一阶导数,还需要了解其二阶导数。显然,在存在多种扭曲的现实经济中,要取得次优条件下的最优值,信息和行政的成本都太过昂贵。次优解通常被称为“最优可行值”。但是,如果我们考虑到信息和行政成本,它实际上既不是最优,也不是可行的。真正的最优可行值被我称之为第三优②。有些出人意料的是,我的第三优理论表明基于第一优假设的分析并非是无用的。这是因为,正如下面将要证明的那样,第三优政策与第一优政策非常接近,并且肯定没有次

---

* Geoffrey Brennan,John Head,Murray Kemp,Ross Parish,Richard Snape 以及 Mendel Weisser 就本文的初稿为笔者提供了宝贵的意见,在此谨致谢忱。

① 在 Lipsey 与 Lancaster(1956)中,次优扭曲是针对两种商品的情形提出的,其中一种是存在扭曲的商品,另一种是计价商品。Mc Manus(1939)指出,这实际上是“对一种商品的价格施加了两重限制”。晚近一些的 Allingham 与 Archibald(1975)对次优问题的建模在这一点上就处理得比较好。

② “第三优”一语在福祉经济学文献中已经多次为人所使用,例如 Turvey(1963),Winch(1971,p.171),以及 Ng(1975)。

优政策那么复杂。拙著(Ng 1975)曾就一个具体问题发表了类似(但是不完整)的看法①。

在本文中,我将用更为一般的形式论证这一观点(第 2 节),我还将对一些与第三优政策有关的重要因素作一番不太严格的讨论(第 3 节)。本文的讨论自始至终都仅限于政策的效率方面。不过,我将另行撰文阐明如下一个观点,即引入分配方面的考虑并不会导致第三优政策严重的复杂化。

二、第三优理论发凡

考虑一个一般的最大化问题,其目标函数如下:

$$F(x_1,x_2,\dots,x_n) \tag{1}$$

且有如下的一个约束条件(如有多个约束条件,包括非负值要求,不难以此类推):

$$G(x_1,x_2,\dots,x_n)=0 \tag{2}$$

再假设此问题没有角点解(如有也不难处理),则目标函数取最大值的一阶条件是:

$$F_i-\lambda G_i=0 \quad (i=1,\dots,n) \tag{3}$$

其中 λ 是拉格朗日乘数,带下角标表示偏导数,例如 $F_i\equiv\partial F/\partial x_i$,等等。

如果二阶条件处处满足的话,那么(3)就确定了一个全局的最大值。因此,如果我们对所有的 $i\neq j$ 都令(3)得到满足,则目标函数值一定取得最大值,因为(3)中第 j 个条件也得到满足,如图 1 所示。因此,我们有如下的平凡命题。

---

① 在写稿之时,我以为 Brennan 与 McGuire(1975)对需求曲线和边际成本曲线为直线的特殊情形持与我相似的看法,经过与Brennan进一步讨论证实,其实我们的观点大相异趣。

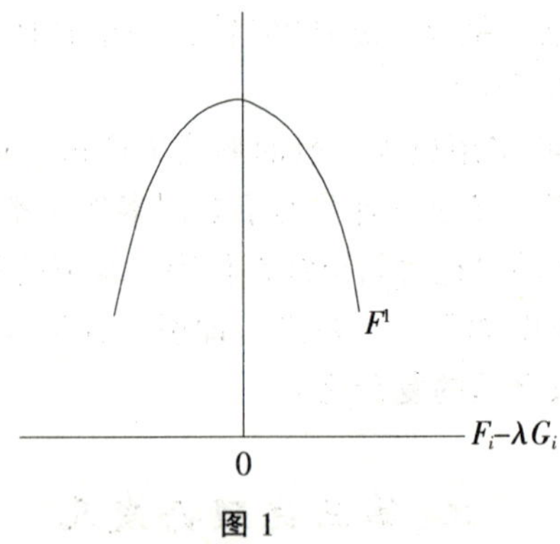

图 1

命题 1:对第一优世界应适用第一优法则。

在图 1 中,曲线 F^1 所描绘的是,第 i 个变量的取值以不同的方向与程度偏离第一优法则时所对应的目标函数值,我们简称为关系曲线。就大多数情形而言,可以合理地假设关系曲线是凹性的,即偏离最优法则越远,则进一步偏离的边际损失越大。不妨以价格=边际成本这一第一优法则为例,如果需求曲线向下倾斜,而边际成本曲线向上倾斜,或者水平,或者向下倾斜但处处都不及需求曲线来得陡,那么相应的关系曲线就是凹的(在第一优世界中)。用更简明的话来说就是,只要需求曲线的代数斜率处处都比边际成本曲线小,就有上述凹性成立。

当然,我们也可能构造出凹性条件不能满足的情形。不过既然这种情形可能在关系曲线的任何一侧出现,那么,如果对此没有确切的知识,我们就可以合理地认为该曲线就“平均”的期望而言是凹性的。

现在我们试着引入某种扭曲,使得一些变量无法满足第一优法则。次优理论告诉我们,对其余可以满足第一优法则的变量适用第一优法则,相应的目标函数值一般而言并不是最大可行值。如果扭曲确属次优性质,那么相应的次优法则(二阶条件)通常是极其复杂的[①]。不过,如果我们假设可以无成本地收集到所有的相关信息,而且实施次优法则的费用也不是太大的话,我们就有如下的平凡命题:

命题2:对次优世界适用次优法则。

所谓"次优世界"系指这样一种情形,其中存在某种形式的次优扭曲,但是信息收集等方面的成本却可以忽略不计。然而,第一优世界与次优世界的概念显然都不太现实,为了更准确地刻画真实世界,我建议采用第三优世界的概念,在这一世界中,不但存在扭曲,而且有不容忽略的信息成本。如果获取信息不再是无代价的话,那么最优化问题的一个有机成分就是对收集哪些信息作出选择。这一信息经济学问题通常情况下并不能脱离最优化问题的其他方面来独立求解。不过,为了简明起见,我们不妨暂时假设这一信息问题已经解决。易言之,我们已经知道需要收集多少信息,我把这称之为"可获致"信息量。

不难推测,可获致信息量的取值应该在完备信息与完全无知这两极之间呈某种程度的连续分布,不过,作如下的大致分类对我们的讨论较为便利:

(A)信息匮乏:是指可获致信息量不足以对以下问题作出一个合理的概率上的判断:①在存在次优扭曲的情况下适用第一优法则偏离于实际(次优)最优值的方向和程度;②关系曲线的形状和倾斜度,除了其一般所具有的凹性以外。

(B)信息稀缺:可获致信息量足以作出上述判断,但是尚不完备。

(C)信息丰富:也即完备信息。此最末一种情形已经论及(命题2),我们现在主要考虑信息匮乏与信息稀缺这两种情形。

① 某些约束条件,比方说对一些变量施加最大值或最小值限制,并不会导致一阶条件的复杂化。可参见 Bhagwati 与 Srinivasan(1969)。

如果信息匮乏，那么面临次优扭曲时应采取何种政策呢？上文指出，第一优世界的关系曲线大致是凹性的，且在 $F_i-\lambda G_i=0$ 处取得最大值。在引入次优扭曲之后，关系曲线显然会改变其位置和形状。但是，由于信息匮乏，我们并不知道它更有可能移向哪一边，也不知道它是否会发生倾斜及其倾斜的方向。在这些条件下，不难推知如下命题：

命题 3：如果信息匮乏，则对第三优世界适用第一优法则。

欲理解这一命题之理由，请考虑图 2，其中 F^1 是第一优世界的关系曲线。如有某种次优扭曲，则相应的关系曲线通常会偏离 F^1，但是由于信息匮乏，我们不知道它大概会移向哪一方。为了示意，我们不妨作出 F^2 与 F^3 两条曲线，并假设它们出现的可能性相同。此外，这两条曲线都呈左右对称。这是因为，如果它们事实上是倾斜的话，我们也不知道它们倾斜的方向。于是不难发现，如果我们遵循第一优法则，目标函数的预期值为 OA。不论我们以何种方向及何种距离偏离第一优法则，得到的目标函数的预期值都比 OA 小。例如，如果我们移向 B 点，则目标函数的预期值为 BC，显然较 OA 为小。

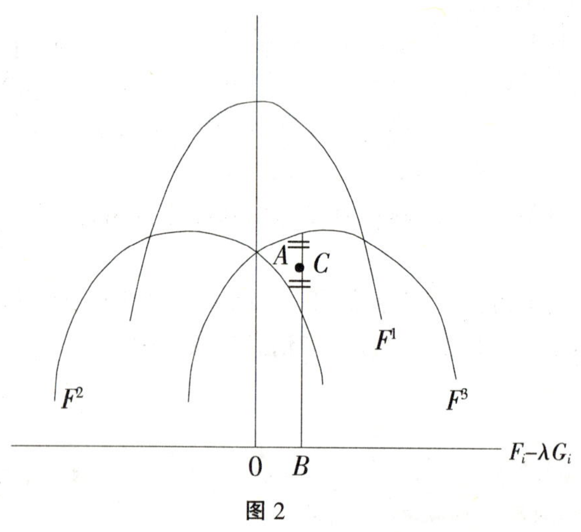

图 2

当然,在有风险的情况下,我们追求的不一定是目标函数预期值的最大化。但是,可以合理地假设我们的最大化目标是函数 F 的可能值的一个准凹函数。易言之，我们对风险的态度要么是中性的,要么是回避的。有了这个合理的附加假设,就可以导出上述命题了。

现在我们来讨论信息稀缺的情形。假设基于某种理由,我们推测关系曲线发生了如图 3 所示的倾斜，即移向右侧或者说正向偏离第一优法则引起目标函数值下降的幅度比移向左侧即负向偏离要大得多。在此情形下,按第一优法则取得的预期目标函数值 OA 就小于负向偏离最第一优法则取得的预期值,比方说 BC。并且,如果我们有理由相信关系曲线较有可能左移而不是右移，那么就更应该认为负向偏离第一优法则的政策较为可取。当然,后一种考量因素也许正好抵消了前一种考量因素(即倾斜度)的影响。制订一项最优政策要综合考虑以上两种因素的作用以及我们对风险的厌恶程度,这种政策我称之为第三优政策。因此,我们有:

命题 4:如果信息稀缺,则对第三优世界适用第三优法则。

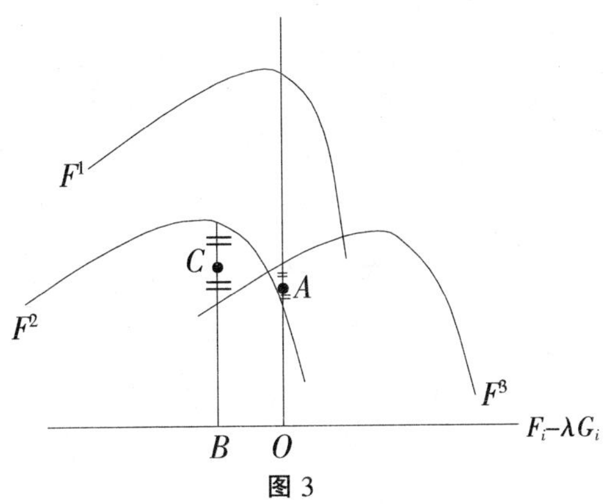

图 3

第三优政策不仅取决于可获致信息量，还取决于相关的行政成本。在信息匮乏的情形下,第三优政策与第一优政策重合。在信

息完备且行政成本可以忽略的情形下，第三优政策接近于次优政策。因此,第一优政策和次优政策都是更为一般的第三优政策的极端情形。如果我们放松可获致信息量既已给定的假设,它就成为系统中的一个重要变量。作为一个示意性的简单模型,我们可以将目标函数值记作信息量 I 与我们所采取的政策的一个函数，即有 $Q=Q(I,P)$。该函数的形式取决于信息收集的成本、实施政策的行政成本以及给定的经济环境。由于不确定性的存在,我们实际上不知道选定一组特定的 I 与 P 的值,一定会产生什么结果。但是 Q 可以看成是预期效用,即我们试图最大化的任何东西。因此,主观概率估计与风险态度也会影响 Q 的函数形式〔所以函数 Q 可能不同于上文(1)的函数 F〕。假设 Q 可微且存在一个非角点解,则 Q 在 $Q_I(\equiv \partial Q/\partial I)=0, Q_P=0$ 处取得最大值,如图 4(a)所示,其中 M 是一个典型的第三优解。

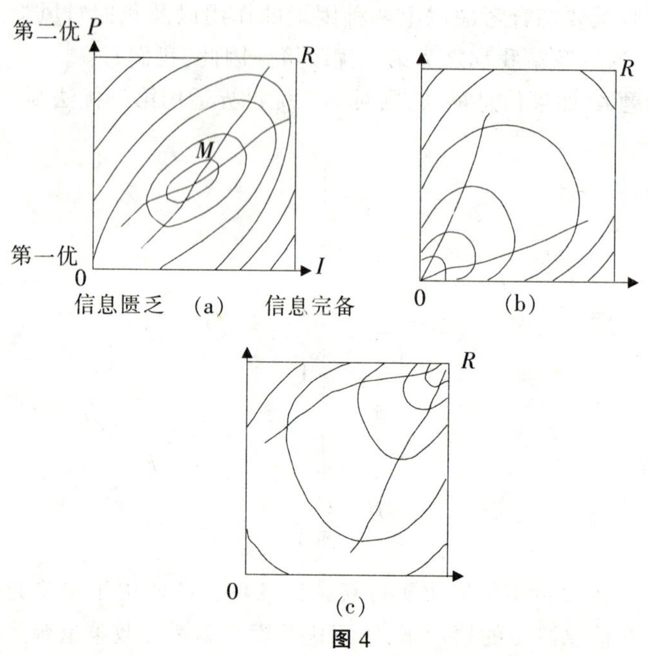

图 4

图中等高线的形状取决于信息成本、行政成本和上文提及的其他因素。图中的两条脊线分别表示给定 I 与 P 二者之一时另一者的最优取值。一般而言,这两条线都应该向右上方倾斜。如果信息成本足够的高,我们就会在原点取得一个角点解,如图 4(b)所示。但是,我们不可能在纵轴上其他任何一点取得角点解。在信息匮乏的条件下,最好采取第一优政策。假如收集信息的成本非常低(这不大可能),我们或许会在与原点斜对的顶点 R 取得一个角点解,如图 4(c)所示。不过,沿竖直方向在位于 R 下方的一点取得角点解在逻辑上是可能的。这是因为,由于存在行政成本,完备信息不一定表示次优政策是可取的。

在现实中,I 与 P 都不太可能是单维的,且对各种函数关系我们也难知其详。但是,既然第三优理论所要解决的正是缺乏精确信息的问题,上述简单模型至少可以作为一个粗略的近似估计。为了进一步阐明信息匮乏与信息稀缺之间的区别,我们来考虑一个具体的例子。

假设某种商品 X 有严重的负外部效应,使得在第一优世界的条件下我们应对之课征每单位 M 元的庇古税。但是我们知道现实经济并非第一优世界,因此这项 M 元的课税可能反而是有害的。例如,X 商品可能与另一种有重大正外部效应的商品 Y 之间有很强的互补性,而 Y 商品的这种效应却不能直接通过政策来加以矫正(关于这种无法矫正的外部性,请参见拙著 Ng,1975)。如果我们了解那些与 X 商品有着紧密联系的商品的特点,这就相当于我所说的信息稀缺的情形。在此情形下,我们就必须根据这种知识对第一优法则作相应的修正。另一方面,如果 X 商品并没有任何与之有显著替代性或互补性的商品,或者那些与之有这种关系的商品并不具有任何突出的特性(比方说较强的难以矫正的外部效应,或者高度的垄断性),那么最好是采用第一优法则。对 X 课以 M 元的商品税,除非另有原因,否则不应偏离第一优法则。当然,如果我们对所有经济部门的相互关系及其各自的特性都了如指掌，相应的次优税可能是(M+N)元。但是它同样也可能是(M−N)元。除非我们掌握了上述的确切信息，我们就无从判断应该朝哪个方向偏离 M 元的第一优法则。我们关于其他经济部门的知识的边际增加对解决这个问题很难有所助益。例如，即使我们知道商品 Z 与商品 W 之间存在密切的关系，这一信息对我们也毫无用处。除非我们还了解这一关系是如何通过其他一系列关系影响到 X 商品的。用信息经济学的话来说，这意味着获取更多信息的边际回报最初可能非常低，而在另一方面，收集信息的边际成本则可能是巨大且递增的。因此，我们很可能在原点取得一个角点解，如图 4(b)所示。

下面我们将对一些可能对第三优政策的性质造成影响的因素作一番不甚严格的讨论。

三、第三优政策初探

制定第三优政策当然应该具体问题具体分析。本文所能做的只是对那些在绝大多数情况下都比较重要的因素进行一般性的讨论。我们将首先探讨关系曲线在第一优条件下的形状，而后对各种次优扭曲的影响加以考察。

我们来考虑一种商品的需求(或边际价值)曲线与边际成本曲线。如果这两支曲线都是直线，则关系曲线是一条凹曲线，且在第一优法则最优值的邻域内是对称的。如果我们合理地排除数量与价格为负的情形，那么关系曲线的两端就不会是对称的，除非 MC 正好经过需求曲线的中点。例如，如果边际成本曲线是图 5 中的 MC^1，那么，如果我们正向偏离最优法则(即定价高于边际成本)，所造成的损失至多不超过三角形 ABC 的面积，而负向偏离最优法则可能造成的最大损失却要大得多。另一方面，如果边际成本曲线是 MC^3，那么结论正好相反。最后，如果是 MC^2 即 MC 正好通过需求曲线中点的情形，或者我们不清楚 MC 与需求曲线的相对位置大概是怎样，我们就可以认为关系曲线是左右对称的。

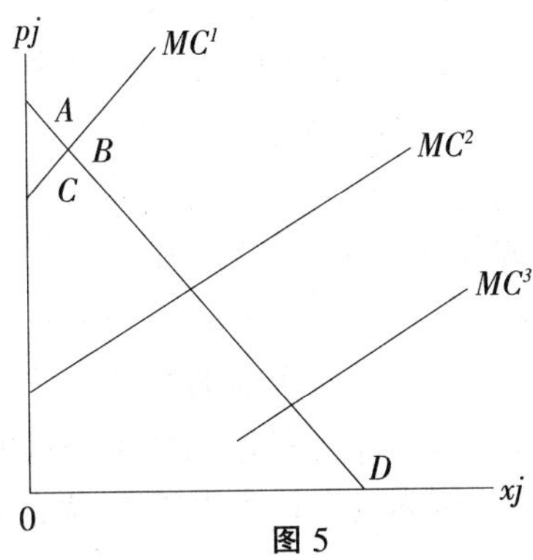

图 5

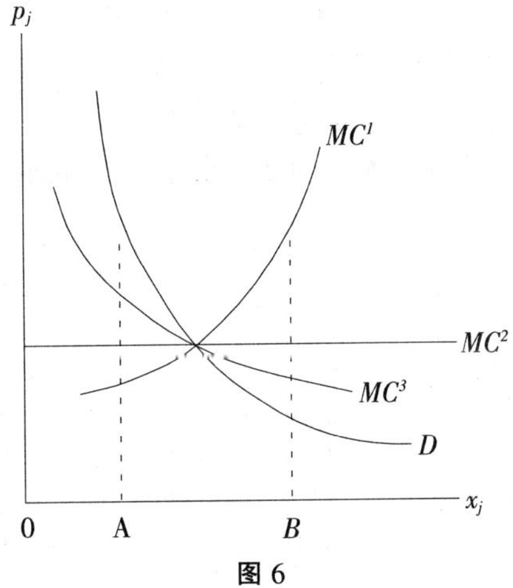

图 6

不过，需求曲线在相关值域上的形状更有可能是等弹性的而不是线性的，如图 6 所示。如果 MC 是如图所示的 MC^1 或 MC^3，且通过需求曲线在相关值域比方说 AB 上的中点，则关系曲线也是对称

的。反之,如果是 MC^2 即边际成本不变的情形,那么关系曲线会有一定程度但并不十分严重的倾斜。

次优扭曲的来源似乎主要有以下几种：①不同程度的市场垄断力;②未经矫正的外部性;③税收;以及④政府干预。

在第一优世界中,最优化条件是价格等于边际成本。如果存在无法矫正的垄断性扭曲[①],要制定出次优的定价法则就必须对成本和需求关系(包括商品间的交叉关系)拥有详尽的信息。但是,基于第三优理论的观点,可以认为,除非我们确信某一特定商品与某些垄断程度较高的商品之间存在较强的互补或替代关系，那么将它的价格/边际成本比定在整个经济的估计平均值的水平上离最优化的要求并不会太远[②]。因为这个比率大于1,所以第三优法则要求价格应定得高于边际成本。对于那些平均成本呈递减的公共事业来说,这种思路可以解决它们面临的最优定价困境[③]。就这些公共事业而言,由于其边际成本小于平均成本,按边际成本定价会造成项目赤字,而通过非定额税来弥补赤字又会导致效率损失[④]。然而,如果最优化条件不是边际成本定价而是高于边际成本定价，那么按平均成本定价就没有太大的问题，除非边际成本比平均成本小很多。

---

① 如果可以无成本地实施理想化的补贴加定额税的政策组合，垄断并不一定会造成扭曲。虽然在现实中不可能有如此完美的矫正办法,但是某种大致不差的“对症措施”可能还是行得通的。我们不妨把整个经济划分为三种部门:竞争性较强的、垄断性较强的以及竞争性居于二者之间的。对竞争性部门可以按其产量征税,对垄断性部门可以按其利润征税,对中间类型的部门可以将这两种方法混合并用,由此可以部分地矫正垄断的限产效应。

② 可参见 Mishan(1962),Green(1961),Ng(1975)。

③ 另一种解决办法是采用多部计费,关于此点可参见 Mayston(1974),以及 Ng 与 Weisser(1974)。

④ 关于边际成本定价法存在的一些困难,请参见 Ruggels(1949),Farrell(1958)。

除了垄断性扭曲之外，还存在税收扭曲[①]。由于商品税进一步拉大了(消费者)价格与边际成本之间的距离，即使就那些边际成本远小于平均成本的公共事业而言，按平均成本定价也可能接近最优化的要求。我们所需要做的也许只是对这些公共事业减免征税而已。

现在来考虑外部性的问题。外部效应可以是一种外部经济，也可以是一种外部不经济。如果正负两种外部性在经济中的重要程度不相上下，那么根据第三优理论，同样可以认为，除非已知一种商品本身有重大的外部性，或者与其他某种具有重大外部性的商品有较强的互补或替代关系，否则就应适用第一优法则(参见拙著Ng 1975)。不过，总的来看，似乎负外部效应的影响超过了正外部效应。一些较重要的外部效应，例如污染、交通堵塞、攀比效应等等，都属于负外部效应。如果我们将公共品包括在外部效应之中，那么正外部效应的重要程度也许与负外部效应旗鼓相当。不过，这跟我们考虑的问题关系不大。例如，在确定国防开支规模的时候，已经将国防对所有公民的益处计算在内了。又如，教育也许有很大的正外部效应，但是教育已经是免费提供的或者享受着政府的高额补贴。就次优与第三优的问题而言，我们感兴趣的是那些"未经矫正"的外部性。因此，如果我们仅考虑商品和服务的生产消费活动中未经矫正的外部性，那么，显而易见，占主导地位的是负外部效应。绝大部分生产活动对环境都有直接或间接（通过消耗投入品）的不利影响。此外，由于人们有攀比心理即希望胜过其周围人的心理，许多商品的消费活动也会造成不良的外部效应。比方说，新的时尚和款式的流行往往使其前驱黯然失色，摩天大楼的落成往往令旧有的建筑形同侏儒。

如果我们承认负外部效应占据着主导地位，那么由此就会产生一个有趣的想法。通过非定额税来取得政府收入一直被当作是

① 这种扭曲的严重程度也许比普遍所认为的要小得多，详见下文的论点。

我们所不得不接受的一种扭曲①。但是,既然起主要作用的是负外部效应,那么,从第一优世界的最优化着眼,原本就应该对大部分商品和服务征税来矫正这种效应②。理想的情形是,这一商品税体系应当有复杂的税率结构,以适应各种商品所具有的不同程度的外部性。但是,考虑到设计这么一套复杂的商品税体系所涉及的信息和行政成本,也许对所有的商品和服务课征一项一般税(可以采用所得税、增值税或其他税种的形式),只针对外部性特别严重的商品作个别的调整,就是一种八九不离十的做法。如果上述商品税体系的平均税率差不多刚好维持政府开支,那么公共税收实际上并不一定会造成扭曲。考虑到诸如环境污染和攀比心理之类的外部性的严重程度,以及政府开支大约占 GNP 的 30%这一点,上述假设也许正是事实!诚然,由于所得税的累进性结构,边际税率远高于平均税率,富人负担的税率远高于穷人负担的税率,这或许会造成某种扭曲。不过,我认为所得税方面的差别待遇至少可以部分地看作是对程度不同的外部性的矫正,尽管这一功能未必是政策制定者所考虑到的。人与人之间效用的相关性(例如攀比心理,等等)使个人消费具有负的外部性,富人的消费所具有的这种不利影响应该比穷人的消费更为严重。因此,即使只从效率方面考虑,也应该对富人征更多的税。

上述对事实的主观判断(关于这一概念,可参见拙著 Ng,1972)是否正确,显然是一个经验问题。除非在这方面掌握更多的信息,否则我们对此只能作粗略的估计。不过,我们在作决策时,必须尽

---

① 围绕如何减小这种扭曲损失的问题已经积累起相当数量的极其高深的论文,其中包括:Atkinson 与 Stiglitz(1972),Baumol 与 Bradford(1970),Boiteux(1971),Diamond 与 Mirrlees(1971),Dixit(1970),Lerner(1970),Mirrlees(1975),Sandmo(1974),Stiglitz 与 Dasgupta(1971)。

② 最近一篇有趣的论文 Thompson(1974)试图证明,由于资本积累对国防潜力的贡献,美国的税收结构大体上是合乎效率的。本文对税收效率的讨论不涉及这一因素。

可能地利用已有的信息。因为基于粗略估计的决定总比随机挑选和无所作为(如果这也是一种选择的话)强。的确,收集相关信息难度很大,但是,鉴于这个问题的重要性,进一步的研究是值得的。

从我们的讨论目的出发,可以将政府干预分成两类,即矫正性和扭曲性的。矫正性干预是指为了消除由于外部性等原因所造成的扭曲而采取的政策。扭曲性干预则是指为了实现收入分配、政治等目的而采取的,本身会导致效率损失的政策。矫正性干预不是我们此处所关心的问题。就扭曲性干预而论,可以认为这类政策中有一部分会导致正向的扭曲,即使得价格高于社会边际成本(例如农产品价格支持政策、配额制,等等),另外一部分(例如免费的全民医疗服务)则会导致负向的扭曲。至于这两种相反的作用孰轻孰重,我不敢遽下结论。行笔至此,我感到已经倾尽腹中所有,不妨就此打住,以上所言多是臆度悬揣,至于细致深入之研究实有待于诸君。

自述之四

如果有一种分析法,能够把经济学中的微观、宏观与全面均衡分析综合为一,凯恩斯与货币学派都只是其结论中的特例,不必采用一些不现实的假设,既能解析传统经济学难以解析的重要现象(例如金融危机为何能影响实质经济、经济预测为何困难),又能用来预测重要事件对经济的影响,是否非了解不可?

综观经济分析法,是笔者于1980年前后提出的,主要文章包括 Economic Journal 1980, Economica 1982, American Economic Review 1992(包括 Abayasiri-Silva 与 Shi 之文章),1986年出版的 Mesoeconomics(中译《综观经济学》,中国社会科学出版社)、《经济论文丛刊》1999年12月拙文,及 Ng and Wu(2004)。由于不必假定完全竞争,而能得出凯恩斯学派的结论,前伦大 Robin Marris(1996,第215页)教授认为是为凯恩斯学派宏观理论提供不完全竞争之微观基础的先驱分析。

综观经济分析法用一个典型厂商来代表整个经济(也可代表整个行业)。先用传统全面均衡分析法证明(见《综观经济学》附录三):第一,给定任何一个外生变化,存在一个能百分之百代表整个经济在总产量与平均价格之变化的典型厂商;第二,用一个简单的加权平均法来定义的典型厂商,能近似地代表整个经济在总产量与平均价格上,对任何一个外生变化的反应。这个证明替综观经济学提供方法论上的巩固基础。

对一个产品的需求量,不但受这产品价格的影响,也受千千万万其他产品价格的影响。这是传统全面均衡法太复杂的原因。局部均衡分析法,则只考虑本产品的价格,又失之不够全面。综观经济分析法采用中庸之道,在对典型厂商之产品的需求函数中,不但考虑本产品的价格,也考虑所有产品的平均价格与名目总需求。除了这个简化，综观法基本上不必采用其他假设，既不必假定完全竞争,也不必采用具体函数,其总需求、产品需求与成本之函数都是一般函数,而能得出许多具体结论。但综观法也有其局限,只能分析整个经济或整个行业的总产量与平均价格，不能分析相对价格与产量,除非把综观法广化至两个或多个典型厂商的情形。(已有学者作了这类广化，用来分析对外贸易及国有与非国有的两个部门的情形。)

在典型厂商的成本函数中,考虑本厂商的产量,整个经济的总产量,平均价格及外生因素的影响。整个经济的名目总需求是平均价格、总产量与外生因素(包括货币供应量等)的函数。让典型厂商把利润极大化，得出边际收益等于边际成本这一决定价格或产量的条件;让某些外生因素变化,对这个条件与其他方程式进行全微分,就能得出比较静态的结论。

先考虑成本因外生因素(技术,天气,进口货等)而变化的影响。如果用传统微观法对一个厂商作局部均衡分析,在需求线为直线的情形(不必局限于这情形)下,边际成本增加 10%,价格增加不到 5%,例如 3%。如果这成本的增加只限于本厂商,则这局部均衡分析是可以应用的。但综观法兴趣分析的,是整个经济(或行业)的厂商都面对类似变化的情形。不但本厂商之成本增加 10%,其他厂商之成本也平均增加 10%。因此,其他厂商之价格也平均增加 3%。但当其他价格增加时,对本厂商的需求线就会向上移动,使价格的增加不再是 3%。如此反复影响,最后总共增加多少呢?用传统分析法不能得出结论。综观法的结论是:即使不考虑成本和平均价格与总产量之变动而继续变动的次级效应，成本外生增加 10%的初级效应,在边际成本线是水平时,价格也增加 10%;边际成本线向上(下)时,价格增加不到(超过)10%。

总需求的外生变化,又会对总产量与平均价格有什么影响呢?

1971年，诺奖得主弗里德曼认为这是宏观经济学最重要的未有答案的问题。综观法对这个问题给出系统的答案。有几种情形，第一是货币学派的情形：(名目)总需求的外生增加，只使价格增加，不影响产量。如果假定完全竞争及一些普通假设(包括不存在时滞与货币幻觉)，综观法得出货币学派的情形一定适用。对厂商产品的需求线是水平的，厂商生产在边际成本线与需求线的交点。总需求增加使需求线向上移，这意味着价格的增加。而在不存在时滞与货币幻觉时，意味着成本线也同程度地向上移，使产量不变。这就是假定完全竞争的货币学派为什么得出货币是中性的结论（货币供应量的改变只能影响价格，不能影响实质经济变量)的微观基础。

货币学派忽视了当竞争并非完全时，货币学派的情形并非唯一可能出现的。

第二种可能是凯恩斯的情形。对厂商产品的需求线是向下的。在凯恩斯的情形，总需求的增加，使需求线向右移，边际收益线也向右移。这使厂商有意增加生产。如果边际成本线是水平的，也没有向上移（或是这种作用被边际收益因需求弹性之增加而提高所抵消)，则其与新边际收益线之交点，正是价格不变之点。因此，产量增加而价格不变。如果边际成本线是向下倾斜的，或需求弹性增加，则价格下降。平均价格的下降，使需求线变为较平，又使产量继续增加，价格继续下降。这就是比凯恩斯更凯恩斯的累加扩张或收缩的情形。这情形可以部分地解析经济危机等现象。

介于货币学派与凯恩斯的中间情形，产量与价格都随总需求之增减而增减。在实际经济中，这大概是最普遍的情形。不过，货币学派认为，产量随总需求之变化，只是因时滞等原因而造成的短暂现象，长期而言，并不能出现。然而，用综观分析可得出，即使长期而言(考虑厂商的自由出入与成本的长期反应)，凯恩斯与其他各种情形依然可能出现。长期而言，成本的反应使凯恩斯的情形较难出现，但厂商的出入却使之更容易出现，因为厂商数目的增加，使需求弹性增加。

还有一种奇特的情形，我称为“预期奇境”。在这种情形下，会出现何种结果，完全取决于厂商们的预期。若他们预期价格不变，则价格不变而产量增加；若他们预期价格增加而产量不变，也同样会实现，而且各个厂商会认为其决策是符合利润极大化的。在这种情形下，预期任何你预期会被预期的预期，都是理性预期！

根据传统分析，金融危机或商业信心等都不能影响实际经济变量。综观分析说明预期与名目总需求的作用，因而能解析这类影响。

厂商的产量与价格，取决于需求与成本的情况。综观经济学分析需求与成本的外生变化对产量与价格的短期与长期影响，有简单的方程式供这种应用，可以用来分析各种事件对经济的影响。例如东亚金融危机，使台湾从这些国家进口货物的成本降低，而这些国家对台湾的出口需求减少，可知会使台湾的物价下降，而对产量有正负的相反影响。若对成本对产量与价格的反应等内生反应参数有估计，则可估计出对产量的影响。如果经济学者现在对这些参数进行估计，将来有何大事件时，就能用简单的综观方程式，计算出对本地经济的影响。若影响是正面的，但股市却下跌。你等到跌的差不多，可以买入。等上涨时，你就赚了钱。你也不必说综观分析法很管用，只要把得利的1%寄来给我就可以了。但经济的变化有如天气，混沌论显示，北京的一只蝴蝶多拍几下翅膀，就可能使下星期上海下大雨。因此，若你亏本了，不要来找我，你去找北京那只蝴蝶。

基于典型企业的微观—宏观经济分析

邱高飞　译

本文发展了一种包括微观、宏观及全局均衡的分析方法，来考察经济环境中需求、成本，以及预期等变化产生的效应。它主要关注典型厂商层面[①]上的微观经济学，但同时也考虑宏观变量（如总需求、总产量和价格水平）对厂商需求和成本函数的影响。它超越了局部微观经济学分析，但没有达到 Arrow–Debreu 完全全局均衡分析的程度。它涉及总量和平均值，但把微观经济基础运用到分析中。

我们的分析建立在一些简化条件的基础上（有些是必须的，有些则仅仅是为了简便的需要）。如果我们把这种方法视为用典型企业的反映来估计整个经济体的反应，那么这些涉及的简化看起来是合理的。实证经济学认为，估计是否合理只有通过理论结论的经验检验来决定。作为结论，我们的方法不仅提供了大量的定性结果，在某些情况下，也可以得到一些定量结果，总结为下文中的四个定理。我们的分析方法既可以运用于整个经济，也可以运用于一

---

① 典型厂商的概念最早被Marshall使用。然而，他以此来决定完全竞争行业的正常供给价格。这里，典型厂商的反应用来近似一个行业（非完全竞争行业较典型）或整个经济的反应。更重要的是，宏观经济变量的作用以及第二次干扰被包含在这里的分析中。非完全竞争的分析在某些方面类似于不完全竞争。但不完全竞争理论很大程度上建立在全局均衡的条件上，正如Triffin（1940）所强调的那样，但他仅限于对特定事例的描述。另一方面，垄断全局均衡的现代研究是建立在一系列高度简化的假定下的（更不用说损失了比较静态分析的结论），参见Kuenne（1967.p.219n.）对于Negishi所作开拓性分析的评论，见Nikaido（1975）。

采用客观需求函数进行分析（这是所谓的“有效需求”，不是本文分析中宏观经济意义上的总需求），因此是对Negishi所作分析的改进，而后者的分析是建立在可观察的需求函数上的。然而，Nikaido必须采用非常严格的里昂惕夫体系。

个行业[1](见 Ng 1981α)因此,它对分析微观和宏观经济问题都有重要的意义。

一、简化条件

一个理论抽象掉现实世界的复杂特征，着重研究对现有问题有重要影响的内在联系,这对总量分析尤为适用。在加总的过程中有必要进行一些简化,我们的分析也不例外。首先,我们用一个企业来代表整个经济。理论上最直接的方法是假设有很多相同类型的企业。这样,除了企业数量的变化,每个企业都代表整个经济。即使企业不是完全相同的,只要我们合理地定义典型企业,我们仍可以用它来估计整个经济。

考虑图 1 中的边际成本曲线(*MCC*)。从最初的利润最大化均衡点 A 开始,假设边际收益曲线从 *MR* 移至 *MR'*:如果边际成本曲线分别为 MC_1,MC_2,MC_3,则产量会分别扩大到 q_1,q_2,q_3。因此,对于三个规模相似,边际成本分别为 MC_1,MC_2,MC_3 的企业,我们可以把 MC_2 作为典型企业的 *MCC*。如何精确地构造具有代表性的 *MCC* 将在现实经验的运用中和理论的检验中进行讨论。这里我们只需要明白,平均企业的 MCC_S 是所有企业 *MCC*(或一个随机样本)的某种加权平均就可以了。

研究表明,用某个消费者个体(或者说一个个体的效用函数)来代表消费者的需求所要满足的条件是十分严格的。一般而言,代表性并不是很好的近似。类似地，采用典型厂商面临着同样的问题。然而,两者也有明显的不同。(我把这项观察结果归功于 Kevin Robert)。在前一个例子中,由于存在消费者间的重大重分配,非代

① 见后来于 1986 年发表的 Mesoeconomics 一书;中译《综观经济学》——译者注。

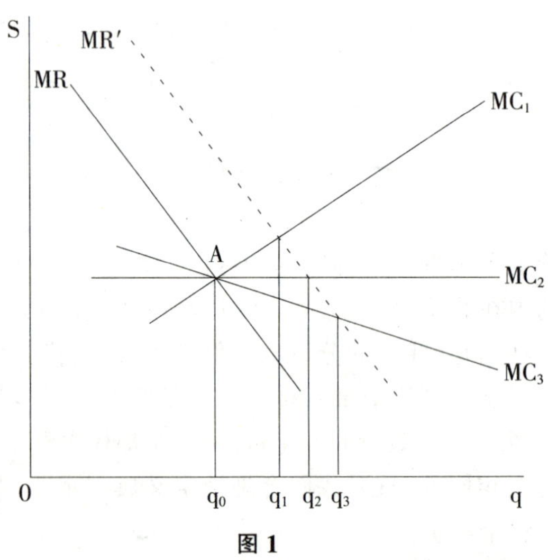

图 1

表性会产生。而在典型厂商的例子中不存在这个问题。然而,我们在运用典型厂商模型时必须十分小心。一方面,要避免综合的谬误(fallacy of composition)。比如说,每个单独的厂商可以在不改变边际成本的情况下扩大生产，这并不代表所有的厂商可以同时这么做。另一方面,要避免相反的谬误,又称为归因谬误(fallacy of attribution)。如果典型厂商(也许并不存在)知道自己具有代表性,则它根据自身利润最大化来定价,就会与平均价格相同。然而,它并不能假定,无论自己定什么价都会与平均价格相同。只有在完全隐含共谋时,这种情况才成立。如果不存在共谋,每个厂商只能根据自己的可控变量进行最优化。把所有厂商共同的行为归于单独的厂商行为(即使是典型厂商)是一种谬论。(如在下述数学表达中,我们在推导厂商的一阶条件时,应该设 $\partial\pi/\partial p=0$;而在一阶条件的全微分中,则应令 $d\pi=dp$,其中 p 是厂商的定价,π 是整个经济中的平均价格。)

第二,一般来说,整个价格矢量会影响对厂商产品的需求;然而,我们进行简化,只考虑产品的价格、整个经济的平均价格、(名义)总需求以及厂商的数量。虽然进行了简化,但比传统的局部均衡微观经济分析更有优越性,而且,简化的程度也不及宏观经济总量分析。另外,微观经济基础也融入了我们的分析之中,在这一方面优于宏观经济总量分析。

第三,我们假定,典型企业足够小,可以不对平均价格、总需求和总产量产生可感知的影响。规模的复杂性以及寡头间的相互依赖会在其他地方讨论 (Ng 1981c)。见后来于 1986 年发表的 Mesoeconomics 一书中非价格竞争等问题。我们不直接对消费者进行分析,消费者通过厂商面对的需求函数以及内含投入供给函数施加影响。在本文中,厂商的数量也是给定的。〔在 Ng (1981b)中,分析扩展到了长期,把厂商的数量作为变量。〕既然成本函数相当普遍,分析可看成是中期的(长期的成本函数,厂商数量不变)或者看成短期的(成本函数也为短期)。最后,总需求的变化会影响典型厂商的需求数量,但需求弹性视为不受其影响。这种可能产生的影响我们将在长期分析中进行考察,长期中,厂商数量的变化会影响需求弹性。

以上我们进行了一系列的简化,同时也进行了一般化。除了把微观和宏观经济结合在一起并考虑派生反馈,我们允许典型企业是完全和不完全竞争者(垄断竞争,甚至是垄断)。希望这些一般化和获得的大量结果可以使所作的简化更加合理。

二、模型

在典型厂商的需求函数中,需求数量 q(两阶可微)是其产品的价格 p,行业中其他厂商的平均价格 π 以及(名义)总需求 α 的函数。

$$q=F(p,\pi,\alpha) \tag{1}$$

严格来说,应该用预期平均成本 $\hat{\pi}$ 代替实际平均成本 π。每个厂商在确定自己的价格前不能同时观察到其他厂商的价格，然而，在均衡中，预期价格和实际价格相等。既然我们只关心均衡，而不考虑调整过程，在(1)中我们仍采用 π，以确保预期值的实现(使我们的分析与理性预期相一致)。然而，当我们分析价格的预期值时，π 将被 $\hat{\pi}$ 代替。

既然我们用厂商来代表整个经济，那么，在初始经济状态，我们可以(如果需要的话，可以通过取适当的单位)令：

$$p=\pi \tag{2}$$

另外，当 p 随经济条件的变化而变化时，π 也以相同的程度变化。因此，(2)式在新的均衡中也应成立。因此我们可以在分析中采用 $d\pi=dp$。(但厂商把 π 视为不可控的)。我们假设整个经济的反应可以通过典型厂商的反应来近似，如果这个假设不成立时，我们不能令 $d\pi=dp$。但既然我们的整个分析建立在这个前提假设下，$d\pi=dp$ 是可以满足的。这并不是同义反复，因为我们说明了 p 如何由厂商的最大化行为决定，而 π 只是其中一个影响因素而已。

如果名义总需求 α 和所有的（名义）价格都以相同的比例变化，需求量应该保持不变。因此(1)式可看成 p,π,α 零阶齐次方程。我们可以得到：

$$q=F\left(\frac{p}{\pi},\frac{\pi}{\pi},\frac{\alpha}{\pi}\right) \tag{3}$$

也可以写成(考虑到该函数式中 π/π 是常数)：

$$q=f\left(\frac{p}{\pi},\frac{\alpha}{\pi}\right) \tag{4}$$

换句话说，需求量取决于相对价格和实际总需求。既然我们忽略了其他物品相对价格的变化，我们可以把它们捆绑在一起，视为一个单独的复合物品，作为一个计量单位。我们仍可以从(1)式中得到(4)。

现在考虑实际总需求 α/π 发生了变化，而相对价格 p/π 保持不变的情况。

当实际总需求增加了 x%,对厂商产品的需求会增加多于或少于 x%。但对于典型厂商而言,当 $p=\pi$ 时,需求会增加 x%(如果它以典型价格定价)。否则,它就不具有典型性。为了用图说明这一点,我们考虑一种简单的情况,α 增加了 $x\%$,而 π 保持不变。在图 2 中,dd 是厂商最初的需求曲线。该需求曲线把 q 视为 p 的函数,当 α 或 π 发生变化时,曲线会移动。这里,当 α 增加 $x\%$而 π 保持不变时,如果 p 保持不变,则 q 必然会增加 $x\%$,从 A 点移到 B 点。但对于那些 $p\neq\pi$ 的点,q 并不一定增加 $x\%$,除非新的需求曲线($d'_1d'_1$)在每一价格上与 dd①是等弹性的。如果需求曲线更加具有弹性($d'_2d'_2$)或者缺乏弹性($d'_3d'_3$),那就不成立了。当实际总需求增加时,有些原因会使需求曲线变得更具弹性,也有些相反的原因。另外,如果厂商的数量(这里我们设为不变)随着 α/π 的变化而变化,需求弹性也会受到影响。〔这种情况我们会在 Ng(1981b)中加以考虑,我们将厂商的数量视为变量〕这里,我将采用一种简单的假定,即需求曲线的弹性保持不变。

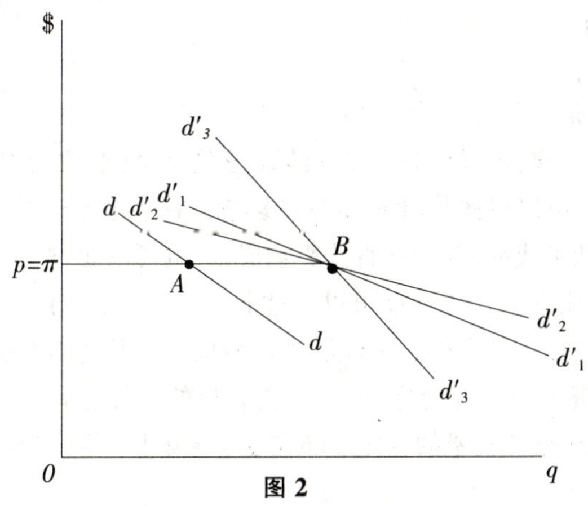

图 2

① 虽然p≠π不可能是均衡解,当厂商决定边际收益曲线时,我们必须考虑需求曲线上的这些点。若读者对此不确定,可以重新阅读以上对于归因谬误的讨论。

除了一些特殊情况，如有外部因素使需求曲线的弹性向同一方向发生很大的变化，这是一个合理的假设。因此，我们可以认为，典型厂商产品的需求(对实际总需求)的弹性等于一。那意味着，给定 p/π，q 是 α/π 的一阶齐次函数，即：

$$q=\frac{\alpha}{\pi}f(\frac{p}{\pi},1)\equiv\frac{\alpha}{\pi}h(\frac{p}{\pi}) \tag{5}$$

这表示 q 是相对价格的函数，也是实际总需求的正比函数。可以看出，(5)式对于(α,p,π)是零阶齐次的，对于 α 是一阶齐次的，正如我们所希望的那样。对于需求曲线，当只有 α 增加 x%时，在给定的 p，q 增加 $x\%$，需求曲线向右水平移动 $x\%$。当 α 和 π 都增加 $x\%$时，q 保持不变，p 增加 $x\%$，需求曲线垂直向上移动 $x\%$。这两种情况都可以在式(5)中得出。

在均衡点，有：

$$\pi Q=pq\bar{N}=\alpha \tag{6}$$

其中，Q 表示总产量，$\bar{N}$ 表示给定的厂商数量。

假定厂商追求利润最大化(对于收入最大化，参见 Ng，1981a)，这可以写成

$$p\frac{\alpha}{\pi}h(\frac{p}{\pi})-C(q,\pi,Q,\varepsilon) \tag{7}$$

其中，C 是两阶可导的总成本函数，ε 是某个(组)外生因素。厂商视为足够小，可以忽视其对 π 和 Q 的影响。平价价格 π 可以通过投入原材料(包括半成品)的价格直接影响成本，也可以通过对工资率的影响间接影响成本。总产量 Q 可以通过上涨的工资率(对劳动力的需求增加)以及外部经济和外部不经济来影响成本。其他因素也可能影响成本，如工资率的外部变化(由于工会力量的增加，而不是 π 和 Q 的变化)，外部价格和技术的变化反映在变量 ε 中[①]。厂商视 Q，π，α，ε 给

① 在更传统的意义上，我们可以把成本函数写成$C(q,\pi,\omega,\varepsilon)$，这里，w是工资率。但既然w可以写成$\pi$，$\varepsilon$和L(劳动)的函数，而L本身又是$\pi$和Q的函数，我们无需将w直接引入成本函数中。当然，我们可以直接引入w，但这会带来符号上的复杂化，而结果不变。

定，取(7)式对于p、q的最大值。对p求导，我们得到一阶条件(假定二阶条件和非停止营业条件p>AVC满足)

$$\frac{\alpha}{\pi}h(\frac{p}{\pi})+\frac{\alpha}{\pi^2}ph'(\frac{p}{\pi})-\frac{\alpha}{\pi^2}h'(\frac{p}{\pi}).c(q,\pi,Q,\varepsilon)=0 \quad (8)$$

这里 $c=\partial C/\partial q$ 是边际成本。

从(8)式，我们可以得到：

$$\pi h(p/\pi)+\{p-c(q,\pi,Q,\varepsilon)\}h'(p/\pi)=0$$

从而：

$$p+\pi\frac{h(p/\pi)}{h'(p/\pi)}=c(q,\pi,Q,\varepsilon) \quad (8')$$

对等式进行全微分，重新整理，并把 $h/h'=(c-p)/\pi$ 代入，得：

$$(2-\frac{hh''}{h'^2})dp+(\frac{c}{\pi}-c_\pi-2\frac{p}{\pi}+\frac{p}{\pi}\frac{hh''}{h'^2})d\pi=c_q dq+c_Q dQ+d\bar{c} \quad (9)$$

这里，下标表示偏导数，且 $d\bar{c}=c_E d\varepsilon$。该等式表明，典型厂商也会根据他对平均价格的预期变化(dπ)来决定它的价格变化(dp)如果 $dp\neq d\pi$，则预期被破坏并进一步调整。为实现新的均衡，我们令 $dp=d\pi$〔如(2)式的全微分〕。这样，我们以下的分析与预期实现相一致(与理性预期也一致)，结果不会因为预期的破坏而改变。把 $p=\pi$，$dp=d\pi$，$dQ=\bar{N}dq=(Q/q)dq$ (from $Q=\bar{N}q$)代入，重新整理，并除以c，得到弹性的形式，[①]

$$(1-\eta^{c\pi})dp/p-(\eta^{cq}+\eta^{cQ})dq/q=d\bar{c}/c \quad (10)$$

这里，$\eta^{c\pi}\equiv c_\pi\pi/c$，$\eta^{cq}\equiv c_q q/c$ and $\eta^{cQ}\equiv c_Q Q/c$ 分别是边际成本对于π，q，Q的弹性。其中，c_q，η^{cq} 是斜率和边际成本函数的弹性。c_Q 和 η^{cq} 是边际成本曲线上的移动。我们注意到，(10)也可以通过需求反函数 $p=\pi g(\pi q/\alpha)$ 从(5)中得到，这里g是h的反函数。

我们还需要一个等式来决定总需求α，我们采用一个非常一般

① 从(8′)式我们注意到，当 $p=\pi$ 时，h和h′的比值不变。将 $h/h'=(c-p)/\pi$ 代入 $dp+(h/h')d\pi=c_q dq-c_Q dQ+c_\pi d\pi+d\bar{c}$，我们可以得到(10)式。

的函数形式：

$$\alpha=\alpha(\pi,Q,X) \tag{11}$$

X 代表一组外部因素(名义量),可能包括货币供给,财政政策变量,以及其他一些独立于 π 和 Q 且影响支出(包括投资和消费)的因素。对(11)式唯一的限制条件是：$1>\eta^{\alpha\pi}\equiv\alpha_{\pi}\pi/\alpha>-1$,$1>\eta^{\alpha Q}\equiv\alpha_{Q}Q/\alpha>-1$,以避免爆炸性的(不稳定的)系统的出现。(注意：$\eta^{\alpha\pi}<1$ 并非不合理,既然 X 包括货币供给是保持不变的。且 $\eta^{\alpha Q}<1$,表示边际支出倾向小于 1)。等式(11)普遍适用,包括货币主义,凯恩斯主义和其他总需求理论。举个简单的货币理论的例子,α 是货币供给的恒定倍数,我们有 $\eta^{\alpha\pi}=\eta^{\alpha Q}=0$,$\eta^{\alpha X}=1$,其中 X 是货币供给。

对(6)和(11)进行全微分,并除以 $\alpha=\pi Q=pq\bar{N}$,

$$\frac{d\alpha}{\alpha}=\frac{dp}{p}+\frac{dq}{q}=\frac{d\pi}{\pi}+\frac{dQ}{Q} \tag{12}$$

$$\frac{d\alpha}{\alpha}=\frac{\eta^{\alpha\pi}d\pi}{\pi}+\frac{\eta^{\alpha Q}dQ}{Q}+\frac{d\bar{\alpha}}{\alpha} \tag{13}$$

其中,$d\bar{\alpha}\equiv\alpha_{x}dX$ 是总需求的外生变化。①把 $d\pi/\pi=dp/p$,$dQ/Q=dq/q$ 以及(12)中的第一个等式代入(13)

$$\frac{(1-\eta^{\alpha Q})dq}{q}+\frac{(1-\eta^{\alpha\pi})dp}{p}=\frac{d\bar{\alpha}}{\alpha} \tag{14}$$

把(14)中 dq/q,dp/p 的值分别代入(10),我们得到以下两个基本等式：

$$\{(1-\eta^{c\pi})(1-\eta^{\alpha Q})+(\eta^{cq}+\eta^{cQ})(1-\eta^{\alpha\pi})\}dp/p=(\eta^{cq}+\eta^{cQ})d\bar{\alpha}/\alpha+(1-\eta^{\alpha Q})d\bar{c}/c \tag{15}$$

$$\{(1-\eta^{c\pi})(1-\eta^{\alpha Q})+(\eta^{cq}+\eta^{cQ})(1-\eta^{\alpha\pi})\}dq/q=(1-\eta^{c\pi})d\bar{\alpha}/\alpha-(1-\eta^{\alpha\pi})d\bar{c}/c \tag{16}$$

为了进行比较静态分析,我们把等式(15)、(16)左边括号中的

---

① 将(5)式微分,并代入 $dp=d\pi$,得到(12)式中的第一个等式。这也确定式(5)中的微观内容和式(6)的总量要求的一致性。

部分视为非负的,否则系统是爆炸性的。这并不意味着在一个特殊的点上不能为负。在达到新的均衡之前,爆炸性必须结束。因此,为了确定从旧的均衡到新的均衡的变化方向,这部分可视为正的。

$\eta^{\alpha Q}$ 可用 $\eta^{\frac{\alpha}{\pi}Q}$ 代替,因此:

$$\eta^{\frac{\alpha}{\pi}Q}\equiv\frac{\partial\alpha/\pi}{\partial Q}\cdot\frac{Q}{\alpha/\pi}=\frac{\partial\alpha(\cdot)/\pi}{\partial Q}\cdot\frac{Q}{\alpha/\pi}=\frac{\partial\alpha}{\partial Q}\cdot\frac{Q}{\alpha}\equiv\eta^{\alpha Q}\tag{17}$$

如果我们把总需求函数(11)扣除价格因素,得到实际变量:

$$\alpha=\pi\Phi(Q,X/\pi)$$

这里,Φ 是关于实际总需求的函数。我们可以得到:

$$\partial\alpha/\partial X=\Phi_2,\partial\alpha/\partial\pi=\Phi-X\Phi_2/\pi,\eta^{\alpha\pi}=(\pi\Phi-\pi\Phi_2)/\alpha=1-\eta^{\alpha X}\tag{11'}$$

或者:

$$1-\eta^{\alpha\pi}=\eta^{\alpha X}\tag{18}$$

三、外生的成本变化

有了(15)和(16)式,我们现在准备考察比较静态效果。首先,我们考虑外生变量 ε 或 $\bar{c}$ 的变化,这可能是由于工资率的外生变化(与 π 和 Q 的变化无关),从国外或其他行业购买原材料价格的外生变化(如石油),生产技术的变化。为了分离外生成本变化的影响,我们令 $d\bar{\alpha}=0$。这种分析并不是局部均衡的,因为允许需求和成本通过 $\eta^{\alpha\pi},\eta^{\alpha Q},\eta^{c\pi},\eta^{cq}$ 和 η^{cQ} 而产生内生变化。从(15)和(16)式,等式两边乘以 $c/d\bar{c}$,并令 $d\bar{\alpha}=0$,得到:

$$\sigma^{p\bar{c}}=\frac{1-\eta^{\alpha Q}}{(1-\eta^{c\pi})(1-\eta^{\alpha Q})+(\eta^{cq}+\eta^{cQ})(1-\eta^{\alpha\pi})}\tag{19}$$

$$\sigma^{q\bar{c}}=\frac{-(1-\eta^{\alpha\pi})}{(1-\eta^{c\pi})(1-\eta^{\alpha Q})+(\eta^{cq}+\eta^{cQ})(1-\eta^{\alpha\pi})}\tag{20}$$

这里,$\sigma^{p\bar{c}}\equiv(dp/d\bar{c})\cdot(c/p)$,$\sigma^{q\bar{c}}\equiv(dq/d\bar{c})\cdot(c/q)$分别是价格和产量对边际成本外生变化的弹性。

我们可以根据(19)和(20)式把边际成本外生变化对价格和产量的影响分为三部分:(a)初步影响,(b)通过边际成本曲线的进一步内生移动产生的派生成本效应(归因于 $\eta^{c\pi}$ 和 η^{cQ}),(c)通过 $\eta^{\alpha\pi}$ 和 $\eta^{\alpha Q}$ 产生的派生需求效应。我们先考察初步影响,暂且忽略 $\eta^{c\pi}$,η^{cQ},$\eta^{\alpha\pi}$ 和 $\eta^{\alpha Q}$(均视为零)。我们得到:

$$\sigma^{p\bar{c}}(\text{primary})=1/(1+\eta^{cq}) \tag{19'}$$

$$\sigma^{q\bar{c}}(\text{primary})=-1/(1+\eta^{cq}) \tag{20'}$$

η^{cq} 是边际成本对 q 的弹性,如果 MCC(典型厂商的边际成本曲线)向上倾斜/水平/向下倾斜,则 η^{cq} 为正的/零/负的。η^{cq} 可以取从负无穷到正无穷的任何值。然而,η^{cq} 不太可能小于 1,这要求 MCC 足够向下倾斜以至变得无弹性。这会产生一个爆炸型系统,在比较静态分析中,我们忽略这种情况。

从(19′)、(20′)中可以看出,当 η^{cq} 为正的/零/负的时,$\sigma^{p\bar{c}}$ 和$-\sigma^{q\bar{c}}$ 分别小于/等于/大于单位 1。换句话说,就初步影响而言,如果 MCC 上倾/水平/下倾,则边际成本的内生增长分别以较小的/相同的/较大的比例增加价格,减少产量。水平边际成本曲线这种临界情况如图 3 所示,为了作图方便,把初始的需求曲线 dd 画为直线(分析的结果并不依赖于这种简化)。边际成本增加 10%,若不考虑 π 提高产生的影响,价格增加的幅度小于 5%(从点 A 到点 B)。然而,内生的成本增加不仅对一个厂商,而且对整个经济都有影响,因此 π 会随着 p 的增加而增加,使需求曲线上移。(注意,这包含在初步影响中,而不是以下要讨论的派生需求影响)。这会导致 p,然后是 π,……的进一步增加(增加幅度越来越小)。最后,当 p 和 π 均增加 10%,产量 q 减少 10%至 q′时,达到均衡 E。(如果厂商能预见这一点,整个调整可瞬间完成)。不难看出,如果边际成本曲线上倾或下倾,p 和 q 的变化会更小或更大。如果 $\eta^{cq}<1$(极其不可能发生),那么产生的影响是累积的,直到条件不再符合时才会达到均衡。

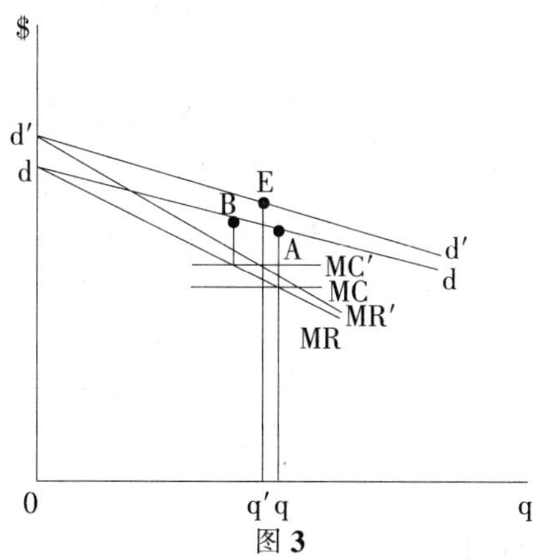

图 3

派生成本效应指的是，当 π 和 Q 变化时边际成本曲线 MCC 的内生移动。一个更高的 π 通过提高投入价格（包括工资）使 c 增加。当不存在货币幻觉和时滞时，c 对 π 的变化有完全的（成比例的）反应，我们有 $\eta^{c\pi}=1$。当产量的增加推动投入品价格的上升时，η^{cQ} 可能为正，除非存在大量的失业资源和（或）显著的外部经济，η^{cQ} 可能为零或负。充分就业时，随着 Q 的扩大，η^{cQ} 会变得很大，劳动供给完全无弹性时，甚至变得无穷大。如果劳动是唯一的可变投入或一种限制性投入（指不存在替代品）时，就会有 $\eta^{cQ}=\infty$ 的极端情况，使等式(20)为零。这时，外生的成本下降不会提高产量，也不会使价格下降。边际成本曲线 MCC 的外生降低首先会降低价格，提高产量。但与此同时，厂商扩大规模，在无多余资源的情况下会推动工资率和价格上涨，从而边际成本曲线也随之上升。如果劳动力不是限制性因素，厂商增加低价格投入品的使用时，产量增加是有可能的。

存在未被利用的资源时，η^{cQ} 很小，甚至为零或负（存在外部经济）。无论如何，因为 $(1-\eta^{\alpha\pi})\eta^{cQ}-(1-\eta^{\alpha Q})\eta^{c\pi}$ 可能为负，派生效应加强初始效应是可能的。也就是说，通过合适的加权，c 对 π 变动的敏感程度可能大于对 Q 的敏感程度。对派生成本效应和初始效应分别加权是有必要的，因为 α 会对 π 和 Q 的变化产生内生的反应，从而使价格和产量发生进一步调整。这是派生需求效应，它与凯恩斯收入乘数效应相似，但后者仅限于实际收入（均衡时产量为 Q）。给定 $\eta^{\alpha\pi}$ 和 $\eta^{\alpha Q}$ 的值，$\eta^{cq}+\eta^{cQ}$ 越小，$\eta^{c\pi}$ 越大，则外生成本变化对价格和产量的总效应也越大。工会对价格上升反映的速度和程度（$\eta^{c\pi}$ 很大，或者，$1-\eta^{c\pi}$ 很小或接近于零），决定了即使失业现象严重（η^{cQ} 很低）工会仍不愿接受低工资率，以及非上倾边际成本曲线普遍存在（η^{cq} 很低），这些都表明，分母可能相当小，这解释了 1973~1974 年石油危机的巨大影响。石油只是大部分厂商成本的一小部分，因此石油价格加倍仅使典型厂商边际成本曲线上升很小的幅度。但如果(19)和(20)的分母很小，c 小量上升就会导致 p 的大量上升和 q 的大量下降，即使外部需求因素（包括货币供给）保持不变以隔离外生成本变化的影响。

如果成本导致的失业持续相当长一段时间，且在给定的就业水平下工人接受低工资率，产量和就业会增加至初始水平。在我们的模型中，这可以解释为，长期 η^{cQ} 很大，或者表示（短期）劳动供给曲线最终的移动抵消了成本的外生增长。前面的讨论可以概括为以下定理。

定理 1：边际成本的外生增加/减少的初始效应是，当 MCC（典型厂商的边际成本曲线）向上倾斜/水平/向下倾斜时，分别以较小的/同样的/较大的比例提高/降低价格，减少/增加产量。当 $(1-\eta^{\alpha\pi})\eta^{cQ}-(1-\eta^{\alpha Q})\eta^{c\pi}$ 分别为正和为负时，通过 MCC 的外生移动产生的派生作用会加强或抵消初始效应。当边际成本随价格/产量按比例变动的幅度越大，且 MCC 上倾/下倾的幅度越小，则总效应越大。

四、总需求的外生变化

（名义）总需求 α 的外生变化可能由货币/财政政策的变化和其

他外生因素引起。为了隔离总需求外生变化的影响，我们令 $d\bar{c}=0$。这并不是一个局部均衡的分析，因为 c 的内生变化并没有被排除，而是反映在 η^{cq}，$\eta^{c\pi}$ 和 η^{cQ} 中。把 $d\bar{c}=0$ 代入(15)和(16)中，重新整理，得到：

$$\sigma^{p\bar{\alpha}}=\frac{\eta^{cq}+\eta^{cQ}}{(1-\eta^{c\pi})(1-\eta^{\alpha Q})+(\eta^{cq}+\eta^{cQ})(1-\eta^{\alpha\pi})} \tag{21}$$

$$\sigma^{q\bar{\alpha}}=\sigma^{Q\bar{\alpha}}=\frac{1-\eta^{c\pi}}{(1-\eta^{c\pi})(1-\eta^{\alpha Q})+(\eta^{cq}+\eta^{cQ})(1-\eta^{\alpha\pi})} \tag{22}$$

这说明，总需求的外生增长是否会提高价格水平和(或)产量取决于$(1-\eta^{c\pi})$和$(\eta^{cq}+\eta^{cQ})$的值。(效应的大小取决于 α 的内生变化而引起的 $\eta^{\alpha\pi}$ 和 $\eta^{\alpha Q}$ 的变化)特别是，以下四种情况可以确定：(a)当$1-\eta^{c\pi}=0$，$\eta^{cq}+\eta^{cQ}>0$ 时，总需求的增长只提高价格水平而不影响产量；(b)当 $1-\eta^{c\pi}>0$，$\eta^{cq}+\eta^{cQ}=0$ 时，产量提高而价格不变；(c)当$1-\eta^{c\pi}>0$，$\eta^{cq}+\eta^{cQ}>0$ 时，产量和价格同时提高；(d)当 $1-\eta^{c\pi}=0$，$\eta^{cq}+\eta^{cQ}=0$ 时，结果不确定。在最后一种情况下，进一步的分析表明，结果完全取决于预期价格。如果厂商预期价格上升 y%，不论 y 为多少，他们发现提高价格y%使其利润最大化。(请与下一节分析相比较。)

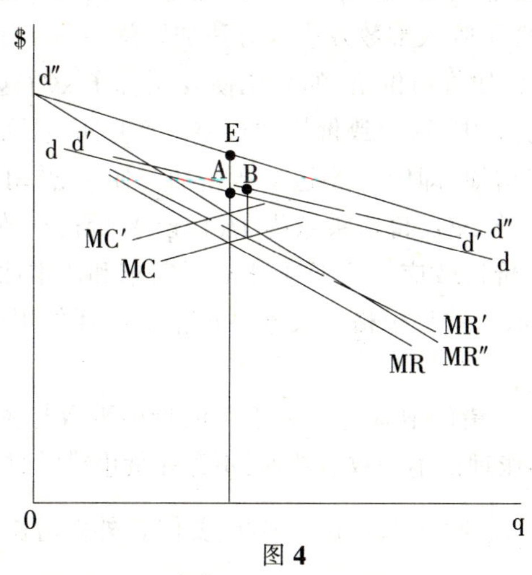

图 **4**

先不考虑 α 的外生变化，情况(a)可由图 4 表示，dd 是代表厂商的初始需求曲线。当总需求外生增加了 x%时，若厂商未预见到价格上升(如：π 不随 α 的变化而变化)，则需求曲线和边际收益曲线MRC 向右移动 x%。新的利润最大化点的价格从点 A 增至点 B，如果 MCC 向上倾斜($\eta^{cq}>0$)，或者(和)向上移动(η^{cQ} 为正)。随着 p 上升，π 也上升，需求曲线向上移动，这会导致 p 和 π 的进一步上升，如此反复。如果 $\eta^{c\pi}=1$，MCC 以与 π 相同的比例向上移动。当需求曲线 MRC 和 MCC 分别向上移动 x%至 d″d″，MR″和 MC′时，最后的均衡在 E 点达到。这包含了 p 上升了 x%，q 保持不变。如果厂商预见到，当条件 $1-\eta^{c\pi}=0$，$\eta^{cq}+\eta^{cQ}>0$ 满足时，P 会随着 α 的上升无可避免地上升，它的需求曲线会直接跳至 d″d″，价格一次就可以从 A 调整至 E。

α 的内生变化并不会影响定性结果，因为它与外生变化有相同的结果，因而只影响总效应的大小。例如，在情况(a)时，α 的内生变化加强/部分抵消之前讨论的价格上升，如果 $\eta^{\alpha\pi}$ 是正的/负的。加强可视为必然的，既然我们可合理地认为 $\eta^{\alpha\pi}$(在其他情况下为 $\eta^{\alpha Q}$)是正的，或至少是非负的。由 $\eta^{\alpha\pi}$ 产生的加强作用，可称为价格的乘数效应，可用类似于收入乘数效应的方法加以阐明。在现存的收入和价格水平下，X(如货币供给)的变化使 α 增加了 x%(这是初始的外生增长)。情况(a)中，这导致价格增加 x%，产量不变。如果 $\eta^{\alpha\pi}>0$，总需求会进一步增加，即使 X 不进一步增加。如果 $\eta^{\alpha\pi}=1/2$，最后的均衡包括价格上升 2x%，价格乘数为 $1/(1-\eta^{\alpha\pi})$，价格乘数效应不同于价格—成本—价格效应，后者通过 π 对需求和成本曲线的作用产生，如图 4 所示。这种价格—成本—价格的循环作用即使在 $\eta^{\alpha\pi}=0$ 时也存在。

人们也许会错误地认为，大于 1 的价格乘数与决定总需求的(简单)货币学派理论不一致。然而，不存在货币错觉时，如(18)式所示，$\eta^{\alpha\pi}=\frac{1}{2}$，$\eta^{\alpha X}=\frac{1}{2}$ 时，$\eta^{\alpha X}=1-\eta^{\alpha\pi}$。因此，要使 α 外生增长 1%，则 X(这

里指货币供给)需先增长2%。在现在的情况下,$\eta^{c\pi}=\dfrac{1}{2}$,$\eta^{cq}+\eta^{CQ}=\dfrac{1}{2}$,我们从(21)式中得到:

$$\sigma^{p\bar{\alpha}}\equiv\frac{dp}{d\bar{\alpha}}\cdot\frac{\alpha}{p}\equiv\frac{dp}{(\partial\alpha/\partial X)dX}\cdot\frac{\alpha}{p}=\frac{dp}{dX}\frac{X}{p}/\frac{\partial\alpha}{\partial X}\frac{X}{\alpha}\equiv\sigma^{pX}/\eta^{\alpha X}=$$

$$\frac{1}{1-\eta^{\alpha\pi}}=1/\eta^{\alpha X}$$

因此,不论价格乘数的值为多少,我们实际上有$\sigma^{pX}=1$。我们用X表示货币供给时,这与货币主义十分符合。我们更一般化的分析方式允许各种的因素(包括而不仅限于货币供给),最初以X%的比例影响α,最后则倍增为kx%。

现在考虑相反的情况(b),如图5所示。如果MCC水平($\eta^{cq}=0$)且不移动($\eta^{cQ}=0$),或者MCC的斜率恰好被其反向移动平衡,则$\eta^{cq}+\eta^{cQ}$的值为零。如图5中情况1,2,3所示。

总需求增加x%,如果π不变,需求曲线和边际收益曲线向右

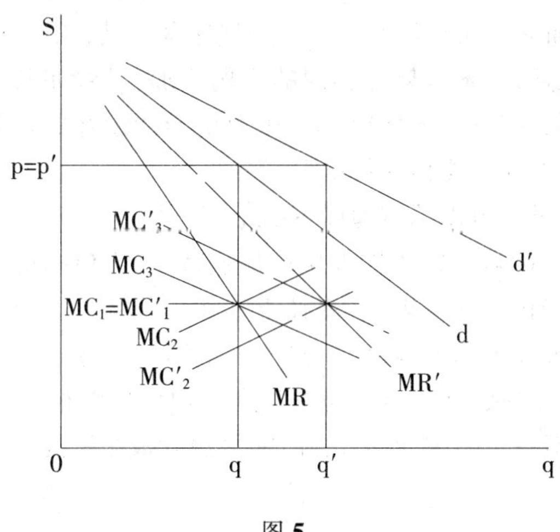

图5

移动x%。新的MRC曲线(如MR′)与新的MCC曲线(MC'_1,MC'_2或

MC'_3)相交,交点产量水平增加了 x%,且利润最大化价格保持不变,证实了价格不变的预期。如果 $1-\eta^{c\pi}>0$,这是在现在的情况 $\eta^{cq}+\eta^{cQ}=0$ 下能实现的唯一预期。当 $\eta^{\alpha Q}$ 为正时,总需求的内生变化通过 $\eta^{\alpha Q}$ 加强产量的增加。这种通过 $\eta^{\alpha Q}$(边际消费倾向,$\eta^{\alpha Q}=\eta^{\frac{\alpha}{\pi}Q}$,见(17)式)加强产量实际上是凯恩斯收入乘数效应。

在情况(d)中,α 增加 x%,如果 π 预期增加 x%,需求曲线如图 4 所示上移 x%,结果是价格上升 x%,证实了预期。如果 π 预期保持不变,需求曲线如图 5 所示右移 x%,结果 q 增加 x%,p 保持不变,又一次证实了预期。在这种特殊的情况下,任何预期都会自我实现。因此,预期任何可以预期的都变得合理了。

当 $1-\eta^{c\pi}=0$,$\eta^{cq}+\eta^{cQ}<0$ 时,产生了另一种有趣的现象。这里,考虑到成本受产量的影响,似乎当 α 增加时,价格下降是合理的。然而(21)和(22)式都表明,价格上升,产量不变。这一过程中,如果厂商鉴于产量扩大边际成本递减而降低价格,π 的降低会进一步下移且使需求曲线向下移并变得平坦,导致产量进一步增加,价格进一步下降,从而无法实现均衡。令人感到惊奇的是,在这种情况下,可以实现的预期是,π 以与 α 相同的比例增加,导致如图 4 所描述的产量。然而,如果$\eta^{cq}+\eta^{cQ}<0$ 成立,则价格会持续降低直到条件不再成立。厂商不太可能预期价格上升。

上述的讨论可以总结为以下的定理。①

定理 2:随着总需求的外生增加或减少(不包括价格和收入的乘数效应,若包括这些效应,将使下述作用加强)。(a)货币数量理论的情况:如果边际成本随产量的增加而增加($\eta^{cq}+\eta^{cQ}>0$),且随平均价格的变动成比例地变动 $\eta^{c\pi}=1$,则平均价格以相同的比例上升/下降,产量不变。(b)凯恩斯情况:如果边际成本不随产量的增加而

---

① 该定理在Ng(1980)中被证明,在那里,微观经济层面的非完全竞争厂商被运用到宏观经济模型中。这里保留这个定理是为了比较全面分析的完整性。

增加,且随平均价格的变动做低于比例的变动,则产量至少以相同的比例增加/减少,而平均价格不变。(c)中间情况:介于情况(a)与(b)之间时(边际成本随产量的增加而增加,且随平均价格的变动做低于比例的变动时),产量和平均价格都增加/减少。(d)预期神境:如果边际成本不随产量的增加而增加,但随平均价格的变动成比例地变动,则产量完全取决于预期,且预期可以自我实现。

五、预期价格的变化

分析价格预期本身变化的作用,似乎有点奇怪。如果需求和成本条件不变,难道价格不会保持不变吗?通常,价格预期的变化归因于客观因素的变化。但因主观因素或对客观因素错误的主观估计而引起的变化,并不是无法想象的。我们这里集中讨论的是纯粹预期的作用,而不是客观因素变化产生的影响(如上分析)所引起的价格预期的变化。可能有人认为,纯粹的预期变化,也就是没有客观基础的预期,其正确性是无法实现的。因此,任何短期效应随后可能是无效的。这在大多数情况下成立,但我们将注意到,在一些特殊情况下,即使没有被(名义)总需求的变化所证实或"助实"[validation;例如,当人们预期价格上升,而中央银行为避免失业而增加货币供给,导致价格真的上升;但这不仅是其本身的作用,而是货币供给增加的帮助——译者注],纯粹的价格预期变化也会自我实现。另外,即使预期仅限于商业部门(厂商),不被消费者和供给者分享,这也是成立的。

为了分析商业部门预期价格的作用,我们用预期平均价格$\hat{\pi}$代替实际平均价格 π,使典型厂商得到均衡条件。然后,我们用 $d\hat{\pi}$代替(9)式中的 $d\pi$,虽然有$\hat{\pi}=\pi=p$(因为我们从一个均衡开始分析),$d\hat{\pi}=dp$ 并不一定成立。然后,我们得到修正后的(9)式:

$$2-\frac{hh''}{h'^2}=\frac{\partial\mu}{\partial p}=\frac{\partial\mu}{\partial q}\cdot\frac{\partial q}{\partial p}=\frac{\partial\mu}{\partial p}\cdot\frac{q}{\mu}\cdot\frac{\partial q}{\partial p}\cdot\frac{p}{q}\cdot\frac{\mu}{p}$$

$$\equiv\eta^{\mu q}\eta^{qp}\mu/p\,,dQ=\frac{Q}{q}dq$$

如前,代入 $c=\mu$,

$$\frac{\eta^{\mu q}\eta^{qp}dp}{p}+\frac{(1-\eta^{c\pi}-\eta^{\mu q}\eta^{qp})d\hat{\pi}}{\pi}=\frac{(\eta^{cq}+\eta^{cQ})dq}{q}+\frac{d\bar{c}}{c} \qquad (23)$$

这里,

$\mu\equiv$ marginal revenue (MR)=p+$\frac{\pi h(p/\pi)}{h'(p/\pi)}$,$\eta^{\mu q}\equiv\frac{\partial\mu}{\partial q}\cdot\frac{q}{\mu}$是 MRC 的弹性,$\eta^{qp}\equiv(\partial q/\partial p)(p/q)$是典型厂商的需求弹性。①将(14)式中得到的 dq/q 代入(23)式,(令 $d\bar{c}=0$,以隔离纯粹的预期变化的影响),得到:

$$\sigma^{p\hat{\pi}}=1+\frac{(\eta^{cq}+\eta^{cQ})(\sigma^{\bar{\alpha}\hat{\pi}}+\eta^{\alpha\pi}-1)+(\eta^{c\pi}-1)(1-\eta^{\alpha Q})}{\eta^{\mu q}\eta^{qp}(1-\eta^{\alpha Q})+(\eta^{cq}+\eta^{cQ})(1-\eta^{\alpha\pi})} \qquad (24)$$

这里,$\sigma^{p\hat{\pi}}\equiv\frac{dp}{d\hat{\pi}}\cdot\frac{\pi}{p}$,$\sigma^{\bar{\alpha}\hat{\pi}}\equiv\frac{d\bar{\alpha}}{d\hat{\pi}}\cdot\frac{\pi}{\alpha}$

为了使价格预期的变化能够实现,则 $\sigma^{p\hat{\pi}}=1$。等式(24)右侧 1 后面的表达式必须为零。如果(a)$\eta^{c\pi}=1$,$\sigma^{\bar{\alpha}\hat{\pi}}+\eta^{\alpha\pi}=1$,或者(b)$\eta^{c\pi}=1$,$\eta^{cq}+\eta^{cQ}=0$,该表达式的分子为零。如果其分母为正无穷或负无穷,而分子为有限值,该表达式也为零。这种情况存在,要么(c) MRC 是垂直的,也就是,$\eta^{\mu q}$ 为(负)无穷;或者(d)$\sigma^{\bar{\alpha}\hat{\pi}}+\eta^{\alpha\pi}=1$ 且要么MCC 是垂直的(所有的厂商的产量已经达到最大极限),要么完全缺乏弹性,也就是 η^{cq} 和/或 η^{cQ} 为无穷大。如果 $\eta^{cq}+\eta^{cQ}=\infty$,但

① 为了把不确定的复杂性(除了对π的预期)抽象掉,我们有理由假定厂商明确地知道自己的成本函数,使得$\eta^{\hat{c}\hat{\pi}}=\eta^{c\pi}$,因此,我们无需在(23)式中用$\eta^{\hat{c}\hat{\pi}}$代替$\eta^{c\pi}$。

$\sigma^{\bar{\alpha}\hat{\pi}}+\eta^{\alpha\pi}\neq 1$ 时，表达式的分子和分母同时为无穷大，表达式不为零。

如果厂商的需求弹性 $-\eta^{qp}$ 为无穷大(完全竞争的情况下),分母似乎也为无穷大。然而,当 $\eta^{qp}=-\infty$, $\eta^{\mu q}=0$ 时, $\eta^{\mu q}\eta^{qp}(=\eta^{\mu q})$ 的值是不确定的。如果在完全竞争的情况下,我们用 πq 代替(7)式中总收益的表达,我们可以得到类似于(24)式的等式,除了没有 $\eta^{\mu q}\eta^{qp}(1-\eta^{\alpha\pi})$ 这一部分。如果 $\eta^{c\pi}=1$,则有 $\sigma^{p\hat{\pi}}=\sigma^{\bar{\alpha}\hat{\pi}}/(1-\eta^{\alpha\pi})$,当且仅当 $\sigma^{\bar{\alpha}\hat{\pi}}+\eta^{\alpha\pi}=1$ 时,该式为 1。因此这与上述情况(a)相同。可能有人会认为,价格预期的变化只要部分被(货币供应的外生增加)“助实”就足够可以实现了,因为可以合理地假设 $\eta^{\alpha\pi}>0$,而有 $\sigma^{\bar{\alpha}\hat{\pi}}=1-\eta^{\alpha\pi}<1$。然而, $\sigma^{\bar{\alpha}\hat{\pi}}<1$ 并不意味着外部需求因素(如货币供给)不必与 $\hat{\pi}$ 增加相同的比例。

$$\sigma^{\bar{\alpha}\hat{\pi}}\equiv\frac{d\bar{\alpha}}{d\hat{\pi}}\cdot\frac{\pi}{\alpha}\equiv\frac{(\partial\alpha/\partial X)dX}{d\hat{\pi}}\cdot\frac{\pi}{\alpha}=\frac{\partial\alpha}{\partial X}\cdot\frac{X}{\alpha}\cdot\frac{dX}{d\hat{\pi}}\cdot\frac{\pi}{X}\equiv\eta^{\alpha X}\cdot\sigma^{X\hat{\pi}}$$

没有货币幻觉, $\eta^{\alpha\pi}=1-\eta^{\alpha X}$(等式(18))。因此, $\sigma^{\bar{\alpha}\hat{\pi}}+\eta^{\alpha\pi}=1$ 意味着 $\eta^{\alpha X}\sigma^{X\hat{\pi}}+1-\eta^{\alpha X}=1$,这表示 $\sigma^{X\hat{\pi}}=1$,而这是完全“助实”(full validation)的情形。我们可以得出结论，在完全竞争和没有货币幻觉的情况下,当且仅当被完全证实时,价格预期变化才能实现。

也许可以注意到,MRC 曲线垂直的情况($\eta^{\mu q}=-\infty$)包括需求曲线的一个拐点,因此,严格地说,与我们对可微性的假设不符。然而,进一步观察可以发现,一条有拐点的需求曲线和这里的分析是一致的,这里就不分析了(详细分析请见 Ng 1981c)

定理 3:(a) 如果以下至少一个条件成立,则价格的预期变化可以实现:(i)(一个不重要的“助实”的情形)MC(边际成本)按比例随价格变化($\eta^{c\pi}=1$),且总需求也按比例变化(变动方向均相同);

(ii)MC 按比例随价格变化，但不按比例随产量变化($\eta^{cq}+\eta^{cQ}=0$)；(iii)厂商的边际收益曲线垂直；(iv)边际成本曲线和/或投入供应曲线垂直($\eta^{cq}+\eta^{cQ}=\infty$)，总需求按比例随价格变动(另一种被“助实”的情况)。(b)在完全竞争和没有货币幻觉的情况下，当且仅当被完全“助实”($\sigma^{X\hat{\pi}}=1$)时，价格预期变化才能实现。

就总需求的变化而言，情况(a)与前面讨论的预期自我实现情况包含着相同的条件。这里，我们可以看到，即使没有总需求的外生变化(也可包括内生变化)，任何价格预期都可以实现。在图 6 中典型厂商位于初始的均衡点 A，位于需求曲线 dd 上。如果总需求和平均价格都增加 10%，则需求曲线垂直上移 10%至 d′d″。但如果仅有$\hat{\pi}$增加 10%，而 α 保持不变，则需求曲线只上移至 d′d′，与 d′d″相比，需求量(水平距离)少 10%(因为 d′d′时的 α 比 d′d″时少10%，而$\hat{\pi}$在两种情况下相同)。由于 $\eta^{c\pi}=1$，MCC 向上移动 10%至MC′，与 MR′相交于产量 q′，比原始产量低约 10%(9%强)。如果 $\eta^{c\bar{q}}+\eta^{cQ}=0$，那么 MCC 的第二次移动(due to η^{CQ})，如果有的话，会被 MCC 的斜率所抵消。(图 6 描述了 $\eta^{cq}=\eta^{cQ}=0$ 的情况)

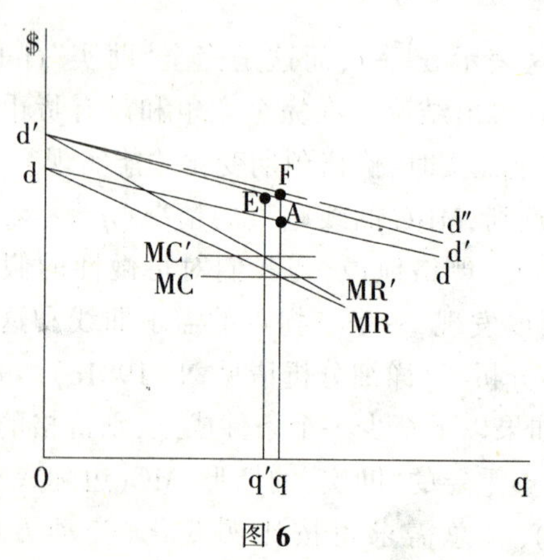

图 6

因此，均衡点为E，价格比A点增加10%，与F点的价格相同，总需求也增加10%。定理3中被“助实”的情况(i)、(iv)，如图7所示。随着π和α均增加x%，代表厂商的需求曲线垂直上移x%。那么，如果MCC垂直，或者MCC(任何形状)上移x%($\eta^{c\pi}=1$)，在新的均衡点E，价格增加x%(产量不变)，证实了预期的增加。

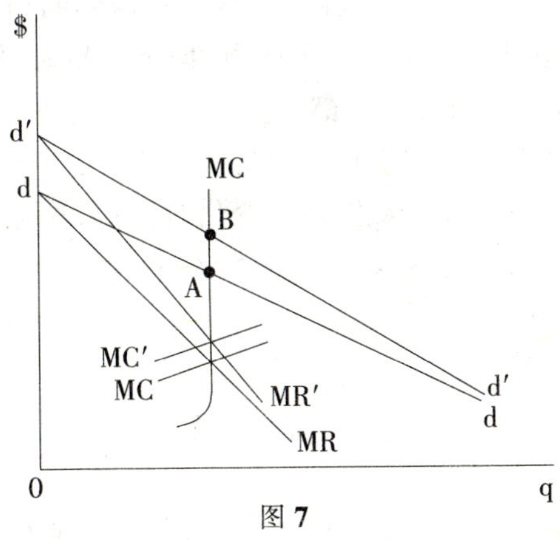

图7

六、营业税的应用

根据传统意义上对供给和需求的局部均衡分析，商品的营业税增加会使其价格上升，但增加的幅度小于税收的增加，只要厂商的需求曲线向下倾斜，供给曲线向上倾斜。然而，大多数商人和消费者认为，即使在短期，税负也会完全(有时超过完全)转嫁给消费者。这个疑惑可以通过我们的分析加以解释。(对某一特定产业征收营业税，与普遍的营业税具有相同的初始效应；见Ng，1981a)

令t为营业税率，典型厂商的总收益乘以(1–t)，得到税后净收益。通过此项修正，我们可以得到：

$$(1-\eta^{c\pi})\frac{dp}{p}-(\eta^{cq}+\eta^{cQ})\frac{dq}{q}=\frac{dt}{1-t}+\frac{d\bar{c}}{c} \tag{25}$$

可以看到，$dt/(1-t)$与$d\bar{c}/c$以相同的方式进入到等式中。所以，对于营业税变动 x%(税后价格)，可用与边际成本外生变化相同的方式进行分析。于是我们得到：

定理 4：定理 1 中边际成本外生变化的作用，对营业税的变化同样适用。

举例来说，营业税增加或减少 x%(净价格)的初始作用会使平均价格增加或减少，当 MCC 向上/水平/向下倾斜时，价格增加/减少的幅度小于/等于/大于 x%。①然而，我们必须注意到，对于整个经济体范围内税率的变化，政府收入会受到影响，从而导致总需求 α 的变化，因而比起边际成本发生外生变化时，总需求可能会有不同的反应。换句话说，在考察整个经济体时，$\sigma^{\alpha\bar{c}}$和$\sigma^{\alpha t}$可能会有不同的值。

七、结束语

我们得到的结果(总结为以上 4 个定理)是十分显著的。有些读者也许会觉得，我们得到这些结论，是因为我们用同义反复的方式来定义典型厂商。进一步分析就可以使他们相信这不是事实，否则，任何情形都会是预期神境，而不是在满足特定的条件下才存在。

在初始均衡点，典型厂商的产量和价格，从定义上对整个经济具有代表性。受到干扰因素影响时(如成本，需求变化等)，会获得新的均衡。我们的分析建立在以下的前提假设下，整个经济的反应

---

① 当边际成本为常数的特殊情况下，Willianmson(1967)也得出了同样的结果，他运用了Kalecki的价格决定模型(使用当期的成本和上一期的价格)，并考虑其他厂商的定价(我们分析中的一个特点)，采用线性需求函数(与结果无实质关系)，将内生成本变化归于工资等式中(对结果很重要)。我非常感谢匿名审稿人让我注意到Willianmson的贡献。

可以通过典型厂商的反应加以估计。这当然不是同义反复,建立在这个假设上的定理,至少在原则上可以被证实或否定。按照典型厂商构建的方式以及考虑到派生反应,我们有理由相信,这种近似是可以接受的,或者至少比纯粹的局部分析或总量分析优越。

我们的分析表明，边际成本曲线的弹性以及边际成本对于价格和产量的弹性，是决定几乎所有变化对产量和价格影响的重要因素。(如果考虑到厂商的进入和退出,平均成本也是一个影响因素)。自然地,有关这些弹性的经验证据就变得十分重要。所以,我们的研究应集中于这些经验证据上。我们的定理可以通过经验检验,我们的分析可以加以拓展,运用于很多经济问题中。但这些分析不可能在一篇论文中完成；笔者希望进一步分析一个行业和收入最大化厂商的例子(Ng 1981a),介绍厂商的进入和退出(1981b),以及分析寡占的复杂性(1981c)。

致谢

我十分感谢审稿人和以下人士为我提供有用的建议,他们是:David Friedman,Joseph Greenberg,Murray Kemp,Simon Domberger,Kevin Roberts,James Mirrlees,Peter Warr。这篇论文是我在访问 VPI 和 Manchester 大学期间起草的，我要感谢他们对访问教授之职和 Simon 高级研究员的资助。

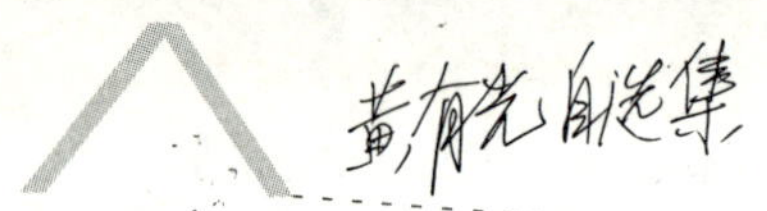

自述之五

我在论述第三优理论的文章中,完全针对效率问题,没有考虑平等的问题。这篇《准帕累托社会改进》,可说是把第三优理论应用到平等的问题。然而,这一应用,却得出惊人的结论:在个别具体政策或措施上,不论富人或穷人,一元就当一元看待,以效率挂帅。这结论不但使人(包括我自己)吃惊,也使经济政策大为简单化,并且大致解决由阿罗不可能定理带来的困境(人际可比基数效用的悖论)。

在论述"一元就是一元"的原理之前,这篇文章先对帕累托原则进行改进。帕累托原则要求,如果有些人的情况改进,而没有任何人的情况变坏,则为社会改进。如果这里所指的"情况"是指诸如经济收入等客观情况,则帕累托原则肯定不能接受,因为使富人更富,其他人收入不变,可能因为平等水平下降而使社会情况变坏。要使帕累托原则成为大家接受的准则,"情况"必须指主观偏好或福祉。然而,这使帕累托原则很难满足。因此,有必要找到比帕累托原则更容易满足,而大家能够接受的准则。我因而提出准帕累托社会改进。

远在约70年前,Kaldor(1939)与Hicks(1939)即提出,如果一个改变(政策、措施)使有些人的情况改进,而有些人的情况变坏,若情况改进的人能够补偿情况变坏的人,则这改变依然可以认为是一个社会改进。必须注意,这里所说的补偿,只是假设性的,并不是真正进行补偿。如果要求真实补偿,则单单用帕累托原则就已经足够了,不需要所谓"补偿法则"。然而,如果补偿只是假设性的,则符合"补偿法则"的改变,未必是好的。例如,某个改变使富人得利800万元,使穷人损失600万元。如果富人补偿穷人700万元,则是一个帕累托改进。但如果补偿没有真正进行，则很多人会认为这改变未必是一个社会改进，因为穷人损失600万元，在福祉上的损失很可能大于富人得利800万元在福祉上的增加。因此，补偿法则没有被一般接受为社会改进的充分准则。

如果把人们根据其收入或财富分成各个阶层或组合，每个组合内的人是同样富有的人。如果一个改变使有些人的情况改进，而有些人的情况变坏，若在每个组合内，情况改进的人能够(但不需要真正)补偿情况变坏的人，则这改变依然可以认为是一个社会改进。这就是“准帕累托社会改进”法则。

如果组合分得很细，看来很难有什么改变能够满足“准帕累托社会改进”法则。然而，本文不但举例说明有许多增进效率的措施能够满足“准帕累托社会改进”，而且用这法则论证出，在个别具体政策或措施上，应该以效率挂帅，不论富人或穷人，一元就是一元。这看来是极端右翼的观点，怎么会由一个“左倾”学者提出呢？难道此人已经做了180度的转变？比起笔者中学时期在马来西亚积极从事秘密反政府的共产主义学生活动(笔者现在还以此为荣，虽然当时的许多观点与做法是错误与幼稚的，但是动机是非常高尚的)，笔者的思想的确有了很大的改变，但至少在经济学界中，只能算是中间偏左，完全不能算是右翼分子。“一元就是一元”的观点，实际上并不是右翼观点，因为它并不排除在整体的平等政策上，采用大幅度的重分配。不论我们要有多么大的重分配，有效率的方法是在整体的平等政策上实行，而不是在个别具体措施上。

还有一件真实的事，可以证明笔者并不是由于右翼思想而提出“一元就是一元”的观点。多年前，MONASH大学PARISH教授和我吃午餐，说他不赞成一些经济学者的做法，在成本效益分析上，把穷人的一元当二元算，把富人的一元当五毛算。他认为一元就是一元。我说，用这种收入权数是否过分，可以商榷，但原则上，由于边际效用递减，一元钱对穷人的效用大于对富人的效用，在成本效益分析中用收入权数是合理的。我们的争论没有结果。过后,我就写文章,要证明一元不等于一元。但证来证去,结果是:一元就是一元!可见我的心是"左倾"的,只是我的头脑右倾。

效率挂帅,一元就是一元的论点,虽然实质上并非右倾,但至少在表面上,这论点看来极端右倾,即使对右倾经济学者而言,也是过度右倾。因此,我那篇证明一元就是一元的文章,从1975年开始,先后被至少六家期刊退稿,经过多次修改,到1984年才在《美国经济评论》上发表,创下我本人的记录。

不过,一元就是一元的论点,在实际经济中的应用,尤其是在整体的平等政策不完善的国家,有很大的局限。如果在个别措施上采用一元就是一元的原则,使许多有效率的措施得到执行,可能使穷人损失,虽然富人的得利,在金钱上算更大,但在效用或福祉上可能较小,得不偿失,必须在整体的平等政策上采用有利穷人的配套措施,才能保证社会福祉增加。不过,这个局限本身也有局限。那些造成整体的平等政策不完善的因素,大都在个别措施上也起作用。因此,如果因为整体的平等政策不完善,而想通过在个别措施上的平等考虑来促进平等,除了会大量牺牲效率外,也未必真能达到平等的目的。例如,如果某些掌握权力的人,能够避免受整体的平等政策的影响,他们也能利用权力来避免受个别措施上的平等考虑的影响。

像中国的情形,应该加强整体的平等政策,尤其是在消除贫困、照顾失业人士、落后地区的教育、避免通过滥用权力致富等方面。整体的平等政策加强后,就能使人们较容易接受在个别措施上采用一元就是一元的原则,就能较大地避免张宏志先生所说的许多为了局部与短期的公平,而大量牺牲效率的可悲结局。

阿罗等不可能定理(Arrow 1951/1963,Kemp & Ng 1976,Parks 1976)说明,仅凭个人序数效用无法做出合理的社会选择。森(Sen 1970a)证明,如果不作效用的人际比较则无法进行社会选择。这一系列不可能定理使我们看到，人际可比的基数个人效用是进行合理的社会选择所不可或缺的。但是，至少只根据传统的经济学方法，很难甚至不可能得到人际可比的基数个人效用的信息。这就是“人际可比基数效用的悖论”。“一元就是一元”的原则，可以让我们在超过 90%的经济政策（甚至其他）领域解除“人际可比基数效用的悖论”。这方法就是以人们的支付意愿来衡量偏好的强度，以无权总和来进行决策。在个别问题上，以效率挂帅，平等的目标由整体的平等政策来达致。因此，在制定整体的平等政策时，就需要估计人们的偏好或福祉的强度，并进行人际比较。在这个领域，还必须面对“人际可比基数效用的悖论”。但在所有其他个别问题上，用“一元就是一元”的原则，或以效率挂帅，就不必面对“人际可比基数效用的悖论”，而且使社会决策简单和有效率，减少许多决策与行政成本。

准帕累托社会改进 *

唐翔　译

帕累托原则已被普遍认为是社会福祉改进的一个充分条件。如果某种社会变革的结果是有人受益而无人受损，那么似乎找不到什么理由来反对这种变革。然而，在现实世界中，如果不是全部的话，至少绝大多数社会变革的结果是有些人受益而有些人（不论其人数如何之少）受损，因此帕累托原则本身的实际利用价值很有限。为此，经济学界在40年代前后试图通过补偿试验或类似办法找到比帕累托原则更进一步，且能为人所普遍接受的（社会）福祉改进标准，然而这一努力似乎遇到了不可克服的障碍。结果，自那以后，这方面几乎没有任何进展。就普遍接受的福祉标准而言，我们依然没能超越帕累托原则一步。①

在本文第一节，我将提出一个有望获得普遍接受的超越帕累托原则的福祉标准，其实质是将著名的卡尔多—希克斯—西托夫斯基双重补偿试验加以修正，要求它对每个群体（通常是按收入水平划分的群体）都成立，从而使它可以克服来自社会分配方面考虑的主要批评意见（例如，劫贫济富的社会变革通常不会被人们当作一件好事）。②初看起来，这一修正标准似乎过于严格而难有用武之

---

* 本文的完成得力于同事 Ross Parish 的启发和一位匿名审稿人的建议，在此一并致谢。此外，本文第三节的数次修改稿曾经分别提交给蒙纳士大学（Monash University 1976）、弗吉尼亚理工学院、纽约大学以及耶鲁大学（1978）举办的研讨会讨论，笔者从这些讨论中也获益匪浅。

① 关于福祉标准的学界争论，以下述评可供参考：Erza Mishan 1969；John Chimpman 与 James Moore 1978；以及拙著 Ng 1979；1983，第三章。

② 至于另外一种批评意见，即该福祉标准反复使用会导致悖论，我们在附录 A 中加以讨论，结论是这个问题在实践中并不重要，因而对于一项实践性的标准不构成有效的反对。

地，然而，在第二节，我将用它来论证关于分配用水的一项具体政策的可取性，以说明它所具有的广泛利用价值。由于信息不充分、行政成本以及个人偏好差异的缘故，在绝大多数情况下都不可能设计出使人皆大欢喜的社会变革或政策，不过，要设计出一项满足上述修正标准，即使得每个群体作为一个总体都有所受益的政策却是可能的。其次，既然这一标准只是作为社会改进的一项充分而非必要条件提出的，接受它并不妨碍我们接受比它更强的其他标准，比如使穷人受益富人受损的政策。最后，如果将这一标准跟关于平等与激励问题的第三优理论结合起来，我们就会得出一个非常有力的原理，即应当对所有收入群体的单位货币收入都一视同仁的一元即一元原则(第三节)，这就使一般意义上的(对于社会变革、政策等的)经济评估，尤其是成本效益分析大为简化。同时，这一标准还为下面这种主张提供了一种理论支持，即在涉及次优因素及其他复杂因素的情况下应当将平等与效率两方面分开来处理(参见 Richard Musgrave 1969；A.C.Harberger 1971，等等)。

一、一个新的福祉标准：分组补偿试验

补偿试验的意义在于其虚拟性(即不需要实际进行补偿)。如果可以通过实际补偿使所有人都受益，那么相应的社会变革就成了帕累托改进，也就不需要为此提出独立的福祉标准。但是，这种虚拟性同时也给它造成了两个困难。首先，不论是卡尔多标准(Kaldor 1939；受益方有能力补偿受损者）还是希克斯标准(Hicks 1940；受损者无力通过贿赂受益者阻止变革发生)都可能导致逻辑矛盾，因为这两种补偿试验都可能对一项社会变革和其逆向变革(即返回初始位置)同时予以认可。其次，虚拟性补偿并不能保证相关的变革是一种社会改进，因为受损者较小数量(以货币额计)的损失由于某种理由也许比受益者的获益来得重要。这就是说，如果

某种变革使穷人受损而富人受益，即使它满足所有的补偿试验，也不见得是一件好事。针对上述第二个困难，希克斯认为，如果反复使用补偿试验，"那么在经历了足够长的时间之后，出现几乎所有的……（个人）都受益的局面的概率是很大的"（Hicks 1941，p.111。还可参见 Harold Hotelling 1938；James Buchanan 与 Gordon Tullock 1962，pp.77–80；Harvey Leibenstein 1965）。尽管这不失为支持补偿原则的一种极富成果的方法〔它通过 A.Mitchell Polinsky（1972）得到进一步发展〕，但它并不能彻底克服上述困难。这是因为，不能完全排除社会变革总是损害某一特定群体的可能性；其次，实际替代并不是完全的；最后，老年人活不了"足够长的时间"。

为了克服补偿试验的上述两个问题，我建议作如下两个修正。其中第一个修正是西托夫斯基（Tibor Scitovsky 1941）提出的，其实质是说，一项可取的社会变革必须同时满足卡尔多标准与希克斯标准。除了对一些特殊情形（请参见拙著 1979；1983，附录 A）之外，这一修正的实际意义并不大。这是因为，特别是就那些社会影响比较均匀的社会变革而言，$\sum$CV（收入补偿变差对所有个人的加总）与$\sum$EV（收入等同变差的加总）之间的差异与信息收集过程中可能出现的误差相比往往是微不足道的，因此，如果我们确信这两种补偿试验之一得到满足，那么另一种几乎肯定也能得到满足。①

我提议的第二个修正与分配问题有关。针对上述问题，李特尔（Little 1950，1957）提议施加一项约束，即社会变革的任何分配效应

① 由于 CV 与 EV 是在给定价格体系下衡量的，而补偿试验所依据的可行补偿可能会引起价格变动，所以正的$\sum$CV（$\sum$EV）并不一定表示卡尔多（希克斯）标准得以满足，这一点已经由 Robin Boadway（1974）加以指出。不过，在前引拙著中，我提出，"尽管如此，在现实经济中，由于大部分变动与 GNP 相比都太小，补偿支付不太可能对价格造成显著影响。即使价格发生了变化，其后果与信息收集过程中出现的误差相比也往往是微不足道的。因此，只要$\sum$CV 大得足以盖过信息误差，我们就有足够的把握判定完全补偿是可行的"（p.98）。还可参考 J.S.Dodgson（1977）。

都必须是“有利”的，但这并不能使李特尔标准摆脱逻辑上不一致的批评，因为它只要求相关社会变革（至少）满足两种补偿试验之一。我有另文就这一点为李特尔标准作了辩护（请参见拙著 pp.68–72，以及 Kotaro Suzumura 1980）。但是，即使我的辩护得到认可，还存在如何判断分配效应是否“有利”的问题。为了使我们提出的福祉标准能够被普遍接受，我建议作如下修正。

与要求补偿试验对全体社会成员成立的传统条件不同，我建议在每个收入组（或者其他形式的具有同等“应得”资格的个人分组，如果收入不是确定这种资格的唯一指标的话）内部使用补偿试验。收入组划分的细致程度应视情况而定。一种极端情形是，如果社会变革涉及的所有个人都处于同一收入组，那么我们的福祉标准就等同于卡尔多—希克斯—西托夫斯基标准。另一种极端情形是，如果收入组的划分是如此之细，以至于每个个体都自成为一个单独的“收入组”，我们的标准就蜕化为帕累托标准。后一种极端的划分形式对涉及大量个体的社会变革而言没有什么意义，因为在实践中要对两个年收入仅相差一元钱的个体采用不同的政策几乎是不可能的。就大部分现实目的而言，下面这种划分应该是足够的，即将全部人口划分为赤贫者、非常贫困者、较为贫困者、略低于平均收入者、平均收入者、略高于平均收入者、小康者（也许相当于通常所谓的中产阶级）、家资非常充裕者（通常所谓的中产阶级上层？）、富裕者、非常富裕者、巨富。当然，如果需要的话，还可以用实际收入水平段以及某些附加条件（例如供养人口数目）做出更加细致的划分。

我们可以认为，在一个给定的收入组内部，所有个体的一元钱的社会边际效用是大致相等的。因此，如果在每个收入组内部都可以进行潜在补偿，那么就应当认为社会福祉有所增进。（至于个体由于收入状况变化而改变其所属收入组的情形，请参见本文附录中 B 部分）。有些研究者可能希望在此基础上更进一步，比如容许高收入组有净损失，只要这一损失能为低收入组的净获益所抵偿。我却不赞成以这种方式来加强我们的福祉标准，理由是，①这一标准本来就是作为社会改进的一个充分而非必要条件提出的，②我希望它能取得尽可能普遍的认同，③我另有办法来处理平等的问题(见下文第三节)。

有人可能会以为我提出的这一福祉标准过于苛刻，因为它要求补偿试验对每个收入组都成立，如果收入组的划分足够细密，那么就只有极少数的社会变革可以满足我们的标准。然而，出人意料的是，这种猜想竟然是不对的。下面我将通过一个具体的案例说明如何利用这一标准来论证某些社会变革的可取性。第三节将把我们的福祉标准与关于平等与激励问题的第三优理论结合起来，以推导出(对所有收入组一视同仁的)“一元即一元”的有力结论。

二、自来水定价：新福祉标准的应用示范

为了节约用水，墨尔本市于1982年开始实行用水量限制，一直持续至今(1983年底)。对经济学家来说，一个自然而然的问题是，为什么不使用价格机制来分配稀缺的水资源呢？水是人必需的物质条件这一点并不能作为答案，因为别的许多东西(食物、住所、衣物等)也同样是不可或缺的。此外，我们可以对人们维持生存所必需的最低耗水量(这不超过总用水量的5%)实行免费供应，而对超出这一数量以上的用水按成本收取费用。收取水费的成本也不是问题的答案所在，因为“在市政供水问题上，学界的主导性意见似乎是建立全面的水表系统得大于失”(Jack Hirshleifer，J.C.deHaven，与J.W.Millman 1969，p.45)。另外，墨尔本市已经有了一套水表系统，可以通过年度读表来对可能出现的超额用水实行收费。之所以说可能，需要作一点解释。在墨尔本市，各住户的免费用水量(免费额度)是与一项定额收费成比例的，而该项收费又是按其房

地产的估计价值的一定比例计算的,不过,这一免费额度是如此之大,以至于对大多数家庭来说,即使敞开用水也不会超出。因此,收取水费的主要成本(安装水表)已经发生,却没有获得相应的主要效益(即促使大多数消费者按供水的边际成本节约用水的激励效应),这是一个非常不经济的局面。

我向供水局提出用一种完全价格体制(即大幅度削减免费额度)取代现行制度的建议,后者将这一建议转给墨尔本市政管理局(MMBW)讨论。从该管理局的财务主任那里,我了解到当局最关心的问题之一是采纳这一建议会给现行制度下的横向补贴效应造成什么样的影响。存在这种横向补贴效应的原因在于,拥有高价值房产的用户支付的定额费用较高,虽然赋予他们的免费用水额度也较大,但是他们通常用不了那么多。这种局面大致如图1所示:平均而言,拥有房产价值超过$\overline{P}$的用户用水量低于其免费额度,于是,那些用水量远低于其免费额度的用户实际上就为用水量超过或略低于其免费额度的用户提供了补贴(对超额用水的收费率与根据定额费用计算免费额度所使用的价率相同)。

如果将免费额度与定额费用作同比例降低的话,那些用水量远低于其免费额度的用户(主要是那些拥有高价值房产的用户)将会受益。此外,为了弥补定额费用的下降,也许有必要提高超额用水的收费率,于是那些眼下用水量超过其免费额度的用户则可能受损(这只是"可能"而非"必定",因为收费效率提高和取消种种武断的用水限制将使所有用户都有所受益)。因此,除非现行的横向补贴在某种意义上不可取,否则的话,不能单就效率方面的考虑认为这项改革一定是可取的。不过,我们可以设计出一种收费制度,在(平均而言)不改变现行横向补贴格局的前提下取得效率上的改进。具体地讲,如果对那些拥有高价值房产的用户的定额费用的削减比例低于对其免费用水额度的削减比例,就可以收到这种效果。

例如,如图1所示,我们可以将免费额度降至现行平均用水量

以下，同时将定额费用作相应的调整，使得所有现行用水量等于其房产价值所对应用户群平均用水量的用户所支付的总费用（固定费用加上超额水费）不变，只要其用水量保持不变。例如，一位拥有房产价值为 P^1 的用户在现行制度下需要支付大小为 P^1A 的定额费用，由于免费额度与定额费用成比例，P^1A 同时也表示其免费额度。如果他的用水量为 P^1 所对应用户群的现行平均用水量 P^1B，他的超额水费就为零——这正是该房产价值水平上大多数用户的情形。在我建议采用的体系下，其免费额度降至 P^1D。如果他的用水量依旧为 P^1B，他就需要支付大小为 BD 的超额水费（单位水价保持不变），同时，因为其定额费用以同样幅度 AC（按照我们的设计，AC=BD）下降，所以，如果他继续消费 P^1B 的水量，其状况就没有任何改善或恶化。但是，新的制度却允许他降低自己的用水量以减少其水费支出。因此，就平均用户（即用水量位于其房产价值对应的平均用水量的用户）而言，没有一个人受损且多数人可以通过选择较低的用水量和水费支出而受益。如果没有用户选择少用水以节省开支，那么 MMBW 取得的总收入就维持不变。如果有用户这么做了，且我们假设单位水价本来就定在一个合适的水平上的话，那么节约下来的水资源也足以补偿水费收入的减少。

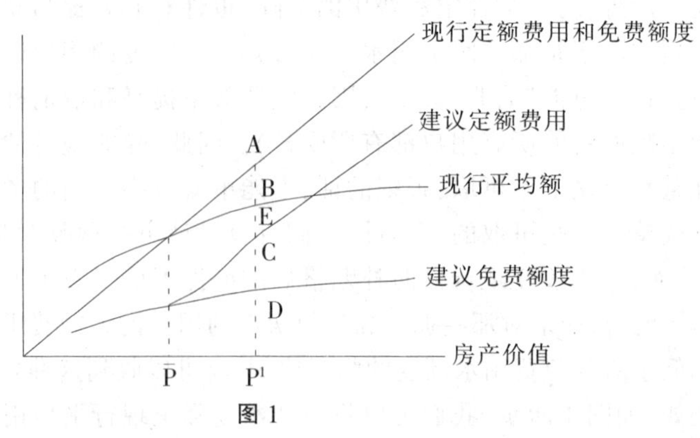

图 1

即使我们不考虑引进新体制的变革成本，以及使现行的横向补贴透明化可能遇到的困难等一系列问题，上面所提议的社会变革也不满足帕累托原则,因为并不是所有的用户都是平均用户。例如,拥有房产价值为 P^1 的用户,其用水量可能低于也可能高于 P^1B(这一用户群的平均用水量)。在新体制下,那些用水量低于平均水平的用户将有所受益（即使不考虑他们还可以选择进一步节水),因为他们面临的固定费用将以 AC 的幅度下降,而所需支出的超额水费,即使他们仍保持原来的用水量,也只有比方说 DE 那么大。反之,那些用水量高于平均水平的用户则有所损失(如果不考虑他们可能通过节水而获益)。总之,有些用户的状况会有所改善而有些用户的状况会恶化，所以仅凭帕累托原则无法为这一改革方案提供合理性支持。然而,对每一房产价值所对应的用户群而言,如果不考虑效率上的改进，则一些用户的损失正好为另一些用户的受益所抵消,如果再考虑到效率上的改进,则可以认为,我们的双重补偿试验对(按房产价值水平划分的)每组消费者都能得到满足①。因为上述改革方案不大可能对个体造成严重的影响，以至于使其在收入分组序列中的位置发生较大的变动（关于这种变动对我们的结论可能有的影响,请参见文后附录 B 部分),同时也因为拥有同等价值房产的用户在收入水平上也应当是相当接近的，所以上述改革方案满足我所提出的福祉标准。

通过上面的范例所揭示的原理具有广泛的应用价值。大多数社会变革对不同个体造成的影响是不同的,所谓几家欢乐几家愁。即使一项改革是经过精心设计，从而使每个社会群体平均来看都有净受益,那些不处在平均位置上的个体也还是有可能受损。由于行政成本、信息不充分,以及对处境相同的个体(在上面的例子中,

① 因为这一改革不大可能显著影响价格体系,我们可以认为 $\sum CV>0$, $\sum EV>0$,并且卡尔多及希克斯补偿试验同时对每组消费者都成立，假定对于新体制本身没有任何出于非经济方面考虑的反对意见。

这是指拥有房产价值相同的个体)应给予同等待遇的原则等缘故,在大多数情况下我们不可能设计出使每个人都有所受益的改革方案。在苛刻而难以适用的帕累托标准与可能导致某个社会群体(例如穷人)的整体状况严重恶化的普通补偿原则之间,我所提出的福祉标准开辟了一条可以接受的中间道路。

三、一元即一元:对所有收入组的一元钱一视同仁

如果不考虑EV与CV之间的差异,即认为这种差异就大多数社会变革而言是无足轻重和/或大体上相互抵消的(至少就那些对单个个体影响并不显著的变革而言是如此,关于如何处理例外的情形,请参见拙著附录A),并且把相对价格变动也作为无足轻重和/或基本上相互抵消的因素加以忽略(详见拙著p.28),则可以认为∑CV、∑EV与卡尔多和希克斯的补偿试验等标准差不多是等价的。这些标准都把价值一元钱(的受益或受损)与另一元钱作同等对待,而不论它们是否分别属于贫富不同的个体。对这种“一元即一元”原则的主要批评意见是出自收入分配方面的考虑,因为许多人认为穷人的一元钱所用于满足的需要较之富人的一元钱更为重要,他们还认为在应用福祉标准或者在进行成本效益分析时对相关的受益或损失的价值也应作相应的评价。具体地说,他们认为,对个体的损益按收入赋予不同的(或称分配性的)权重和其他基于贫富差异的歧视性待遇,以及非市场分配(例如,对使用计价停车位实行限时而不管个人的支付意愿如何)等种种做法是可取的,尽管它们会造成效率上的损失。我把这些政策都称为纯平等取向的歧视性政策,在这一节里,我将利用上文介绍的基于分组补偿试验的福祉标准证明,可以通过调整所得税体系来更好地实现收入平等的目标。似乎有些悖理的是,通过这种方式证明了“一元即一元”原理之后,上述福祉标准反而成为多余的了,易言之,在确立“一元

即一元”的原理之后，我们就不需要坚持分组运用补偿试验的限制了(关于这一佯谬的解释见本文第五节)。

从本质上来讲，收入平等化的目标可以通过所得税体系来更好地实现，尽管所得税存在反激励效应，因为纯平等取向的歧视性政策不但有反激励效应还会造成其他形式的效率损失[①]。一个不具有货币幻觉的理性个人所考虑的不单单是他通过工作所能赚到的货币收入额，而且会考虑到这笔收入所能购买到的商品。如果挣更多的钱并不能使他买到更多的泊车便利，相反，倒是意味着他必须为同样的商品支付更高的价格，甚至/或者意味着对他有利的公共事业获得实施的可能性更小，那么新增收入对于他的价值就会打一个折扣，这种效果与提高所得税税率的后果并无二致。事实上，上述两种政策所产生的反激励效应程度相同，除非货币收入对于人们的意义并不仅仅在于其购买力而更在于其作为一种身份地位的标志。不过，就那些对收入的后一种功能比较看重的个人而言，他们更有可能把税前收入而不是税后收入作为其地位的标志，因而依然可以认为这两种政策所具有的反激励效应不相上下。

在理想的最优世界中，因为可以实行无效率扭曲损失的总额转移支付(根据潜在收入而非实际收入来确定)，一元即一元原则之所以可取是显而易见的。为了取得效率的最大化，应当对所有人的单位货币损益都一视同仁地对待，而至于任何水平的目标平等度，都可以通过相应的总额转移支付来实现。然而，现实世界并不是最优的，因为对潜在收入征收总额税在技术上不可行。实际可行的再分配措施有如下几种形式：①在效率与平等两方面有一举两得之效的措施，比如打破有碍机会平等的人为限制，②累进所得税，以及③纯平等取向的歧视性政策。显然，理想地来看，第一种类型的措施应该尽可能地付诸实施。但是通常而言，即使这一类型的所有可行措施都已到位，所取得的平等程度仍然低于社会的要求，

---

① 关于使用分配性加权可能造成的巨大效率损失，可参见 Harberger，1978。

于是人们又同时采用了第二种和第三种类型的措施。不过,纯平等取向的歧视性政策之所以不可取可以用下面的命题来说明。

命题1:任给一个含有一套纯粹平等取向而基于贫富差异的歧视性待遇体系(记作a)的备选方案A,都能找到一个相应的不含有歧视性待遇的方案B,使得在两方案下,每个个体的效用相同且个体之间(实际收入或者效用的)平等程度也相同,但B能取得更多的政府税收,可用以增进每个人的福祉。

请注意,上述命题甚至可以适用于这样一种情形,即歧视性待遇碰巧满足某些对于次优因素的效率上的考虑。这是因为,方案B虽然不包含纯平等取向的歧视性政策,但是它所采用的单纯针对效率目标所设计的政策体系b必然会照顾到体系a所偶然满足的那些次优方面的考虑。换句话说,一元即一元原则并不排除基于效率考虑对政策作相应的调整,例如针对外部经济、次优因素等等。但是,这一原则的确否定了在现实中比比皆是的纯平等取向的政策。

但是,证明了方案B的存在性并不表示它一定能被识别出来并予以实行。如果体系a是基于对次优因素的考虑而设计的,那么体系b可以基于同样的考虑来设计。但是,体系a可能是因为偶然而非设计的缘故碰巧满足次优条件。同时,要有目的地设计出一个满足次优条件的政策体系,所涉及的信息成本可能过于昂贵①,此时我们也许就无法识别出相应的体系b。这样的话,尽管方案B可能在客观上存在,但要将它付诸实施却不可能。如果我们把命题1加强成一个关于是否存在一个可行的较优方案B的命题,那么这

① 次优的税收或定价法则通常是非常复杂的,即使它们只是针对效率目标而制订的。关于最优税收问题研究的最新进展,可参考James Mirrlees,1976,1981;以及Agnar Sandmo,1976。只有利用一些非常严格的假设才能取消次优问题,例如假设效用函数是可分的(请参见Anthony Atkinson与Joseph Stiglitz,1976;可与Theodore Bergstrom与Richard Cornes,1983相比较)。

个新命题就只能在某个概率的意义上成立。这一加强的命题之所以能在概率意义上成立是基于第三优理论。既然体系 a 可能碰巧满足次优条件,它也可能碰巧违背次优条件,利用第三优理论(详见我 1977 年的论文)可以证明,其预期收益为负。因此,就次优情形而言,采用体系 a 所得到的预期收益就是负的。为简单起见,我们不妨假设体系 a 就次优因素的考虑而言是中性的 (这一假设实际上对 a 有利)。

命题 1 的证明在文后附录的 C 部分给出, 我们采用了个体偏好相同但能力有差异这一传统假设。因为在现实中个人偏好的确存在差异, 所以要对一个纯平等取向的歧视性政策体系进行帕累托改进实际上也许做不到。此时我们只能就平均个体进行讨论,以设计出使每一收入群体的平均个体都能有所受益的改革方案,至于非平均个体则有些人受益而有些人会受损。从理论上讲,在这种情形下可以在个体之间进行某种补偿以使人人都能受益, 但是在操作上这是不可行的。不过, 虽然在实践中不能使所有个体都受益,但是可以使每个收入群体作为一个整体其状况能得到改善,这就是说, 在每个收入群体内部受益者可以对受损者进行虚拟补偿而有剩余。因此,虽然这种改革方案不能满足帕累托标准,但是它满足我在上文提出的基于分组补偿试验的福祉标准。于是,后一种福祉标准跟关于平等与激励问题的第三优理论相结合, 就可以导出 元即 元的结论。

这一结论本身并不排除这样一种可能, 即出于某些次优方面的考虑需要将平等与效率两方面问题结合起来处理 (这方面的例子可参见 Dieter Bös,1984)。但是如此复杂的最优化设计往往涉及过高的信息和行政成本(请参见笔者 1977 年的论文),而且在政治上可能也行不通,因为它可能会要求在一些(甚至超过半数的)部门实施有利于富人而不利于穷人的价格、税收之类的政策。就我所知而言,现实中的歧视性政策无一例外都是纯平等取向的。与这些实际考虑相结合，我的观点也能支持将平等与效率两方面问题完全加以隔离的做法。

我的论点可以用图2所示的效用可能性边界来说明。U_p与U_R分别表示社会中两个体或两组个体的效用水平。社会所处的初始位置是位于效用可能性曲线I上的一点D。现在我们考虑一项公共事业(或者任何一项社会变革),其实施结果将使社会移至F点,总的净效益为负(即效用可能性曲线内移至II)但收入分配较为平等。如果通过F点的社会福祉无差异曲线[①]W经过D点上方,那么这一变革似乎是可取的,同时,由于在成本效益分析中使用分配性加权往往会得出支持这种变革的结论，因而这一歧视性做法似乎也是合理的。不过,如果要取得F点所代表的平等度,更好的方法是利用所得税沿着曲线I从D移动至E。当然,由于所得税存在反激励作用,所以E点是不可维持的。反激励作用会使效用可能性曲线I向内收缩(图中未画出),以至于通过G点。换句话说,在通过所得税的调整进行再分配的过程中，我们实际上不能沿效用可能性曲线I运动,而只能沿着效用可行性曲线I′运动。如图所示,G点较F点为劣。然而，普遍没有意识到的一个问题是,F点也是不可维持的。如果通过所得税进行由D移动至E的再分配会导致效用可能性曲线的内移,那么通过在成本效益分析中采用再分配性加权,而试图由D移动至F也会产生同样的效果。如果不考虑次优因素,II内移的幅度应大致与I内移的幅度相当,因此社会最终所处的位置不是F点而是劣于G点的H点。如果考虑到次优因素,我们将无法断言社会的最终位置,但是就平均期望而言,应该是位于H点下方的某处。

① Murray Kemp与笔者(1976,1977,1982)证明,找不到一个只涉及个体序数效用(即不涉及基数效用)且满足帕累托原则的伯格森—萨缪尔森式的社会福祉函数(SWF),对任意给定的个体偏好组合都成立,只要后者的可能域足够大。不过我们并不需要坚持序数效用的假设。事实上,笔者有另文(Ng 1975)证明,在某些合理的假设前提下,社会福祉函数应该是个体基数效用的无权加总。

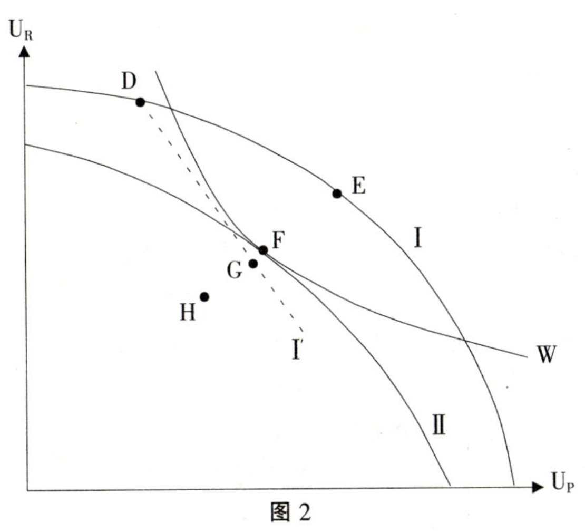

图 2

四、适用“一元即一元”原则的一些复杂因素

在这一节里，我们来讨论这样一些因素，它们可能导致第三节提出的“一元即一元”的普遍原则不能适用。我们将看到，尽管这些因素对该原则的适用构成了种种限制，但是它们并不能动摇其基本思想。

(一)通过税收进行再分配的政治可行性

上文业已阐明，为了实现平等目标(并非为了矫正次优因素的影响)，更为可取的做法是制订一套累进度更高的所得税体系，而不是诉诸分配性权数、配额限制或者其他形式的歧视性待遇。但是，如果由于政治条件的限制而不能采用理想的所得税体系，那又怎么办呢？要是我们果真不能改变所得税体系但可以通过其他途径来实现再分配，那么我的结论必须据此予以限定，不过即使为了社会的利益而采用瞒天过海的手段在政治伦理上也是成问题的。此外，为什么政治条件会允许通过其他形式进行再分配，而单单对通过所得税进行再分配存在限制呢？或许是因为选民不太理性吧。

不过,我觉得在这个问题上选民是非常理性和实际的。不论一个政府是对税收体系进行了激烈的变革，还是推行了其他极端的再分配措施,它都会被上层阶级与中产阶级的选民赶下台来。特别是从长期来看，那些使得通过所得税进行再分配成为不可能的力量也必然使得通过其他形式进行再分配在政治上不可行。如果我们设想存在某种分配上的均衡状态，那么其中的分配应该用实际收入而非货币收入来衡量,显然,如果富人在其他方面吃了亏,他们对累进所得税的忍耐力就会相应地降低。例如,假如澳大利亚的公共政策距离“一元即一元”的原则不是如此之远,那么它自 1978 年以来实行的一系列旨在降低所得税体系累进度的措施很可能是不必要的。与实际情形相比,富人与穷人原本都可以生活得更好。

毫无疑问,现实的政治决策受到多种因素的影响,并不单单取决于关于平等与效率的最优折中度的客观判断。尽管如此,平等与效率毕竟是两个非常重要的考虑因素，而歧视性待遇作为实现平等目标的手段非常缺乏效率这一事实必须引起人们的重视。

(二)交易费用

我们的分析还有一个隐含的假设，这就是通过高累进度的所得税进行再分配所产生的额外“交易”费用不会比其替代措施的交易费用更高。除开反激励作用(这一成本我们已经考虑到,并且我们不把它归入交易费用一类)不论,征收所得税引起的交易费用主要包括:①纳税人与税务机关分别承担的实施成本;②逃税和税务督查所引发的损失；③围绕税收政策进行的院外游说以及类似活动的成本。我承认,所有这些形式的损失是巨大的,但是,我的建议所涉及的并不是征收所得税的总成本,而只是边际上的成本。不论怎样，我们在可预见的时间内不可能放弃所得税这一重要的财政工具，而将所得税体系的累进度调高所引起的额外损失却是很小的。用一套所得税体系替换另一套所得税体系的成本不会太小,但是大概也不会很大。不过,至少就长期而言,差别在于两套不同所得税体系的实施成本,而这一差异很有可能是微乎其微的。当然,所得税体系的累进度提高,会导致更多的逃税和游说行为,从而带来更大的损失。但是,更高的累进度取代了原有的歧视性待遇,而后者本身也是逃税和游说活动的一个来源。尽管很难得出精确的结论,但是后者(即歧视性待遇)造成的成本比前者(即累进度更高的所得税体系)小许多看来不太可能。另一方面,实施一个单纯的所得税体系的成本几乎肯定比实施一套所得税体系外加政府开支方面的歧视性措施要小很多。综上所述,对交易费用的分析大体上是增强而非削弱了我们的中心论点的可信度。

诚然,在个别情形下,采用某种明显是"歧视性"的政策可能比调高所得税体系的累进度能显著节约交易成本(包括政策规避、游说和行政方面的成本)。但是,必须明确指出,采用这类政策的理由是因为它们涉及的交易费用(与所得税相比)较低,而不是某些政治游说团体所鼓吹的平等主义主张。

(三)对利益分配格局的无知

我们的讨论还基于这样一个假设,即每个人都清楚政府开支的成本与利益在各收入阶层间的分配以及歧视性政策的细节,因而这些政策的综合体在激励上的影响应该与一个等价的单纯所得税体系相同。显然,在现实中,要求个人对此具有完备的信息不太可能。另一方面,大多数人却对所得税的累进度比较清楚。这两方面信息的不对称是不是意味着,正如马丁·费尔德斯坦(Feldstein 1974,p.152)所说,所得税的反激励作用比等价的歧视性开支政策更加严重呢?〔不过,有趣的是,de Bartolome(1995)认为,至少有一半纳税人将他们的边际税率与平均税率混为一谈,从而低估了前者。〕

在不具有完备信息的条件下,个人只能凭借其大致的估计做出选择。从一般公众所掌握的信息来判断,他们对歧视性开支政策所隐含的累进度既有可能高估,也有可能低估,而哪种情况更有可能则取决于个人的心理因素。所以，从总体上说，歧视性财政支出体系的反激励作用很可能与单纯的所得税体系不相上下。

(四)公共项目本身的再分配效应

一元即一元的原则并不表示十亿元总是等于十亿元。这个道理可以通过一个简单的例子来说明。假设现在有两个备选项目，甲项目(在扣除成本之后)能使 100 万人的收入分别提高 1 万元，而乙项目则会使其中随机的某个人的收入增加 100 亿元。如果不能进行无成本的转移支付（否则我们可以认为这两个项目同样可取)，那么，根据任何一个支持收入平等的社会福祉函数，甲项目都会被认为优于乙项目。这一社会偏好的依据并不是富人的边际单位收入的价值低于穷人的边际单位收入，而是对任何人来说，新增的第一元钱收入都比第一百亿元收入来得重要（根据边际效用递减律，一个人通常认为损失一万元比得到一万元给其效用造成的绝对影响更大)。因此，上文关于如何折中平等与激励的讨论对此并不适用，不过上面介绍的思路有助于打消下面这个想法：在净收益总额相等的前提下，既然一个本身会造成不平等的公共项目比一个不会造成不平等的项目差，那么一个有助于实现平等的项目肯定比一个没有再分配效应的项目要好。例如，假设存在第三个备选项目丙，它的净收益总额也是 100 亿元，但是其受益者主要是穷人，成本却主要由富人来承担。尽管这一项目就其本身而言也许是一种社会改进，但是从激励方面来看它却比甲项目差。如果丙项目是作为一桩人们未曾预料到的自然事件而发生，当然不失为一件好事，但是，如果它是作为甲项目的替代方案而为社会有意识地挑选并加以实施，那么它就会造成反激励作用。

综上所述，我们有如下的初步结论，如果备选项目的再分配效应较小，那么可以根据其净收益总额的大小进行挑选，如果备选项目的再分配效应较大，那么在给定净收益总额相等的条件下，我们应该选择再分配效应较小者。这个结论似乎与柯登(Corden 1974，p.

107)提出的保守主义社会福祉函数的概念不谋而合。

(五)对工作的偏好

如果某人喜欢通过工作来取得收入，而不愿领取福祉性的转移支付,那么在进行成本效益分析时应该将这一偏好计算在内〔这一点已为Skolnik(1970)所着意强调。Linbeck等(1999)对自食其力这一社会规范进行了分析,可供参考〕。这种复杂因素可以通过使用恰当的影子价格来加以处理。例如,就上面所举的例子而言,其与普通情形的主要不同之处在于个人喜欢自食其力甚于领取救济金，我们给就业机会赋予一个适当的影子价格就可以将这一偏好引入成本效益分析。对一个没有供养人口的未婚者来说,一份微薄的薪水就足以使他不符合接受补贴的条件。只要所得税较轻,他就宁肯工作,而不愿过不劳而获的生活。对那些有子女的家庭则可以用特别的方式来进行补贴，比如对每个孩子按其父母的收入状况给予相应的高额抚育津贴。在澳大利亚,几乎所有父母都接受子女抚育津贴,而没有人对此感到难为情。我认为即使在这方面实行差别待遇也不至于有太大影响。

(六)突发性事件

在地震、战争等突发性事件期间,某些生活必需品可能极度匮乏。原则上,我们可以对富人和那些碰巧正持有这类物资的人课以高税,并以此补贴穷人和难民,这就是说,“一元即一元”的政策可能依然是最佳选择。不过,由于时滞、信息的不完备以及其他一系列因素,也许无法及时地对税收和补贴做出所需要的调整。此时,对药品(它还涉及外部经济的问题)之类的必需品实行配给制就是现实中的最优解决方案。然而,在突发性事件期间不宜使用“一元即一元”原则并不构成在通常情况下反对这一原则的理由。

(七)歧视性待遇所依据的非收入指标

迄今为止，我们着重讨论了使用收入作为歧视性待遇和再分配税所依据的指标的情形。可是,收入显然不能很准确地反映每个

人“应得”的照顾程度,社会分配目标还可能包括一些非收入变量,例如健康状况以及社会地位等等。具体而言,使用年龄作为歧视性待遇的依据不会有任何反激励作用,因为一个人无法改变自己的年龄。不过,我们同样可以把年龄作为适用不同所得税与补贴的一个依据。例如,资助老年人并不会造成额外的效率损失,而发放免费牛奶却有这种弊端,因为有些人不喜欢喝牛奶(但是,为学龄儿童提供优价牛奶的政策可以用牛奶对儿童是特优品这一效率上的理由来支持。关于特优品的性质可以从效率方面支持某些政策,请参见拙著 Ng,1979/1983,10A.3 节)。考虑到非收入因素的存在,仅以收入作为对个人征税的依据也许是不够的,这就是说,我所提议使用的所得税/转移支付体系还需要将非收入因素考虑进来。①

使用收入作为课税依据引起的另一个问题是计算所得也许不足以反映实际挣钱能力,这是由于储蓄、风险承担等因素的影响。就挣钱能力相同的人来说,那些承担风险和储蓄意愿较强的人负担的税收也较多。不过,歧视性待遇所依据的计算所得也存在这个毛病,所以这并不影响我们的结论。一般而言,如果可以找到一个更好的指标来作为歧视性待遇的依据,那么这个指标同样可以为所得税与补贴政策所用。除非采用同一指标来实施上述两类政策的交易费用不相等(详见上文第 2 小节),否则就无须对我们的中心论点在这方面加以限定。

综上所述,我们的结论是,似乎没有一个现实中的复杂因素能够撼动我们的中心论点。

---

① 例如,William Baumol 与 Dietrich Fischer(1979)提出,采用歧视性的工资率比非歧视性的所得税能更有效率地(即以较小的产出损失)取得平等。然而,这一结论是基于一个他们自己也承认极不现实的假设,即政府对每个个体的投入供给函数拥有详尽的信息。不过,他们认为,针对一些较大的收入者群体比如在医生与建筑工人之间实行某种粗略的歧视性工资政策也许是可行的。但是,如果这种歧视性待遇,即补贴“某甲的工资同时限制某乙的工资”(p.522)是可行的话,就没有理由认为无法对医生和建筑工人施以不等的所得税率。

五、结语

满足我在上文提出的福祉标准的社会变革都可以称之为准帕累托社会改进,国为这种变革使得每个按相关指标(通常是收入)划分的群体在总体上都有所受益,这就是说,在每一群体内部,卡尔多—希克斯—西托夫斯基双重补偿试验都能得到满足。它之所以只能称做准帕累托改进,是因为反复运用卡尔多—希克斯—西托夫斯基标准会导致排序循环和帕累托无效率的结论(见附录A部分),这种情况是所有对主观福祉变化的客观量度所不可避免的近似性质造成的。但是,就那些涉及范围大,但对单个个体影响并不显著的社会变革而言,这种量度误差比起信息收集过程中出现的误差来很可能微不足道。如果尽管有信息采集中的种种失真,我们依然确信某一社会变革满足我们的福祉标准,那么几乎可以百分之百地肯定,不会出现帕累托无效率与排序循环的情况。即使偶尔有例外情形,也可以把它视作运用一项在现实中通常有效的法则所不可避免的代价(请参见附录A部分)。

上述福祉标准与关于平等与激励问题的第三优理论相结合,则可以导出对任何收入阶层的单位货币受益或损失都应一视同仁的有力结论。这个结论似乎使得该标准本身变得多余,不过这一表面上的悖论很容易得到解释。“一元即一元”原则的适用不涉及反激励作用,而上述福祉标准则应当用于评价包括一切反激励作用在内的最终结果。但是,“一元即一元”原则的确能够大大简化对公共政策及社会变革的各种形式的经济评估,尤其是成本效益分析。基于这一原则,我们可以单纯从效率方面对公共政策进行评估,除非由于交易成本和政治可行性方面的考虑或者类似的缘故(见上文第四节),使得某些特定的歧视性政策更为可取。单纯平等方面的理由并不足以支持基于贫富差异而实行的歧视性政策,或者任何偏离"一元即一元"原则的做法。

我们不妨再来考虑第二节讨论的关于自来水定价的例子。如果不能提出进一步(超越平等考虑)的具体论据来支持横向补贴，那么就不能满足于第二节提出的建议，因为这一建议的实质是维持现行的横向补贴。更为可取的做法是采用一套不含有横向补贴的简洁高效、一视同仁的定价体系。支持横向补贴的一个理由可能是，提高所得税体系的累进度来取代现行的横向补贴缺乏政治可行性，这在短期来看是极有可能的，但在长期来看却不太可能(见第四节)。还有一个可能的理由是，基于房产价值征收的横向补贴费比所得税更难以规避。如果实际情况的确如此，最好还是直接开征一项房产税，而不要通过免费额度与实际用水量之间的差额来获取这项收入，因为后一种办法会鼓励浪费行为。如果直接开征房地产税由于某种缘故而缺乏政治可行性的话，那么可以考虑采用第二节基于我的福祉标准而提出的政策方案。

附录

A.在不考虑分配效应的条件下
卡尔多—希克斯—西托夫斯基标准的合理性

在这篇短文里，我将证明在不考虑分配效应的条件下，卡尔多—希克斯—西托夫斯基标准(以下简称卡—希—西标准)作为一种具有广泛应用价值的操作性准则是可以接受的，尽管人们认为它反复使用会导致悖论。

即使不存在社会分配方面的考虑 (或者别的某种据以对人们的"应得资格"做出区分的理由)，卡—希—西标准(它要求卡尔多和希克斯补偿试验同时得以满足）也并不构成社会福祉改进的一个理想的充分条件。这是因为重复使用这一标准会导致逻辑上的矛盾(参见 W.M.Gorman 1955;John Chipman 与 James Moore,第 3 节)。如图 3 所示(图中的曲线为效用可能性曲线),由 q^1 至 q^2、q^2 至 q^3、q^3 至 q^4、q^4 至 q^1 都满足这一标准。此外,实际上 q^4 在帕累托意义上严格劣于 q^1。因此,采用这一标准不但会导致逻辑悖论,而且会造成帕累托无效率的局面。

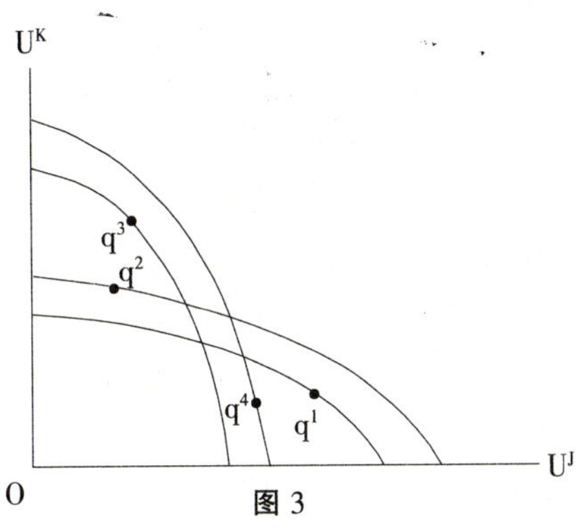

图 3

卡—希—西标准可能导致排序循环和帕累托无效率的事实反映出,如果不作基数效用的人际比较,要进行社会福祉评价是非常困难的。事实上,我已有另文(1982,命题 4)证明,给定一个足够大的备选方案域(这个条件比无限制方案域较弱,且满足通常的“经济人”假设,如自利、无餍足等等),我们找不到一个非基数性的排序法则,可以据之对社会状态做出满足匿名性要求以及帕累托原则的排序。所谓非基数性的排序法则,是指这样一套规则,它规定了如何由个体对某些社会状态的效用排序(但不涉及偏好强度),可能还包括相关社会状态的某些(而非全部)客观特征,来导出对这些社会状态的社会排序。卡—希—西标准实际上并不仅仅是一个非基数性的排序法则,因为它采用所需的补偿金额和支付意愿作为对主观偏好强度的间接度量。但是,由于这两种间接度量与主观偏好并不是完全对应,所以在使用过程中可能会出现矛盾。这一难题是所有对福祉的非主观度量都存在的,因为一般来说,任何一种对福祉的外在衡量指标(比如货币)的单位与福祉的内在(即主观)单位之间的对应关系并不是恒定的,这种性质就决定了各种客观度量指标无非是福祉的近似度量而已,即使我们不考虑信息收集过程中出现的误差。如果我们认识到这种近似性质是必然的,我们就应当接受出现矛盾(以及其他一些类似问题,比如消费者剩余度量的路径依赖)的可能性,除非经常出现重大的出入。就一般性的应用,即评估那些涉及范围大但局部影响并不显著的经济政策而言,采用客观指标所导致的抵牾应该较小而且往往相互抵消。因此,尽管有信息收集方面的误差,我们也相当肯定卡—希—西标准业已得到满足。可以确信,由于所采用的度量指标的近似性质所引发的问题应该是无足轻重的。这种问题有可能在偶尔出现的少数反常情形中是不容忽略的,不过这可以看成是使用一条大体上可取的法则所必须付出的代价。例如,遇红灯停车的交通规则固然是可取的,因为它防止了事故和交通堵塞,但是,它也造成了一些不必要的等待时间。在没有任何其他人穿越十字路口的情况下坚持让一个人等到绿灯方能通过,显然是一种帕累托无效率的情形。但是在现实中,如果允许人们闯红灯——这似乎是一种帕累托改进——那么必然会导致事故隐患。同样的道理,在我们找到可行的办法来直接对主观福祉进行度量之前[①],我们必须将就着使用一些不完善的替代办法,而这通常是某种形式的支付意愿。如果我们认识到这类度量指标都必然具有的近似性质,出现逻辑矛盾的可能性就不再成其为一个合理的反对理由了。因此,在按照第一节提议的方式对分配问题加以处理的前提下,使用卡—希—西标准进行政策评价是可以接受的。

---

① 例如以恰好可感差异为基本单位对主体心理感受的度量,拙著(Ng 1975)就这种度量方法以及如何解决其实际运用中的一些难题作了探讨。

B.如何处理收入组地位变动的情形

在第一节,我们提出了一个要求卡—希—西(双重)补偿试验对每个收入组成立的福祉标准(即社会改进的一个充分条件)。这涉及一个问题,即某些人的受益或受损程度是如此之大,以至于他们进入了另一收入组。例如,假设一项社会变革只影响到穷人的收入水平,使得大部分穷人变得更穷,而少部分穷人发家致富,所以,即使就原有的收入分组而言可以进行潜在补偿,人们也不一定认为这项变革是可取的。当然,在没有发生这种收入组地位变动的情况下,我的补偿试验最有效。不过,既然处于一个收入组顶部(底部)的个体状况只需稍有改善(恶化),就会变动至另一收入组,那么在相邻收入组之间发生的地位变动可以忽略,这就是说,可以将地位发生变动的个体仍包括在其原来的收入组内进行补偿试验。如果一元钱的社会边际效用被认为对属于同一收入组的所有个体都是大致相等的,那么,对相邻的收入组也不会有很大差别。

在个体的收入组地位发生一级以上变动的情况下,我建议采用如下方法进行补偿试验。假设某人在收入组序列中由 G 上升至 G+A,这里的 A 是大于 1 的某个正整数,我们可以假设他变化后的收入不超过收入组 G+1 的最高值,而将他计入其原来的收入组 G 中进行补偿试验。易言之,在进行补偿试验时,对超过这一水平的受益应忽略不计。为了保守起见,我们应当极力避免使某些人的收入组地位下降超过一级以上的社会变革,或者我们可以要求在发生这种大幅度下降的情况下,相应的个体应该被纳入其新的收入组中进行补偿试验。如果我们采取后一种做法,那么顺理成章的可以有如下法则:就一个收入组地位上升幅度超过一级的个体而言,如果他原来所属的收入组将他排除在外也能满足补偿试验,那么,如果需要的话,在对他新加入的收入组进行补偿试验的时候,也可以将他的受益计算在内。

C.一元即一元:命题1的证明

为了证明第三节的命题1,我们有如下的简化假设:①通过所得税进行再分配不存在政治上的障碍;②就取得任意相同的社会平等度而言,单纯使用税收体系的行政成本不超过其他替代方案的行政成本;③所有个体都明了与之有关的税率安排以及政府支出的详情等等;④不存在货币幻觉或者类似的"非理性"偏好。第四节已经阐明,放松上述假设并不会对我们的结论构成严重影响。

我们先给出一个定义:所谓一个完全的歧视性待遇体系,是指一个待遇优惠程度与个体收入呈单调递减关系的政策体系。首先,我将在如下两个假设下证明命题1:第一,政策体系a是完全的;第二,所有个体对收入与闲暇的效用函数相同(但是其挣钱能力有可能不同)。

如图4所示,α曲线表示一套给定的所得税体系,它将个体的税前收入投射为税后收入水平。例如,一个税前收入为$OC_3(=C_3D)$的人应纳税额为DE_3,其税后所得为E_3C_3。每个人的挣钱能力都是给定的,在各自给定的挣钱能力的约束下,每个人都可以通过改变其工作时间长短及其工作强度来选择不同的税前收入水平。显然,个体的选择将取决于其主观偏好(对于闲暇、消费以及歧视性待遇体系)、所得税体系以及歧视性待遇体系。假设方案A为所得税体系α与某个给定的歧视性待遇a的组合。即使在所有个体主观偏好(即效用函数)都相同的假设下,挣钱能力不同的个体也会有不同的无差异曲线,如图4所示。〔这跟詹姆士·莫里斯提出的最优所得税模型很相似,J.K.Seade(1977)提供了该模型的一种图解,可供参考。〕在一些非常温和的假设下,莫里斯证明税前收入会随挣钱能力的上升而呈连续的递增(Mirrlees 1971)。在图形上,挣钱能力较高的个体在给定一点上的无差异曲线的斜率也较小，这是因为挣钱能力较低的人为赚取一定收入需要工作更多的时间。

图 4 做出了三个不同个体在备选方案 A 下的均衡点(E_1、E_2、E_3)。

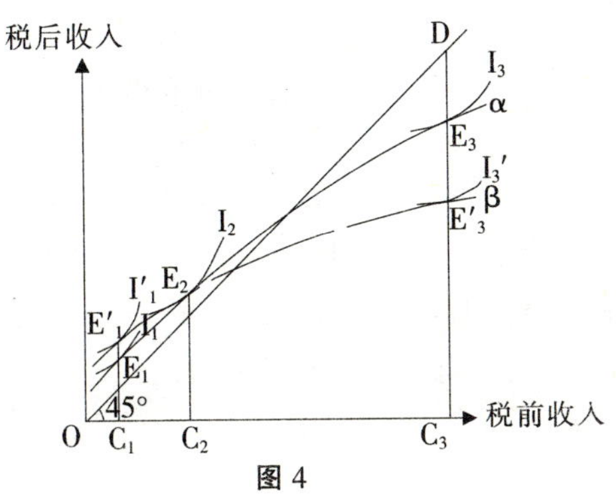

图 4

现在我们取消歧视性待遇体系 a,这会使富人受益,而可能使穷人受损。如果体系 a 极其缺乏效率,以至于取消它使所有人都从中受益,那么这一举措的正当性自不待言。因此,我们所关心的是取消它会使穷人受损的情形。既然我们已经假定该歧视性待遇体系是完全的,那么必定存在一个居间的收入水平(假设为 C_2),处于该收入水平的个体状况不受撤销体系 a 的影响。这样的个体在一个假设个体挣钱能力呈连续分布的模型里一定可以找得到，而在离散情形下则不一定,不过,事实上存不存在这样的个体对我的论点并不重要。

在取消体系 a 之后，该个体与 I_2 对应同一效用水平的无差异曲线必定也经过 E_2。另一方面,由于取消 a 而有所获益的个体 3 与 I_3 对应同一效用水平的新的无差异曲线 I'_3，则通过位于 I_3 下方的一点 E'_3,这是因为,由于取消了对他不利的歧视性待遇,现在他在同一税前收入水平(OC_3)上只需要较低的税后所得就能维持原来的效用水平①。反之,个体 1 的新无差异曲线 I'_1 则通过位于原无差异曲线 I_1 上方的一点 E'_1。将所有像 E'_1、E_2、E'_3 这样的点联结起来就得到一条新的税收曲线 β,在通常的连续性假设下,这条曲线也是连续而平滑的(连续可微性对证明我的核心命题并不必要,但是这一假设便于我们作图,并利于我们使用常见的导数形式来处理上述最大化问题)。我们将不包含歧视性待遇的所得税体系 β 称作备选方案 B。如果利用 B 方案政府可以取得不低于先前的财政收入额以维持原有的公共支出水平,那么显然每个人的状况都至少不会劣于 A 方案下的情形,理由是在 B 方案下每个人都可以选择赚取其原来的税前收入额而维持其原有的效用水平。但是,如果 B 方案的反激励作用较大,则许多个体会选择较小的税前收入而使政府收入减少,我们下面就来考察这种可能性。

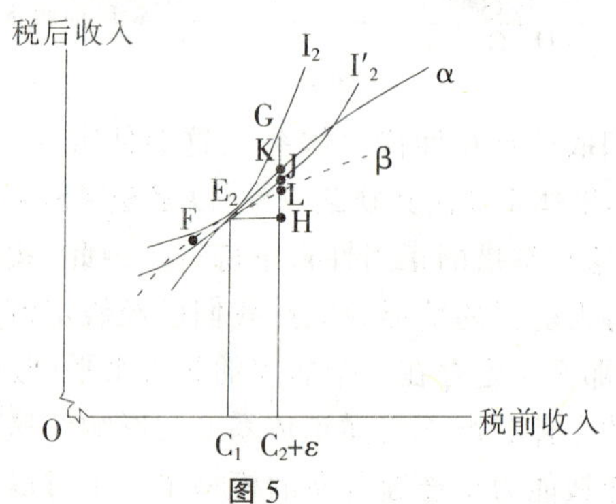

图 5

图 5 是图 4 中相关局部的放大。如果个体 2 新的无差异曲线不

① 在给定个体挣钱能力的假设下,这一点显然成立。如果放松这一假设,有读者或许会考虑到如下一种可能,即,如果歧视性体系 a 的实施显著地提高(降低)了个体 3(个体 1)所面临的工资率,那么 I'_3 也许会通过 E_3 的上方(而 I'_1 也许会通过 E_1 的下方)。如果的确如此,那么这就表示,就其总效应(包括它对个体挣钱能力的间接影响)而言,歧视性体系 a 实际上是有利于富人而不利于穷人的,因此我们可以忽略这一可能。而且显然的是,歧视性体系的上述间接效应不太可能大过其直接效应。

但经过E_2,而且与原来的无差异曲线I_2重合(或者至少在E_2的某个邻域内与I_2重合),那么由于新的税收曲线β比α平坦,它一定与这条无差异曲线相交。于是,个体2将会选择一个较低的税前收入水平,例如点F。但是,事实上,新的无差异曲线I'_2在E_2点的斜率比原来I_2的斜率小,理由是,在取消了歧视性待遇之后,如果他选择更高(更低)的税前收入水平,为维持其原有的效用水平所需的税后所得也较低(较高)。(否则β从一开始就不会比α更平坦。)此外,可以证明I'_2必定与β相切于E_2。其理由是,原来的税收曲线α与(最高的)无差异曲线I_2相切,现在I_2与α的斜率都被减小,而分别变成I'_2与β,并且这两条曲线在E_2点的斜率下降幅度相等,所以β与I'_2相切于E_2。为了更清楚地说明这一点,试考虑一个比C_2略高的税前收入水平$C_2+\varepsilon$。无差异曲线I_2在E_2点的斜率(记作S_2)可以用GH/E_2H来近似表示。在连续可导性的假设下,我们如果让ε趋近于0,那么这一近似将变成严格相等。类似的,I'_2在E_2点的斜率(记作S'_2)≈JH/E_2H,α在E_2点的斜率(记作Sα)≈KH/E_2H,β在E_2点的斜率(记作Sβ)≈LH/E_2H。既然上述斜率的分母都相同,我们可以集中考察分子。如果忽略分母,则S_2(大约)比S'_2大GJ。GJ表示的是,如果个体2原来选择的税前收入是$C_2+\varepsilon$而非C_2的话,取消歧视性体系a将给他带来的福祉增进程度[①]。Sα比Sβ大KL,因而KL表示的是,如果在A方案下实际选择税前收入水平为$C_2+\varepsilon$的个体继续选择这一收入水平的话,取消歧视性体系a将给他带来的福祉增进程度。值得注意的是,GJ不一定与KL相等。这是因为,在上述假想情形下,这两个个体的税前收入($C_2+\varepsilon$)虽然相等,但是其挣钱

① 之所以如此,是因为我们已经基于第三节提出的理由,对歧视性体系a可能具有的次优效应作了忽略。这种效应可能会改变个体对于消费与闲暇的边际替代率,即图中无差异曲线的斜率,而部分地反映在GJ上。不过,这种次优效应既可能为正,也可能为负,而且上文已经阐明,其预期的净效应为负,因此,忽略其次优效应实际上对方案A是有利的。

能力却不同，因此相同的税前收入一定意味着工作时间或强度的不同，而这种劳动付出的不同意味着他们为了取消同样(以及同等程度)的歧视性待遇体系而愿意放弃的税后所得金额不一样。但是，当我们令 ε 趋近于零时，不但以上对各曲线斜率的近似量度变得越来越精确，这两个个体挣钱能力的差异(以及与之相应的支付意愿上的差异)也逐渐消失。给定连续性假设，当各曲线斜率在 E_2 点的近似量度不断逼近真实值时，S_2 大过 S'_2 的差额应该与 $S\alpha$ 大过 $S\beta$ 的差额相等，又因为 $S_2=S\alpha$，所以 $S'_2=S\beta$。由此不难看出，在方案 B 下，个体 2 不但通过挣取与先前同样的收入能够维持原有的效用水平，他也没有激励去改变自己的税前收入水平。在一些凸性假设下，他这么做一定会降低自己的效用。

现在我们回到图 4 来考察个体 3 的处境。S'_3(I'_3 在 E'_3 点的斜率)可能由于以下两个原因不同于 S_3。首先，正如 S'_2 不同于 S_2，取消歧视性待遇的结果会使无差异曲线的斜率变小。但是，既然 E_3 与 E'_3 是不同的两点，S'_3 与 S_3 的差异还有另一个原因，即这两点对应的税后收入的不同可能导致个体对消费(即税后所得)与闲暇(与税前收入相联系)的边际替代率在这两点上也不相同。不过，$S\beta$(在 E'_3 点)也会基于这两个原因而不同于 $S\alpha$(在 E_3 点)，因此易知，$S\beta$ 与 S'_3 相等，这就是说，个体 3 会选择与先前相同的税前收入。以此类推，在方案 B 下，所有个体都会选择与方案 A 下相同的税前收入水平。因此，方案 B 能够提供与方案 A 完全一样的工作激励程度与实际收入(即效用)分配的平等度。

但是，即使所有个体都维持以前的税前收入水平，我们能否断定方案 B 取得的政府收入不比原来少呢？在图 4 中，我们令 C_1(可以为零)和 C_3 分别表示个体可能选择的最低和最高的税前收入。用方案 B 取代方案 A 给政府收入带来的改变量等于用人口密度函数沿横轴加权之后的面积 $E_2E_3E'_3$ 减去以同样方式加权计算的面积 $E'_1E_1E_2$。显然，加权面积 $E_2E_3E'_3$ 必定大于加权面积 $E'_1E_1E_2$。前一个面积衡量的是歧视性政策体系 a 给所有税前收入超过 C_2 的个体造成的损失，后一个面积衡量的是该体系给所有税前收入低于 C_2 的个体带来的益处。如果前者小于后者,那么单纯从效率角度就可以为体系 a 提供合理性依据。因此,如果体系 a 真的是歧视性的,那么前一个面积一定大于后者。例如,在进行成本效益分析时使用歧视性的收入加权也可能通过一些无权加总的净效益为正的项目,但是这样的项目在不采用歧视性加权的情况下也能通过,易言之,它们在方案 B 下同样能获得采纳。因此,税收体系 α 与 β 之间的差异在于歧视性措施发挥决定性影响的一些场合，比如由于采用分配性收入加权使得那些无权加总的净效益为负的公共项目获得通过。

综上所述,可见方案 B 所提供的工作激励程度与实际收入(即效用)分配的平等度与方案 A 相同,而且它取得的政府收入也比方案 A 多。这一政府收入的增量就是对方案 B(即不含有歧视性待遇但所得税累进度更高的政策方案)的优越性的衡量,它可以用来提高全体社会成员的福祉,例如全面增加公共支出或者全面减税。

以上讨论是基于这样一个假设，即相关的歧视性待遇体系是完全的,换句话说,歧视性待遇的优惠程度对全部个体都是收入的一个单调递减函数。然而,在现实世界中,政府支出方面的歧视性待遇不可能是完全的。首先,有些政府开支会使居住在某一地域内的个体都受益。比方说,政府可能会选择在贫穷地区多支出,于是住在该地区的富人也会因此而受益。一般来说,个体不会因为收入提高而立即迁居。因此,就居住在某一特定区域的任意个体而言,这种具有地域性特征的政府支出政策并不会显著削弱其提高个人收入的动机，因为其个人收入增加并不会显著提高该地区的平均收入水平。与此相反,所得税的征收依据是个体收入水平而非整个地区的平均收入。由此可以认为,单纯所得税(方案 B)的反激励作用大于一套由较低累进度的所得税与非完全的歧视性待遇构成的复合方案(不妨称之为方案A′)。但是,这是不是说方案A′比方案B更为可取呢?对此答案是否定的,下面我们就来解释为什么。

我们之所以采用非完全的歧视性待遇,乃是因为完全的歧视性待遇要么不可行,要么实施成本太高,只好退而求其次,并不是因为非完全的歧视性待遇(方案A′)就其本身而言优于完全的歧视性待遇(方案A)。恰恰相反,如果我们忽略可行性及交易成本等问题的话,方案A本来优于方案A′。既然上文已经阐明方案B比方案A更为可取(如果不考虑方案A所涉及的交易成本),那么方案B也一定比方案A′更为可取,尽管方案B具有的反激励作用较大。我们必须看到,由于方案A′的不完全,它会在公平方面造成福祉损失,而这一损失必定大过方案B或方案A(二者的反激励作用相同)的反激励作用所引起的损失,否则方案A′就比方案A为优了。因此,非完全歧视性待遇的问题并不能改变我的结论。

自述之六

有人拿几颗一等一的真钻石和一些 cubiczirconia(一种新式假钻石)让钻石专家鉴定,专家说,全部都是假的!为什么呢?因为千金难买无瑕玉。天然的玉石,大多有瑕疵。钻石比玉好一些,一等一的真钻石是完全没有瑕疵的,但很少见。Cubiczirconia 和一等一的真钻石完全一样,专家也分辨不出。以假乱真真亦假!那么,消费者为什么还要买真钻石呢?可见像钻石、黄金之类的东西,消费者不是看它的内在消费作用,而是看它的(交换)价值。这或是为了展示财力,用为礼品(包括订婚戒指与行贿物品),当为储藏价值的手段等。

普通物品是其消费量影响效用,纯钻石性物品是其交换价值(价格乘数量)影响效用,混合钻石性物品是两者都影响效用。纯钻石性物品的需求线是双曲线,且价格上升不减少消费者的效用,因为若价格加倍,消费量减半而交换价值不变,因而应该课以重税。经济学者大多认为“所有的税收都会引致扭曲”(史蒂利格兹 Stiglitz 2002,第 341 页)或超额负担。即使不考虑行政成本,征 10 万元税,造成 13 万元的总负担,其中 3 万元是超额负担。然而,对纯钻石性物品的税收不但没有超额负担,连负担都没有。征 10 万元税,不是造成 13 万元的总负担,而是零负担。纯钻石性物品不多见,但混合钻石性物品(内在消费作用与钻石作用同时存在)到处都是。对混合钻石性物品征税,也能提高效率。而且,有些情形(当混合钻石性物品被消费到其内在的消费作用为负时,例如豪饮伤身),税收的负担是负的。政府征税,消费者得利,因为他可以不必消费到豪饮伤身的程度,也能达到目的。

还有,混合钻石性物品的需求曲线可能是向上倾斜的。一个例

子:A君请B女士吃饭,目的是要她愿意共度春宵。菜价越高,目的越可能达到(交换价值影响效用部分),然则需要迟睡,需要吃更多(消费量影响效用部分),因而菜价越高,可能多叫菜。需求曲线可能是向上倾斜的(详见Ng 1993)。

钻石乃政府之至友:对仅因其价值而为人所喜好的商品征税不会造成负担

唐翔　译

在绝大多数经济学家看来,下面这种观点几乎是不证自明的,即税收(矫正性税收除外)不但会造成一个与所取得收入等额的负担,而且会扭曲个体的选择从而造成超额负担,这尚不包括税收的行政、执行和稽查成本(以下不严格地统称为交易成本)。没有超额负担的定额税仅仅是一种理论上的可能。然而,至少有一类这样的商品,对它们征税非但不会造成超额负担,而且根本不会造成任何负担(此处我们对交易成本忽略不计)!这种说法听起来像是天方夜谭,其实它的道理却非常简单,只要你认识到有些商品为人们所需要的原因并不在于其固有的消费功用,而是在于其价值。对这类商品征税无疑会提高其价格,但是消费者可以减少消费量以维持其总价值不变,因而不会蒙受任何效用上的损失,因此,对这类商品征税不会有任何负担,更不用说超额负担了。例如,如果钻石的市价上涨一倍,以一颗价值 1000 元的钻石馈赠他人依然会被当作价值 1000 元的礼物收下,尽管钻石的重量相应地减小了。

一克拉钻石值好几千美元,而与之外观相似的人造珠宝仅值几美元。人造钻石肉眼看上去与真正的钻石毫无二致,只有宝石专家借助精密仪器才能辨别其真伪。由此可以断定,人们对于钻石的钟爱并不在于其固有的消费功用,而是在于其不菲的身价。消费者得自钻石的效用不外乎以下三种情形,要么是借以夸示其财富(凡勃伦所谓的炫耀性消费),要么是用作价值的一种贮藏手段,要么是当作贵礼送人。不论是这三种情形中的哪一种,人们所看重的都不是钻石本身,而是其市场价值。其他大多数宝石与贵金属,包括黄金在内,也是如此。在较小的不同程度上,这种“钻石效应”也见之于其他各种炫耀性消费品,比如贵重的皮衣和豪华轿车。随着社会富裕程度的提高,“钻石效应”会变得愈来愈突出。

钻石效应(不是由于其消费功用,而是由于其市场价值而看重某商品)必须与别的一些类似或者有联系但确属不同性质的现象区分开来。首先,“以价格来判断商品质量的习惯”(Tibor Scitovsky 1945)是因为人们相信定价较高的品牌,所能提供的固有消费效用也较高。其次,尽管索斯坦·凡勃伦(Thorstein Veblen 1899)提出的炫耀性消费可以部分地导致钻石效应,但这两种现象在概念上毕竟是有区别的。某甲计划周游世界也许部分是为了向无此财力的朋友进行炫耀,只有他可以这么做而别人不能,环球旅行就有炫耀性消费的价值。旅行费用上涨对提高这种价值的作用很小,而且如果这趟旅行的费用上涨一倍,将行程缩短一半就不如以前。反之,一个男人赠给他妻子价值 1000 元的钻戒对他们的价值都是那么大而不论其钻石的大小如何,而且他们也许永远不会拿它来示人。同样,有些人设法展示其贵重的金首饰(既是炫耀性消费,也是一种钻石效应)而另一些人却喜欢私下积敛金银(这是一种不涉及炫耀性消费的钻石效应)。最后,还有一些商品的固有消费效用取决于其他人是否也消费这种商品(比如电话、奇装异服、时髦商品等),在某种程度上,这一因素也会影响到钻石效应。不过,为了集中讨论纯粹的钻石效应,我们不妨把这些因素都抽象掉。

正如私人品与公共品的区别只是不同程度的公共品性质而已,大多数商品的用途既与其固有的消费功用有关(就日用品如面包而言,这一因素的比重接近 100%),又与其价值有关(就贵重珠宝而言,这一因素的比重接近于 100%)。不过,为了使分析简明,我只考虑两个极端的情形,我采用的模型也是福利分析通常所使用的不涉及时间维度的模型。至于动态的过渡问题以及别的一些复杂问题,我将放在最末一节略作讨论,本文不打算对之作严格分析。

本文的基本结论是,钻石性商品的价格变动对其自身的价值和其他所有商品的消费量没有影响，因而对消费者的效用水平也没有影响,因此最优的政策是对钻石性商品课以任意高的税收,因为这种税既不会造成负担也不会造成超额负担。一个附带的推论是钻石性商品的需求曲线是一条处处价格弹性为1的矩形双曲线。

像钻石效应这种非常明显的现象当然不可能完全不曾为经济学家所察觉。例如,庇古就曾提及“拥有他人无之物的欲望”(Pigou 1932,p.226)并举钻石为例。奇怪的是,这方面却从未有人做过严格分析①，公共财政理论的教科书（例如 Richard Musgrave 与 Peggy Musgrave 1980)和实际税收问题上的政策争论(例如1985年的澳大利亚税收大改革)也几乎对这个问题不置一词。本文旨在提供一个尚不成熟的分析模型，希望能引起理论家和政策制定者对这个问题的重视。

一、一个简单分析

为简单起见，我们假定只有一种钻石性商品（设为第1种商品)并忽略其他所有的复杂因素(例如外部性问题等)。由本模型得到的结论可以直接推广至不纯粹钻石性商品，不过不纯粹或者说混合钻石性商品的情形更为复杂,对此本文不作讨论。设个人的效用函数取如下形式:

$$U(p^1x^1/p^n, x^2, \dots, x^n) \qquad (1)$$

其中 x^i 表示第 i 种商品的消费数量,p^i 是第 i 种商品的价格,最后一种商品被设为计价商品。从长期来看,消费者不太可能有严重的货币幻觉,因此,进入效用函数的不应是钻石性商品的货币价值

① Peter Kalman (1968)对价格进入效用函数情形下的消费者行为作了一个严格的分析。该分析极具一般性,可以认为它包括了“通过价格来判断质量”、炫耀性消费以及钻石效应等多种现象。但是,部分是因为它过于一般化,部分是因为它唯一关心的是消费者行为的实证理论,它没有得出本文提出的任何结论。

p^1x^1,而应该是以实际或相对价格 p^1/p^n 计算的实际或相对价值[①]。如果是混合钻石性商品,则 p^1x^1/p^n 与 x^1 应同时进入效用函数

消费者视作价格给定,在如下约束条件下将(1)作最大化

$$\sum p^i x^i = M \tag{2}$$

其中的和式是对所有 n 种商品求和,M 是给定的收入额。这个最大化问题对全部商品的价格以及货币收入额是零次齐次的,不存在任何货币幻觉。

为简化书写,我们假设存在一个内点解,最大化的一阶条件是

$$U_1 = \lambda p^n \tag{3a}$$

$$U_i = \lambda p^i \quad (i=2,\dots,n) \tag{3b}$$

其中 U_i 是效用函数对第 i 个元素的偏导数(即第 i 种商品的边际效用),λ 是施之于(2)式的拉格朗日乘数,也即收入的边际效用。

刻画最优解的方程组(3)中并没有出现钻石性商品的价格 p^1,于是很容易误认为 x 的最优取值与 p^1 无关。这种想法之所以错误,是因为方程(2)中含有 p^1,而方程(2)与(3)共同构成了定义最优解的条件。不过,我们下面将证明,p^1x^1/p^n 以及 x^2、…、x^n 都与 p^1 无关,于是 U 也与 p^1 无关。

上述最大化问题可以改写为如下函数的最大化问题而不会有任何实质上的改变:

$$U(y^1, y^2, \dots, y^n) \tag{4}$$

其约束条件是:$\sum q^i y^i = M$　　(5)

其中,$y^1 \equiv p^1x^1/p^n$,$y^i \equiv x^i (i=2,\dots,n)$,$q^1 \equiv p^1$,$q^i \equiv p^i (i=2,\dots,n)$。

改写之后的问题在数学形式上等同于通常的不含有钻石效应的消费者优化问题,于是有下面我们熟悉的内点解一阶条件:

$$U_i = \lambda p^i \quad (i=1,\dots,n), \tag{6}$$

它们与方程(5)共同决定了 y 的最优取值。

---

① 或者,我们可以用所有非钻石性商品的价格指数 P 来代替(1)中的 p^n,这样仍然可以得到相同的结论,只不过下面的 p^n 被换成 P 而已。

对于这一经改写的问题,如果我们以 y 而不是以 x 来进行计算(唯一的区别在于必须将 p^1x^1/p^n 视作一个不可分的变量,而不能将它分解成各因子),那么显然约束条件(5)和一阶条件(6)都不含有 p^1,因此,y 的最优取值和效用的最大值都与 p^1 无关。这一结论可以表述为如下命题:

命题 1:纯钻石性商品的价格变动对它本身的以实际价值计算的消费额和其他所有商品的消费数量没有影响,因此对消费者的效用水平也没有影响。

推论 1:钻石性商品的需求曲线在其作为纯钻石性商品的值域内是一条弹性处处为 1 的矩形双曲线。

这一推论不仅对单个个体的需求曲线成立,而且只要全体消费者把该商品视作钻石性商品(本文即采用此简化假设),它也对整个市场的需求曲线成立,因为矩形双曲线的水平加总还是矩形双曲线。

为简单起见,我们假设供给曲线是水平的,对钻石性商品课征 100%的税收会使其价格上涨一倍,课征 200%的税收会使其价格上涨为原来的 3 倍。税率越高则税入越丰,同时消费者的状况不会变坏,由此取得的税入是一种净获益,不仅不会造成超额负担,而且根本没有任何负担。

不过,对钻石性商品的征税收入不能超过某个上极限,这个上确界(最大值不存在)就是税前(=税后)该商品的消费价值额。可以无负担的取得的税入不会超过社会在钻石性商品上的支出总额(其绝对与相对水平大致与社会的富裕程度呈递增关系)。征收钻石税的净得益来源于钻石性商品的产量下降而形成的资源节约。

二、一个最优税收模型

也许有读者会认为上述分析是局部均衡分析,过于简单。对此，本节将提供一个标准的最优税收模型，只是其中引入了纯钻石性商品。既然我们对私人品之间的相对价格变化不作考虑，不妨把它们合计为一种复合商品 y。类似地，我还将所有的钻石性商品合计为另一种复合商品 d。按照最优税收分析的标准做法，我假设政府的收入需求不变，以集中讨论税收方面，同时我还假设经济中的消费方可以用一个代表性消费者的效用函数或者一个群体效用函数来描述，即

$$U(D,y) \qquad (7)$$

其中，$D\equiv(q+t)d/(Q+T)$ 是钻石性商品的（相对）价值，q 与 Q 分别是钻石性商品和私人品的固定生产者价格，t 与 T 分别是这两种商品的单位税。诚然，代表性消费者的假设抽象掉了分配问题，但是鉴于我们此处关注的主要是效率问题，以及那种认为即使是在存在次优因素或其他复杂因素的情况下也应该把平等与效率问题分开来处理的观点（参见作者 1984 年的论文），我认为这一假设无可厚非。

消费者通过选择 d 与 y 的取值以最大化(7)，其约束条件是

$$(q+t)d+(Q+T)=M \qquad (8)$$

其中货币收入 M 被当作是给定的。虽然这么做似乎是抽象掉了工作与闲暇之间的选择问题，不过我们可以把 M 理解为全部时间用于工作所能取得的收入，而把闲暇包括在复合商品 y 中，这么理解意味着可对闲暇征税。如果我能证明，甚至在一个假设可以对闲暇征税的模型里对钻石性商品课高税是最优选择的话，那么在不可对闲暇征税的现实中这种做法的可取性就自不待言了。

上述消费者最大化问题的一阶条件是

$$U_D/U_y=1 \qquad (9)$$

其中 U_D 是钻石性商品价值（相对于私人品的消费者价格）的边际效用，U_y 是私人品的边际效用。易言之，我们有如下命题：

命题 2：消费者均衡的条件是，钻石性商品的（相对）价值与私

人品之间的边际替代率等于 1。

这一结论似乎过于简单,令人难以置信。但是如果我们把预算约束(8)写成如下形式

$$(Q+T)D+(Q+T)y=M \tag{8'}$$

一望即知私人品的消费者价格$(Q+T)$既是私人品 y 的价格,也是钻石性商品的相对价值 D 的价格,因此显然有等式(9)。消费者将他的收入 M 在价格相同的两种商品之间进行分配,所以对内点解有 MRS=1。

正如第 1 节所述,消费者在 D 与 y 之间的最优选择与钻石性商品的消费者价格 $q+t$ 无关,因为(8')式与(9)式中都没有出现 $q+t$。于是,我们有

$$\partial D/\partial t=0=\partial y/\partial t \tag{10}$$

由(10)式中的第一个等式以及 D 的定义,我们得到

$$\eta^{dt}=-t/(q+t) \tag{11}$$

其中 $\eta^{dt}\equiv(\partial d/\partial t)d/t$ 为 d 对 t 的弹性。

政府面临的问题是,如何选择 t 和 T 以使(7)最大化,其约束条件是上文描述的消费者选择和如下形式的给定税入限制:

$$dt+yT=R \tag{12}$$

内点解的一阶条件是

$$\left[\frac{d}{Q+T}+\frac{q+t}{Q+T}\frac{\partial d}{\partial t}\right]U_D+\frac{\partial y}{\partial t}U_y=\theta\left[d+t\frac{\partial d}{\partial t}+T\frac{\partial y}{\partial t}\right] \tag{13}$$

$$\left\{\frac{q+t}{Q+T}\frac{\partial d}{\partial T}-\frac{(q+t)d}{(Q+T)^2}\right\}U_D+\frac{\partial y}{\partial T}U_y=\theta\left[y+T\frac{\partial y}{\partial T}+t\frac{\partial d}{\partial T}\right] \tag{14}$$

其中 θ 是施之于(12)式的拉格朗日乘数。将(13)代入(14)式消去 θ,再将式中各项改写为弹性形式即 $\eta^{xy}\equiv(\partial x/\partial y)y/x$,我们有

$$\frac{\frac{d}{t}\left[\frac{t}{Q+T}+\frac{q+t}{Q+T}\eta^{dt}\right]U_D+\frac{y}{t}\eta^{yt}U_y}{\frac{d}{T}\left\{\frac{q+t}{Q+T}\eta^{dT}-\frac{(q+t)T}{(Q+T)^2}\right\}U_D+\frac{y}{T}\eta^{yt}U_y}=\frac{d(1+\eta^{dt})+\frac{yT}{t}\eta^{yt}}{y(1+\eta^{yT})+\frac{dt}{T}\eta^{dT}} \tag{15}$$

由(11)将 η^{dt} 消去,再(由(10)中的第二个等式)将 $\eta^{yt}=0$ 代入,

于是(15)左边的分子为 0。除非 t 本身为无穷大,否则(15)式右边的分母不为无穷大,这是因为,根据对消费者行为的传统假设,T 的微小变化(等价于 M 作相反方向的微小变化)不会引起 y 或者 d 的跳跃。因此,等式右边的分子一定等于 0。既然 $\eta^{n}=0$(根据(10)式)且对内点解有 $d\neq0$,于是我们有 $1+\eta^{dt}=1-t/(q+t)$(根据(11)式),也即

$$t/(q+t)=1 \tag{16}$$

因为 q 不为零,所以当且仅当 t 是无穷大时(16)式方能成立。于是我们有如下命题:

命题 3:在一个最优的税收体系中,对纯钻石性商品的课税应为无限大。

这一结论证实了第 2 节的分析。当然,在现实中,当钻石性商品承担的税率变得非常高时,对应一个给定价值量的钻石性商品的物理量就变得非常之小,这最终会影响其固有的消费功用,或者至少会增加处理微小数量的麻烦。因此,当 t 变得很高时,上述纯钻石性商品模型就不再是一个足够精确的近似了。有鉴于此,最优政策应该是对钻石性商品征收尽可能高而不是无限高的税。

三、结语

其他一些现实性考虑也表明对钻石性商品的征税应该高得适度而不能是无限高。过高的税收会诱发逃税行为(包括走私),尤其是仅有少数几个国家开征高税时更是如此,这意味着可能需要通过国际合作来对钻石性商品征税。

因为我的分析是在不涉及时间的框架下进行的,它还忽略了动态过渡的问题。理想的情况是,当开征钻石性商品税时,在此之前取得钻石性商品的人也应缴纳此项税收。这样不仅扩大了税基(因此也增加了税入),而且避免了仅对新增钻石性商品征税所造成的分配问题。之所以会出现分配问题,是因为这项税收实际上使

现在拥有钻石性商品的人有所受益，而对以后购买钻石性商品的人却没有这种益处。然而，对现存的钻石性商品征税可能在技术上和政治上都行不通。因此，上述分配问题也许只能通过降低钻石性商品税来加以缓和。

下面这个例子可以说明钻石性商品税存在的分配——动态过渡问题。

假设现在对某种(或某一组)钻石性商品的未来一切生产(假设是完全竞争性的)或消费行为课征 100%的税收，那么一项分配效应为中性的政策是对现有的存货同样征收 100%的税，采用的形式可以是没收现有存货的 50%加以销毁。于是财政收入的增加只来源于对未来生产行为的课税，没有人会因此而受损，因为所有钻石性商品的价格都上涨一倍。如果没收的 50%的现有存货没有被销毁，而是被重新投入市场(如果忽略交易成本，这就相当于对现有存货征收 100%的货币税)，那么，这将压低钻石性商品的价格(使之不能上涨至原来的两倍)，于是，现在持有该商品的人就会受损。不过，在合理的连续性假设下，存在一个针对现有存货的税率 t ($0<t<100\%$)可以使这些人的状况不发生变化。这样的话，政府可以通过对现有存货的征税立即取得财政收入，其代价是未来短期内由于价格已经低于边际生产成本与税收之和，至少现在的边际厂商会退出生产，因而会丧失一部分得自生产的税收。政策过渡还涉及一系列有趣的动态问题(包括各种替代方案的优劣比较)。然而，要对这些问题作细致的分析就必须建立一个动态模型，这已经超出了本文的范围。

无论如何，将所有人的一元钱作一视同仁对待的观点(请参见我此前发表的论文)意味着，从效率方面考虑应该尽量征收无负担成本的税收，同时在所得税和财产税方面作相应的调整，以实现平等的目标。

自述之七

我的同事 Ross Parish 在他 60 岁生日那天告诉我,他打算买辆更大的车,因为那将更为安全。我说,由于某些原因,老年人有更强的安全意识,然而,年轻人更有这种意识才符合理性,因为他们的生命更有价值。于是,Parish 争辩说,像一些学者一样用剩余生命年限来衡量不同年龄人生命价值的计算方法是不可取的。他又说,一个 60 岁人的生命价值并不低于 20 岁的人,因为他积累了更多智慧。我回答说,一个 40 岁的人(当时我四十余岁,但还未届"不惑")的生命应该比一个 75 岁的人更有价值(我不敢说 60 岁),并且,尽管运用剩余生命年限进行度量的方法未必最理想,但相对于不考虑年龄从而把每人都计为一命的算法,却是一种改进。我也想到,由年龄变化而导致的生产力差异对这个问题并没有影响,因为根据边际生产力计算的报酬已经考虑了这一变化。但我并未说出这个想法,因为我确信,Parish 和我都认为,我们的收入远远低于各自的实际边际贡献。

我们彼此没有说服对方。第二天就是大学十天圣诞与新年假期,图书馆没有开。要不然,我就会查到一些文章,说明随着年龄增长生命价值会减少,我就会复印给 Parish 看,证明我的直觉是对的。相反的,我有 10 天的时间。因此,我自制模型,试图证明我的直觉是对的。我惊奇地发现:在第一组选择的合理的参数下,生命的金钱价值会明显增加 10 多倍,直到一个很老的年纪(在一个生命为 80 年的模型中为 60 多岁)。这是很反直观的结果(虽然推导出来后,还是可以用其他的直观原因解释)。因此,我把这结果,加上如何算生命的金钱价值等经济学道理、结论含义等,写成一篇长文,投到一流期刊《美国经济评论》。审稿人认为结论很有趣,但篇幅太长，编者让我把文章缩成 1/4，把关于我和 Parish 争论的故事删掉，把 Parish 的名字从文章题目中删除。我把文章缩成 1/3，把关于我和 Parish 的争论的故事缩短，把 Parish 的名字从文章题目中删除，但放进第一小节的题目中。我认为大致符合编者的要求。

之后，我到德国 Bonn 大学参加研讨会，主持人 Dieter Bos 教授要我把此文给他主编的期刊发表。当时，我有 90%的信心，认为《美国经济评论》会发表我的修改文。我对 Bos 教授说，此文在《美国经济评论》，如果他们不采用，我就让你们发表。结果，《美国经济评论》的编者回信说，我们提出三个条件，你一条都没有满足，不发表。我马上回信说，愿意再修改，完全满足这三个条件。他回信说，我们已经给过你一个机会，不再给你机会了！

年老者有更高的价值：随着年龄增长生命效用价值和货币价值的背离 *

邱高飞 译

虽然生命的效用价值会随着年龄单调下降，货币价值却可能有巨大的增加，直到一个相当老的年龄(在一组合理的参数下，到60多岁时增加了10倍)。对这个结果至关重要的是，足够高的实际利率水平(例如4%~5%)会使储蓄变得有吸引力，从而当一个人变老时，货币的边际效用就会减少。这解释了两者的背离。这一背离引发了令人费解的问题，即哪种生命价值应该被使用，以及是否应该对老年人征税，而对年轻人则给予补助。

一、引言：六十生辰日，Ross Parish缘何买大车？

我的同事Ross Parish在他60岁生日那天告诉我，他打算买辆更大的车，因为那将更为安全。我说，由于某些原因，老年人有更强的安全意识，然而，年轻人更有这种意识才符合理性，因为他们的生命更有价值。于是，Parish争辩说，像一些学者一样用剩余生命年限来衡量不同年龄人生命价值的计算方法是不可取的，他又说，一个60岁人的生命价值并不低于20岁的人，因为他积累了更多智慧。我回答说，40岁人的生命应该比75岁的人更有价值(我不敢说60岁)，并且，尽管运用剩余生命年限进行度量的方法未必最理想，但相对于不考虑年龄从而把每人都计为一命的算法，却是一种改进。我也想到，由年龄变化而导致的生产力差异对这个问题并没有

* 我非常感谢Ross Parish给我鼓励，感谢Keith Mclaren和匿名审稿人给我有用的建议。

影响,因为根据边际生产力计算的报酬已经考虑了这一变化。但我并未说出这个想法,因为我确信,Parish 和我都认为,我们的收入远远低于各自的实际边际贡献。

那时,我已经注意到 Schelling(1968),Mishan(1971)和 Jones-Lee(1976)的开创性工作,他们用人们的意愿支付(为减少生命风险)来评估生命的价值,但当时,我还不知道,在 Arthur(1981)、Shepard 和 Zeckhauser(1982)的重要论文中,已经有了对于年龄增长的明显处理方法。如果我知道这些结论,我就会把它们复印下来(它们都说明了随着年龄增长生命价值会减少①)给 Parish 看,来证明我的直觉是对的。相反的,我试图证明,随着一个人年龄的增长,他会给生命评以更高价值这一悖论来源于某种无知和非理性。(对这一悖论生物学上的解释,参见 Ng 1991。)[此文发表于 Journal of Theoretical Biology 1991——译者。]我的直觉是,在不存在无知、非理智、资本市场不完全的情况下,一个收入很低的年轻人应该知道他会获得经验并且在将来获得更高的收入,因此年轻时他仍应给自己生命评以很高的货币价值,必要的时候,可以借钱为自己融资。

在修正了我自制模型的错误之后,我惊奇地发现:在第一组选择的合理的参数下,生命的货币价值会明显增加直到一个很老的年纪(在一个生命为 80 年的模型中为 60 多岁)。原来 Parish 的直觉是正确的!产生这个结果的关键是,真实利率足够高(表 1 中用的是 5%)。如果这个利率超过了时间折现率,或者说风险折现与获得效用能力之递减率之和,就会产生如下期望效用最大化方法:在年轻时积累财富,在年老时更多消费。一元的边际效用对于年轻人更高,因为它可以累积复利的时间更长。因此,虽然生命的价值在效用方面随时间递减,但由于货币的边际效用可能递减得更快,生

① Shepard 和 Zeckhauser(1982,图 7)有一个直到 30~40 岁,生命价值随着岁数增加的结果。但是那只是在Robinson Crusoe 情况下,也没有资本市场。

命的货币价值可能会随着年龄增长有明显增加。但如果真实利率很低,结果则会有所不同。然而,真实利率所要超过的贴现率仅指对未来效用的纯风险贴现,对于理性人而言,这个数值很小。因此,所要求的利率在很多情况下都能得到满足。

生命效用价值和货币价值的背离产生了福祉理论和现实政策方面一系列令人困惑的问题,例如,在制定涉及生命风险的决策时,应该采用哪种生命价值,是否应该对老年人征税,而对年轻人则给予补助。这对实际制定政策有重要的含义,特别是在保健和事故预防方面。例如,减少老年人的昂贵医疗服务(例如英国的肾透析)。这些措施是基于生命的效用价值随着年龄增长会降低。如果考虑生命的货币价值,则处理会大不一样。忽视生命的货币价值等于放弃了帕累托改进(假定对于效率计算无"过程偏好",参看 Ng,1988;不论归谁所有,一元就是一元,参看 Ng,1984)换句话说,救一个年老者的命效用价值较低,"但是花费的资源价值也较低"(用某一审稿人的话来说)。

二、经济学者测量生命价值的方法

经济学者对生命价值的测量是以个体为避免一定死亡风险的最大支付意愿,或者是对于死亡风险边际增加的最小补偿为基础的。生命的货币价值则通过将死亡概率边际变化引起的补偿变化(CV),或等价变化(EV),乘以概率改变值的倒数得到[①]。例如,如果一个人愿意为了避免 y(0.01%)的死亡概率,愿意支付的最大值为 x 元($100),那么他生命的价值是$x/y($100/0.0001=$1 000 000)。如此衡量的生命价值可能大于该人生命期的总收入(Bergstrom 1982)。

① 对于边际变化,CV=EV。现实中,我们不可能操作无限小的改变。当 CV 和 EV 差距很大的时候,边际货币等价的方法可能会被使用。(Ng 1979/1983,附录 4A)

为简化起见,我们假定不存在外部效应(如生命对于他人有价值),不存在对死亡的非理性厌恶,个人追求预期效用最大化,并且死亡的痛苦对于生命的价值而言是可以忽略的 (关于不同方式的死亡和伤病的分析,参看 Jones-Lee et al 1985)。对于一个生命价值很小但极其厌恶在火灾中死亡的人,他为避免火灾的支付意愿,反映更多的是他对于火的厌恶而不是他的生命价值。

CV 的估计可以通过:①直接问本人,②从他显示的偏好推断(例如他对不同航班的选择),③通过他的收入效用函数(包括零效用点)进行计算。[①]如果他是理性预期效用最大化者,并且如果个人和调查者都没有犯明显的错误, 以上三种方法得到的结果应该大致相同。然而, 个人在表达自己支付意愿的时候往往会有很大偏差,特别是在当前涉及生命和死亡的情况下。另一方面,基于显示偏好的数据往往不足以进行好的估计。因此基于效用函数的方法可能是比较好的估计。关于收入的效用函数有大量的文献 (参看 Seidl 1988),所得出的结论对于生命价值的估计有所帮助。

上面列出的经济学者估算生命价值的方法可能没有被广泛认同,特别是没有被非经济学界的人认同。有疑问的读者可以参看 Ng (1989)。

三、不同年龄的人的生命价值

既然我们的目标是试探性的和启发性的, 而不是现实性的和明确性的,那么我们使用非常简化的模型也不会带来什么损失,反而能够因此获得简洁的描述。忽略不确定性和相应的纯时间折现,

---

① 考察替代衡量方法的多种研究和比较, 可参看 Jones-Lee (1976); Jones-Lee (Ed.)(1982); Jones-Lee et al (1985); Berger, Blomquist, Kenkel and Tolley(1986); Harrington and Portney(1987)。关于使用生命风险信息的改变来估计生命价值,可参看 Ippolito 和 Ippolito(1984)。

一个人预期可以活到年龄 T,然后死亡。[①]他也明确地知道自己生命过程中的收入,并且可以以相同的市场(实际)利率 i 借贷资金。那么,他根据控制变量 $c(t)$,在任一年龄 a,最大化下式

$$\int_a^T u\{c(t)\}e^{-rt}\mathrm{d}t \equiv V(a) \tag{1}$$

$V(a)$表示年龄为 a 时,剩下生命的效用价值,u 为效应,c 为消费,t 为时间,r 为(随年龄变化)获得效用能力的递减速率,而非平常所用的折现率。[②]如 $u'>0,u''<0$, 假定非完全满足性条件得到满

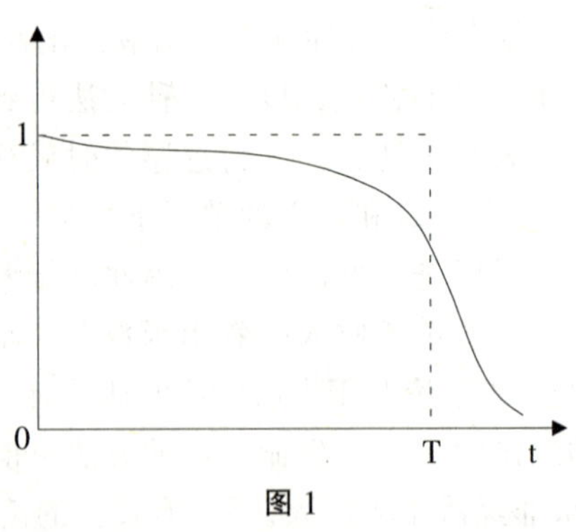

图 1

① 像 Shepard 和 Zeckhauser(1982),可以引入生存或然率(随年龄)的函数。然而,严格地说,一个人应该持续地改变他的生存函数,因为一个人可能生存到 x 年龄的可能性会因为他所处年纪的不同而改变。但是,数学上的简单化,要求抽象掉这种复杂情况。因为我们的分析主要是在于描述而不是立即应用,所以我们简单地只考虑确定的情况,也不会影响大局,因而不必采用个人不更新自己的生存或然率函数的尴尬假设。出生时候的生存可能性如图 1 的曲线所示。我们的近似处理也包括用 T 来替代它。如果恰当选择 T,近似处理并不会带来误导。

② Shepard 和 Zeckhauser(1982)采用与利率相等的折算率,因此得到简单的结论:最优消费路径是随时间保持恒定消费。虽然用市场利率水平折算未来消费是可以的,但是用它来折算未来效用是有问题的,特别是我们已经考虑了生存概率。假设预期效用最大化,我们对未来效用不再进行折算。若一定需要,折算率的引入则仅仅是带来描述和计算的复杂罢了。这里 r 可以被认为是贬值水平(其他学者认为是 0)加上净时间折现率。或者说,在我们的模型中,较高的时间折现率可以以较小的 T 近似替代。

足,并且人们没有留下遗产的动机,那么我们将年龄为 a 时的预算约束表示为:

$$\int_a^T c(t)e^{-i(t-a)}\mathrm{d}t=Ye^{ia}-\int_0^a \bar{c}(t)e^{-i(t-a)}\mathrm{d}t\equiv Y(a) \tag{2}$$

这里,i 是市场利率,Y 是一个人的全生(整个生命)收入(加上可能的赠送和遗产收入)在年龄为 0 时的价值,Y(a)是年龄为 a 时收入的剩余(即未被消费的收入),也是在年龄为 a 时的价值。c 上有横杠则表示过去的已经发生了的消费。

在(2)的约束下,最大化(1)式[①],得到:

$$u'\{C^*(t)\}=e^{(r-i)(t-a)}u'\{C^*(a)\} \tag{3}$$

上式说明了,从任何一个年龄 a,个人的最优选择是安排他的将来消费,从而使消费的边际效用(考虑到递减的享受消费的能力)以利率 i 减少。给定边际效用递减($u''<0$),如果 i 大于(小于)r,消费会随着时间而增加(减少)。直觉上,如果利率大于享受消费能力的递减率,(从一个时间上等量消费的位置)更应该当前储蓄,而将来消费更多,直到这种好处被消费边际效用递减率抵消。

定理 1:如果利率大于(小于)享受消费能力的递减率,则消费随着年龄之增加而增加(减少)。

在一个允许有生存不确定性或者个人即时消费的模型里,我们必须考虑折现因素。在这种情况下,r 可能会被认为是递减率加上不确定性折现率。(注意,这个将来效用的不确定性折现要远低于将来消费的折现,而后者可能与利率相等。参看前一页注释②。)

给定 Y,i,r 和 T,等式 2 和 3 决定了从任何年龄 a(包括 a=0)到年龄 T 的最佳消费路径。为了得到确切的结果,我们需要使用一个特定的效用函数,例如:

---

① 我们可以把这个看作变量问题的积分或者最优化控制问题。本例中我们可以使用 $Y(t)=iY(t)-c(t)$,这个可以通过对(2)中的 $Y(a)$进行微分,并用 t 代替 a 得到;我们也有最终条件 $Y(T)\geqslant 0$。两种情况下,都会得到同样的一阶条件(3)。

$$u\{c(t)\}=\alpha\{c(t)\}^{\varepsilon}-K \tag{4}$$

α,ε 和 k 是正常数。像很多分析者所假定的那样,在 K=0 这种特殊情况下,该效用函数具有不变的消费弹性(=ε)。然而,忽略正常数 K 意味着不论消费量多小,效用总是正的。然而,常识告诉我们,一个人需要一个最低的消费量来避免负的效用和维持生存。对于很多经济问题(例如消费者需求),当效用函数对于任何一个单调变换是唯一时,上述问题并不存在。任何附加的常数不会产生任何影响。然而,对于当前的生命价值问题,一个人有正的还是负的效用是很重要的。忽视这一点,很多的经济分析可能会带来错误的结论(Ng 1979/1983,Sect.1.4)。

对于(4)中的情况,我们可以从(2)、(3)中解答出来,对于任意年龄 a,从 a 到 T 的最佳消费路径,当 $\varepsilon i-r\neq 0$ 时,①

$$c(t)=(\varepsilon i-r)\cdot Y(a)\cdot e^{\frac{(i-r)(t-a)}{1-\varepsilon}}\cdot(1-\varepsilon)^{-1}\cdot\left\{e^{\frac{(\varepsilon i-r)(T-a)}{1-\varepsilon}}-1\right\}^{-1} \tag{5}$$

把 $c(t)$的最优结果代入(1)中,得到:

$$V(a)=\frac{\alpha\cdot(1-\varepsilon)^{1-\varepsilon}\cdot\{Y(a)\}^{\varepsilon}\cdot\left\{e^{\frac{(ei-r)T-\varepsilon a(i-r)}{1-\varepsilon}}-e^{-ra}\right\}}{(ei-r)^{1-\varepsilon}\cdot\left\{e^{(\varepsilon i-r)(T-a)/(1-\varepsilon)}-1\right\}^{\varepsilon}}+(e^{-rT}-e^{-ra})k/r \tag{6}$$

(6)式对于 $Y(a)$进行微分,得到:

$$\frac{\partial V(a)}{\partial Y(a)}=\frac{\varepsilon\cdot\alpha\cdot(1-\varepsilon)^{1-\varepsilon}\cdot\{Y(a)\}^{\varepsilon-1}\cdot\{\cdot\}}{(\varepsilon i-r)^{1-\varepsilon}\cdot\{\cdot\cdot\}} \tag{7}$$

(6)除以(7)得到:

$$D(a)\equiv\frac{V(a)}{\partial V(a)/\partial Y(a)}=\frac{Y(a)}{\varepsilon}+\frac{(e^{-rT}-e^{-ra})k/r}{\partial V(a)/\partial Y(a)} \tag{8}$$

① 对于 $\varepsilon i-r=0$ 的情况,我们得到不同于(5)式的(5a):$c(t)=(T-a)^{-1}\cdot Y(a)\cdot e^{(i-r)(t-a)/(1-\varepsilon)}$(5a),公式(6)~(9)也相应作出调整。

$D(a)$表示处于年龄 a 时剩下生命的货币价值。(这与任何普通物品的货币价值相似，例如一个苹果的货币价值等于它的效用价值除以一单位货币的边际效用。)在最大化期望效用以及死亡的效用水平标准化为零的假定下，以上是根据个人在任意年龄的边际生命风险的 CV，对自身生命估价的一个有效的测度。(这是有说服力的，因为死亡的痛苦已经被抽象掉了。)因此，在现在假定的完全确定的情况下，假设劝说一个人接受 β 的死亡概率最少需要 M 元。在效用上，对于一个数量较少的 M，得到 M元，差不多等同于 M乘以收入的边际效用。我们因此得到 $V(a) \backsimeq (1-\beta)\{V(a)+M\partial V(a)/\partial Y(a)\}$，因此：

$$M \backsimeq \frac{\beta V(a)}{(1-\beta)\partial V(a)/\partial Y(a)}$$

因为 $D(a)=M/\beta$，我们得到：

$$D(a) \backsimeq \frac{V(a)}{(1-\beta)\partial V(a)/\partial Y(a)} \backsimeq \frac{V(a)}{\partial V(a)/\partial Y(a)}$$

对于一个很小的 β，这一近似是精确的。

将 a=0 代入到(5)中，对 t 从 0 到 a 进行积分，计算$\bar{c}$ (t)的值，并且把结果代入到(2)式中的第二个等式中，合并和简化后，我们得到：

$$Y(a)=Y\{e^{\frac{(\varepsilon i-r)T}{1-\varepsilon}}-e^{(i-r)a/(1-\varepsilon)}\}/\{e^{\frac{(\varepsilon i-r)T}{1-\varepsilon}}-1\} \tag{9}$$

显然，按照所要求的，$Y(0)=Y$ 并且 $Y(T)=0$。将(9)中 Y(a)的结果代入到(5)再代入(8)中，可以得到 $c(t)$(t 从 a 变化至 T)，$V(a)$，$\partial V(a)/\partial Y(a)$和 $D(a)$的最终结果。如果 $\varepsilon,\alpha,i,r,T,k$ 和 Y 的确切值是已知的，年龄取 0 至 T 上的任意值，这些变量的准确数值都是可以计算出来的。如表 1 中，对于选定的年龄，得到一些参数的值。表 1 中的参数是事先选定的，一些建立在观察之上(如 i)，另一些则建立在常识上(如，ε 应该是 0 到 1 之间的一个值，Arthur 取从

0.4 到 1 中的一个值；ε 越大，对本例越有利）。[①]α 的值是一个规模因素；如果 α 和 k 等比例变化，D(a)的值不变。$k/\alpha=32$ 意味着个人在一个周期（一年）需要消费大约 1000 元来避免负的效用。

表 1

$\varepsilon=1/2, i=1/20, r=1/80, T=80, Y=\$200,000, k=3200, \alpha=100$

年龄 a	当前未消费收入的价值 Y(a)（1000 元）	生命的效用价值 V(a)（1000）	收入的边际效用 ∂V(a)/∂Y(a)（1/1 元）	生命的货币价值（1000 元）
0	200	553	1.787	309
20	488	537	0.658	817
40	1080	462	0.242	1908
50	1487	393	0.147	2682
60	1828	299	0.089	3355
70	1694	170	0.054	3156
79	297	19	0.034	559

四、效用价值和货币价值的分离

出乎意料的是，生命的货币价值随着年龄增长而迅速增加。如表 1 中，从 0 岁到 60 岁，增加幅度超过 10 倍。到 60 多岁时，稍微有所下降，到 70 多岁时，则迅速下降。然而，生命的效用价值几乎在每个年龄阶段都是下降的。生命的效用价值的情况与常识观点相一致。但是生命的货币价值看起来却是大相径庭的，它可以被直觉解释。正如定理 1 所述，如果利率超过了享受消费能力的递减

① 在写作本文时，澳洲/美国的名义利率为 18%/10%，通胀率为 7%/4%。我采用了稍低一些，接近历史平均水平的实际利率。然而，很多类型的积蓄（如低税收的退休金和其他财产）会产生更高的收益。然而 5%的真实利率仍然被认为太高了。一种看法是，采取这样的利率可以使得结果更明显。

率,最优消费会随着年龄而增加。这会带来以下的影响:首先,消费边际效用随着年龄增加而减少。其次,总效用随着年龄增加而增加。第三,相比年老时,在年轻时获得的一元更有价值,因为它可以被用来投资(以复利)更长的时间,从而在将来获得更多的效用。在 i=0.05 时,在 0 岁时的 1 元相当于 70 岁时的 30 多元。因此,虽然存在消费能力降低和消费边际效用递减,但增加投资和推迟消费依然是有利的。第一个和第三个因素使得收入边际效用 $\partial V(a)/\partial Y(a)$ 随着时间迅速减少。第二个因素使得生命效用价值在年轻的时候随时间缓慢减少。这些都会使得生命货币价值可能以很大的速度增加直到一个很老的年龄,那时生命效用价值开始以一个很快的速度减少。

定理 2:尽管随着年龄之增加,生命的效用价值不断减少,但是生命的货币价值可能会迅速增加到一个很老的年龄。其他情况相同时,若利率远远大于享受消费能力的递减率,两者的背离更容易产生。

据我所知,没有其他分析者得出过有如此强烈对比的结果。例如 Authur (1981, p. 63) 得到的生命货币价值数据,对于 ε=0.6 (1000 元),在年龄 0, 10, 20..., 80 时,结果分别是 668, 664, 619, 520, 399, 265, 139, 54, 31。

产生这种差异的原因是,其他分析者没有考虑到 $\partial V(a)/\partial Y(a)$ 随着年龄增长会显著减少。例如,Shepard 和 Zeckhauser(1982)以利率来折算将来效用(但是没有考虑到能力递减率),因此得到的最佳消费路径是消费水平恒定。

利率超过能力递减率的重要作用可以从相反的例子中看出,如当这种超出消失的时候。表 2 采用了 i=1/80,其他部分与表 1 完全相同。利率的改变(从 i=1/20 到 i=1/80)完全改变了结果,产生了"传统的结果"。如表 2 所示,生命效用价值和货币价值都随着年龄单调减少。[①]

表 2

年龄 a	当前未消费收入的价值 $Y(a)$(1000 元)	生命的效用价值 $V(a)$(1000)	收入的边际效用 $\partial V(a)/\partial Y(a)$(1/1 元)	生命的货币价值 $D(a)$(1000 元)
0	200	156	0.795	196
20	167	102	0.619	164
40	124	59	0.482	122
50	99	41	0.426	97
60	70	26	0.376	69
70	37	12	0.331	37
79	4	1	0.296	4

如果 $k=0$,$D(a)=Y(a)/\varepsilon$,生命的货币价值等同于当前未消费收入价值乘以 $1/\varepsilon$。这个结果与其他分析者假定 $k=0$ 时得出的结论一样(例如,Authur 1981,和 Shepard,Zeckhauser 1982)。

五、令人困惑的政策含义

生命的效用价值和货币价值间的偏离引发了很多有趣和令人困惑的福祉理论和政策问题。在涉及生命危险的问题中,特别是针对不同年龄的人,我们应该使用生命效用价值还是货币价值呢?假如每 10 万人中有一人会死于交通事故,我们(如社会)更愿意减少老年人还是年轻人的死亡率?这样的问题,很多人(包括我自己)都

---

① 在计算中,注意到 $\varepsilon i-r$ 是个负值,当 $i=r$,因为 $\varepsilon<1$。我们通过改写(6)中 $(\varepsilon i-r)^{1-\varepsilon}$ 为 $-r\cdot(-r)^{\varepsilon}\cdot(1-\varepsilon)^{1-e}$,这里 $(1-\varepsilon)^{1-e}$ 与分子中的一同消去,$(-r)^{e}$ 与 $\{e^{(\varepsilon i-r)(T-a)/(1-\varepsilon)}-1\}^{e}$ 结合起来使得整个公式是正的。

会希望更少的年轻人死亡(当然因此会有更多的老年人死亡,因为假设死亡人数是给定的)。这与生命效用价值的结论相符合。但是,年轻人可能只愿意花费少于10元来避免十万分之一的死亡几率。而那些六十几岁的人可能愿意为此付出30元。假设用20元可以避免一个人这方面的风险,且他可以选择是否要避免。那么显然,老年人避免这种风险是一种Pareto改进（与不避免风险相比较),而对于年轻人则不然。因为老年人花费20元后仍可以得到效用改善,而年轻人则会觉得不值。那么,我们应该只为老年人避免这些风险么？或者我们应该从老年人那里融资来为年轻人避免这些风险,实际上是从老年人那里转移支付给年轻人？

尽管事实与我当初的直觉完全不同，但一个小小的经济分析就可以解释一个明显的且相当普遍的(Parish)悖论,是令人欣慰的。另一方面,生命的效用价值和货币价值相背离带来很多令人困惑的问题,造成很多麻烦。在当前的一般福祉分析框架中,存在着富人和穷人每一元边际效用不同的情况下，效用最大化或者其他合理的(拟凹是充分非必要的)社会福祉函数要求购买能力从富人转移到穷人,直到边际收益与边际损失(增加的税收负担,政策负担,等等)持平。[①]给定这个最佳转移,一元对于任何人都是同等的(Ng 1984)。这种收入转移不会带来令人困惑的问题,且以累进税和福利支出的形式被广泛应用。然而,生命货币价值和效用价值的背离带来了完全不同的问题。正如前面所讨论的,即使是在禀赋、收入能力和效用函数均相同,只有年龄不同的个体组成的模型里,这种背离也会相当明显。把资源从老年人那里转移到年轻人似乎是不公平的(至少在过渡阶段违反了水平公平原则);但如果不这样做,就是主动放弃了改善社会福祉的可能性。一元对于老年人有较低的边际效用;转移给年轻人则可以创造更大的效用。同时,当

① 在严格拟凹的社会福利函数下，边际收益是指经过福利数量加权得到的边际效用,它考虑到总福利水平。

转移政策达到它的稳定状态,每个人都会得到效用改善。从老年人到年轻人的转移政策和老年抚恤金政策完全相反。后者可能因为社会上有草率行事人士的存在而变得合理。然而,这只能说明强制养老金可能是合理的,而不能支持抚恤金。由于上述生命的效用价值和货币价值的相背离,向年轻人进行收入转移可能还是可取的。可能这是我们当前关心的问题,如低储蓄率和老龄人口增加产生的负担等的一个相关因素。

我们应该是用生命的效用价值还是货币价值来引导政策的选择?我曾经强烈支持把一元当成一元的看法;这意味着使用生命的货币价值。然而,在生命效用价值和货币价值相背离的情况下(这归因于年龄而不是财富差别),事情也变得更为复杂。

的确,对年轻人的转移支付,可以看做是涉及跨代转移和相关利益冲突的社会最优资本积累或增长的问题。[①]正如在当期框架内,当完成从富人到穷人的社会最优转移时,一元就被看作一元。这对于跨代模型也适用,只要社会实现最优累积量。然而两者有一

① 然而,需要强调的是,我们讨论的转移的例子与为实现资本-劳动黄金比例的转移或国债问题(参看,如 Diamond 1965;Stein 1969; Ihori 1978)大不相同。后者的目的是实现 Pareto 最优,集中于稳定状态(steady state)的比较。我们的转移问题建立在社会最优化之上,"损害老人的利益来使年轻人获利"。转移的一元相当于一元。在负债问题上达到最黄金比例,转移通过以一定利率返还的债务来实现。在这种返还支付下,转移在我们的框架下是不攻自破的。同时,为了达到黄金比率的转移往往是从将来(例如,更年轻的人)到现在的一代。早一代人的获得可以由不断增加的国家债务来提供,因为有正的人口增长率(这样带来与之相对应的"生物利息增长率")。(在允许有外在人口数量增长和儿童的父母关爱的模型中,在无限经济的条件下的竞争均衡的帕累托无效性被消除了;参见 Nerlove,Razin,Sadka 1987,pp.89-93;Willis 1987.)不同的是,我们的转移问题类似于社会最优储蓄率(或者资本积累)的问题。问题的产生是因为个人时间偏好率(特别是年龄)在有限的生命周期内,可能会远远大于社会偏好率。我们的方法强调从不同年龄的个体在收入的边际效用上有很大不同。父母关爱问题的引入,例如 Nerlove,Razin,Sadka(1987)和 Willis(1987),并没有解决这个问题,因为他们的 Pareto 有效性只是通过最大化当前一代人的效用来得到。

个很大的区别。在当期的情况下,有一个政府(至少是理想上)来代表整个社会的利益(对公众选择学派表示抱歉),来公平地实现社会福祉最大化。而在跨期的情况下,将来各代人没有权利控制当前的政策。我们在社会积累上的选择反映的可能是我们自己的利益,而不是公平地在现在和将来之间斟酌。因此,虽然社会最优转移可以在当期情况下实现,却无法在跨期情况下实现。然而,可以说,无论我们怎样进行跨期选择,无论其反映了我们何种程度的偏见,为了保持一致性,我们应该坚持采用生命的货币价值而不是效用价值。

如果最后一点是被接受的,我们可能应该采取那些将老年人的生命看成年轻人生命价值很多倍的政策,这与很多学者通过计算生命剩下年数的方法完全不同。既然很难说服政策制定者接受经济学家采用生命货币价值的方法,那么我们也许可以与极左团体合作,坚持"人人平等",而不考虑年龄和财富,来达到我们部分的目的。这是多么有讽刺性啊!

数学附录

对于(4),(1)在(2)约束下的最大化得到:

$$c(t)=c(a)e^{(i-r)(t-a)/(1-\varepsilon)} \qquad (M1)$$

将(M_1)中的c(t)代入到(2)中,得到

$$\int_a^T c(a)e^{(i\varepsilon-r)(t-a)/(1-\varepsilon)}dt=Y(a) \qquad (M2)$$

合并,得出:

$$Y(a)=\left|\frac{1-\varepsilon}{i\varepsilon-r}c(a)e^{(i\varepsilon-r)(t-a)/(1-\varepsilon)}\right|_a^T$$

$$=\frac{(1-\varepsilon)c(a)}{i\varepsilon-r}\{e^{(i\varepsilon-r)(\tau-a)/(1-\varepsilon)}-1\} \tag{M3}$$

从上式得出：

$$c(a)=\frac{(i\varepsilon-r)\cdot Y(a)}{(1-\varepsilon)\{e^{(i\varepsilon-r)(T-a)/(1-\varepsilon)}-1\}} \tag{M4}$$

将(M4)中的 c(a)代入到(M1)，得到

$$c(t)=\frac{(i\varepsilon-r)\cdot Y(a)\cdot e^{(i-r)(t-a)/(1-\varepsilon)}}{(1-\varepsilon)\{e^{(ie-r)(\tau-a)/(1-\varepsilon)}-1\}} \tag{M5}$$

将(M5)中的 c(t)代入到(4)中，再把结果中 u{c(t)}表达式代入到(1)。合并后我们得到文中的(5)。

自述之八

我中学时,大部分时间在搞共产主义学生运动,读"左派"书籍,略有涉猎介绍达尔文进化论的读物,但认识不深。大学时,除了学生运动,花很多时间读马来文,没有读生物学的东西。约20年前,才开始在晚上或周末把进化生物学当成兴趣读物,自信深得进化论的精髓,并能举一反三,解释许多生物、社会、男女差异等现象,是我所有学习投资中,回报最高的。(最低的是马来文,因为后来离开马来西亚。)我认为所有高中生都应该修读进化生物学。

修读进化生物学的结果, 发现生物学者只从客观角度研究动物,没有从物种的主观感受或苦乐感受的角度来研究动物。在经济学,有所谓实证经济学与福祉经济学,但却没有福祉生物学。因此,本文提出研究福祉生物学。正像经济学有3个基本问题 (生产什么?如何生产?为谁生产?)我提出福祉生物学的3个基本问题。什么(Which)物种是有痛苦与快乐的感受的?它们的净快乐是正抑或负的(Whether)?如何(How)增加它们的快乐?并结合进化生物学与经济学试图回答这些基本问题。

也许有人会认为研究福祉生物学是舍本逐末, 我们应该以人为本,在人类自己的许多问题还远远没有得到解决之前,关心动物的福祉是错误的!如果用同样的推论,先进国家的人也必须说,我们应该以本国人为本, 在本国的许多问题还远远没有得到解决之前,关心其他国家人民的福祉是错误的!人类自己的或本国的许多问题,永远没有完全解决的一天。因此,这种推论,就是让各人与各国自己顾自己,不管他人(或其他动物)的死活。如果你自己是贫穷挨饿的人,或是被人类关在没有活动空间的在受苦的鸡鸭,你会怎么想?

比较重视自己家人、本国人、人类,是对的,但这不应该排除对其他人与其他物种的关心。

相当于非以人为本的落后思想,人本主义是一个重要进步,但最终应该进步到福祉主义,以所有有苦乐感受的个体的福祉为本。

福祉生物学初探:动物意识与痛苦的进化经济学 *

薛静怡　译

一、引言

人们已经从客观角度大量地即便不是完全地对生物学，尤其是种群生物学和动物行为学进行了研究,涉及以下一些问题,比如自然选择如何导致种群数量、生长速度或者生存能力的最大化,以及动物有怎样的行为。这些问题无疑是重要的,然而同样重要的一个问题是，在一个或者所有物种中有苦乐感受的个体(individual sentient)的福祉。这里,个体的(净)福祉或者幸福是它的(净)快乐,或总快乐减去总痛苦。

大多数学者们通常很不愿意去讨论主观的快乐和痛苦，而更喜欢去处理更加客观可测的量。事实上,就连他们在使用明显主观的关于幸福的用语比如“福祉”(例如,Wilson 1980,第 6 章)时,他们实际上指的是该物种的生存能力或者其数量上的丰度,似乎“福祉”的主观意义完全不属于科学研究的范围。这种趋势,部分是因为度量福祉的困难(但却并非无法克服,参见第 2 节),部分是因为受到实证主义，尤其是 Watson 与 Skinner 的行为主义的影响。然而,在我看来,客观研究的重要性并没有排除在某个或其他阶段处理快乐和痛苦这些主观变量的有效性,甚至是必要性。在重要的事情上大致正确,比在错误或者不现实的事情上非常精确要好得多。

---

* 《生物和哲学(10)》,第 255~285 页，Kluwer 学术出版社,印刷于荷兰,1995。我想感谢 S.E.G.Lea,F.M.Toates 和匿名审稿人,他们提出了很有帮助的意见。我也从在《心理学》的发布电子版初稿后的同行讨论中获益匪浅。

直到最近，要真正地讨论一些诸如意识之类的主观概念几乎还是会遭到排斥。在过去大约20年中，部分因为人们对动物福祉的关注不断增加，部分因为对极端行为主义[①]不合理性的认识，生物学者、心理学者和其他学者们已经开始探索动物意识的领域。(参见例如 Dawkins 1980,1990;Duncan 1974,1987;Gallup 1985;Gould 1985;Griffin 1976,1982,1992;Lorenz 1971,1977;Ristau 1991;Thorpe 1974;Wiepkema 和 Adrichem 1987;《应用动物行为科学》1989年2月刊整期)。

对极端行为主义的批评要追溯到 Chomsky (1959) 对 Skinner (1957)的巨著《Verbal Behavior》的书评，当时行为主义正处于鼎盛时期。不久以后，Burt(1962)强烈主张恢复对意识的研究。在书评中，他首先这样描述当时的情形："从 Watson 1913 年的宣言至今，已近半个世纪了。现在，绝大多数心理学者都追随他。结果是……心理学先是卖掉了其灵魂，然后又心神丧失，而现在看来已经垂垂待毙，完全失去了意识。"(第229页)

然而，30多年后，改变信仰的人数似乎仍旧没有超过固守信仰的人数。压制福祉、痛苦、意图等主观概念的企图仍然大量存在着(例如 McFarland 1989，第36页，第125页;Colgan 1989;Yoerg 1991)。不过，已有不少学者在改变态度。正如 Gallup 说的："以前我对学生说，没有人会听到、看过、尝到或触摸到心智。因此，心智可能存在，却不在科学研究的范围内。但是我现在已经改变了这个想

① 行为主义本身是好的，并且推动了心理学的重大进步。但是极端行为主义不接受对比如意识等的主观概念处理，从而阻碍了对福祉的科学研究。用 Maynard Smith 的话说(1984，在 Catania 和 Harnad1988 中再版，第53页)，"有时候把大脑看成一个黑箱，对心理学者来说是有效的，但是没有理由认为这个箱子就是空的"。一些反对意见声称意图和心智无关，并企图把万事万物(甚至善良的定义)归结为操作性条件反射(operant conditioning)，参见 Skinner(1981，第502~503页)。关于同行评论和 Skinner 的回答，参见 Catania 和 Harnad(1988)。

法。"(Gallup 1985,第 633 页),〔参见 Rollin (1989)为了变化的观点的评论史〕。

将福祉生物学(Welfare Biology)接纳为科学研究正当领域的时机已经成熟。本文的论点将能促成人们对此的认可,本文论述到福祉生物学是一门能独立于价值判断的实证科学(第 2 节),进化的逻辑有助于回答福祉生物学的基本问题,例如哪些物种是有苦乐感受的(第 3 节),"进化经济学"能够用于证明有苦乐感受的个体很可能因为无法成功交配而遭受负的福祉(第 4 节),种群动态学的简单模型能用于说明怎样才能使动物福祉大幅增加〔第 5 节和 Ng (1992b)(此文后来改写后,发表为 Clark & Ng 2006——译者)〕。

笔者的专业训练是福祉经济学。尽管做了大量努力,但是仍然会缺乏一些和本主题相关的许多领域的专业知识。无论如何,希望来自不同学科的观点可以带来全新的见解,并且能够激励相关领域的专家做出更严格的研究。正如 Dawkins(1990)提出的有趣的动物需求曲线正是评估福祉的方法之一那样,我们的更加概念性的分析并不想排斥其他概念性和经验性的研究。

二、福祉生物学和它的科学地位

福祉生物学是一门研究生物和它们所处的、与幸福或者福祉相关的环境的学科。"福祉"意味着什么呢?这里采用一个常识性的简单定义——有苦乐感受的个体的福祉就是它的净快乐。有苦乐感受的个体一段时间的 (净) 快乐是其那段时间中感受(affective feelings)的积分。如图 1 所示。

纵轴度量正的(快乐的)感受和负的(痛苦的)感受的强度。图 1 中的曲线代表了这种感受在不同时刻的强度。在任何一段时间中,有苦乐感受的个体的快乐正是在该时段中感受曲线的积分,正的感受计为正数,负的感受计为负数。换而言之,它的快乐是中性线(line of neutrality)以上的总面积减去中性线以下的总面积。

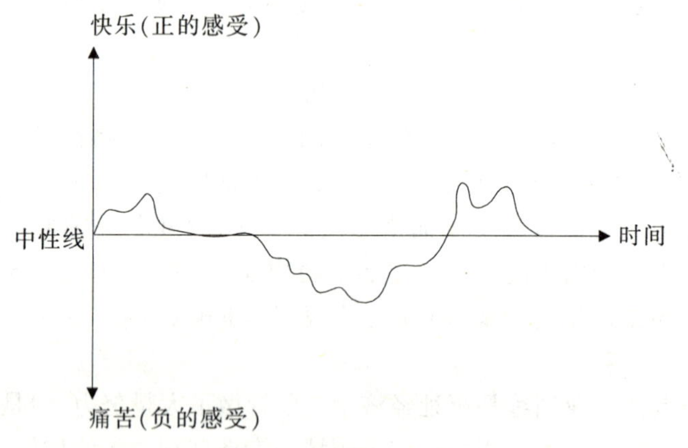

图 1

我们所说的正的和负的感受是指什么呢？正的感受是那些自身感觉良好的感受,包括感官享受和精神愉悦。负的感受是那些自身感觉不好的感受,包括感官痛苦和精神苦楚。

既然正和负的感受在性质上都有不同的类型，那么就出现了一个问题,即它们是否能够用一个标准去度量。这个问题哲学者们争论已久,比如诗歌与图钉的差别。我的观点是,性质上的重要差异能够归根为某种数量的差异,例如,更高的强度、持续时间、有利的副作用,以及对其他个体的外部效应等。性挫败可能比单纯的无聊重要得多,仅仅因为前者有更高的强度和副作用等。我看到美丽风景的感觉和享用一杯好茶的感觉也有着质的区别，因为这是两种不同类型的感觉。但是如果它们在强度、持续时间、副作用等方面没有差异的话,我根本不在乎我有哪种感受。无论如何,详细讨论这个古老的议题当然已经超出本文的范围了。

当然,在实践中福祉的测量充满困难。然而,随着辅之运用显示性偏好、测量镇痛肽、肾上腺皮层活动,以及事件相关电位等生

理相关物 (Donchin 等人 1983), 研究大脑刺激和像刻板行为 (stereotypies) 这样明显的行为模式, 以及调查对生存能力的效应等,将会给我们一个对于动物福祉(参照 Broom 1988)良好的即便不是完美的评估。对人类而言,运用问卷调查的方法可能比较有效(Ng 1975,1992a;Veenhoven 1984)。基于激发—反应 (stimulus-response)的心理物理学测量标准也可以用于人类和动物个体(例如,Cabanac 1979;Krueger 1989)。而且,正如以下第 3~5 节讨论的,一些基于合理假设的演绎推理也能给我们提供许多洞见。

"有知觉的个体"(sentients)通常被定义为能够通过感官,主观地感知或感受的生命体。其中不仅包括能够感觉快乐和/或痛苦的生命体,也包括只能感知事物而没有任何苦乐感受的生命体。原则上,可能存在一些有苦乐感受的个体,它们能够感知外部世界却没有快乐或痛苦的感觉。某一个体看到不同的颜色,可能会有不同的感受,然而却既不喜欢也不讨厌看到它们;它也可能有被触摸或者甚至被挤压的知觉,但是却没有感到痛苦或者愉悦。这样无苦乐感受的而有知觉的个体确实没有任何正的或者负的福祉。它们的福祉必然是零,正如无知觉的个体一样。因此,就本文的目标而言,重要的分界线不在有知觉的个体和无知觉的个体之间, 而在有苦乐感受的个体和无苦乐感受的个体 (无论是有知觉还是无知觉的个体)之间。

既然福祉生物学旨在研究有苦乐感受的个体, 许多学者们可能会对其科学地位有所保留,理由是,①福祉难以测量,②福祉是规范性的,从而使得福祉生物学不能成为一门实证科学。这样的想法很容易被驳斥。

测量的困难会使福祉生物学中的许多(但不是全部)论述难以有精确的表达形式,但是并没有使其不科学。许多公认的科学(例如考古学、宇宙学、气象学)也涉及难以精确测量的变量。当学者们为尽可能的精确而努力时, 这并不意味着他们应当回避重要的问题,仅仅因为很难达到完全精确。“而且,难以甚至无法把某事物的精确本质传达给他人,并不代表它不存在或者不重要。在许多事物的本质尚未完全具体地确定之前,学者们就早已对其做出有益的分析了。是否对所有重要的科学实体都能百分之百完整地描述,这是存在疑问的。……Darwin 和 Wallace 不可能直接观察和测算在遥远的过去,那些动植物是如何进化的。如果他们的推论就像毁灭性的完美主义……反对行为主义者研究动物意识那样也遭到禁止的话,那么最具深远意义的科学发展之一即便没有完全抑制,也将会被严重阻碍。”(Griffin 1992,p.6,p.23)。在注意到认知心理学者对人类和动物的精神意象成功的间接研究之后,Griffin (1992, 第 9 页)做出结论:“学者们不愿意关注动物认识或意识,似乎至少部分源于一种哲学上的厌恶,而不是无法克服的科学考察的障碍。”

倘若确实如此,福祉生物学不是一门实证科学的论点在方法论上是一个更有破坏性的议论。然而,事实并非如此。一门实证科学回答诸如“是什么?”的问题,而一门规范科学回答诸如“应该做什么?”的问题。福祉生物学回答比如“这只动物在受苦吗?”“它的福祉是正的吗?”这样的问题。并且,我们把痛苦和快乐定义为这一有苦乐感受的个体的负的和正的感受。虽然这些感受对这一有苦乐感受的个体而言是主观的,它们却客观存在着。正如我的牙疼对我来说是主观的,然而这一点并不使其不存在。

毋庸置疑,精神状态、意识和苦乐感受在其他至少某些物种中是存在的(Dawkins 1980,1990;Griffin 1992;Rollin 1989)。一些研究者通过对这些概念采用非常严格的定义来否认这种存在。例如,Maxwell (1984, 第 100 页) 否认所有的动物和人类婴儿拥有心智(mind),但却承认它们有“一些感觉……一些感受……但是没有更多的了”。可是感觉和感受当然是精神层面的。Gallup(1985)似乎相信高级灵长类动物拥有心智,但是怀疑低等物种是否拥有心智。这一点不足为怪,既然他把心智定义为“支配你自身精神状态的能力，以及相应的运用你的经验去推断他人经验的能力”(第 633 页)。这更像一个自我认知加上对他人精神状态的认知的定义,而不是“心智”的或者“意识”的定义。在最低程度地偏离惯常用法的同时，我倾向于把个体主观感觉或感受到的所有状态包括在“意识”的定义内。①

福祉生物学,作为一门科学,并不回答应该做什么的问题。例如,如果我们做 X 这件事,就能增加狗的福祉,然而就其本身而言并不意味着我们应该做 X 这件事。根据 Hume 定律,单从实证性的命题不能得出规范性的结论。为了得到规定性的论断,我们需要一些规范性的前提，比如:“在不减少其他有苦乐感受的个体福祉的情况下，增加一些有苦乐感受的个体的福祉是好的（或是应当做的)(即把帕累托标准扩展到包括所有有苦乐感受的个体)。这样一个规范性的前提对于多数人来说也许很合理并且可以接受。对于确实接受它的人来说，福祉生物学中的一些定理和这一前提相结合,也许就暗示着某些行动是合意的。但是这并没有使得福祉生物学自身是规范性的。有人可能(部分基于一些规范性的前提,部分基于另外一些判断)定下一项规则,即如果在建筑上合理,并且成本低于 Y 元,就应该建造一座桥。对相关情况的工程学和经济学分析可能显示,这样一座桥确实在建筑上是合理的,并且其成本小于 Y 元。加之给定的规则,这一分析就意味着应该建造一座桥。然而,这并不表示工程学和经济学分析是规范性的。规范性的部分包含在给定的规则中。

的确,研究对象的选择(例如福祉,而不是生命)可能会受到价

① 我所知的关于意识的最荒谬的观点是 Jaynes(1976)的看法,他把意识的存在等同于记录在心智空间中一个“I”的类似物的客观迹象(口头的或书面的),从而把意识的起源追溯到大约仅仅 3000 年前,远远在语言的进化(大约 40 000 年前)之后。如果第一次世界大战毁坏了所有我们在心智空间中可以推断“I”的类似物存在的历史记载,Jaynes 将会得出结论说意识仅仅出现在不到 100 年前。

值观的影响。可是,研究本身却能不受价值观影响。例如,即使考虑到它的长期副作用,对所有其他个体的外部效应和间接作用,我们也必须承认欣快剂的使用增加了如上定义的福祉。然而,对于使用欣快剂是否合意,我们就会问到照此定义的福祉是不是我们唯一想要最大化的东西。非功利主义的伦理学者可以用非功利的理由来反对使用欣快剂。但是,从伦理上反对使用欣快剂并不影响使用欣快剂增加或者(在一些情况下)减少净快乐这一实证性的结论,如果该结论成立的话。经济学者把经济学看作一门社会科学,认为它是一门回答是什么的实证科学。然而,如果经济学研究不能和一些价值性前提或者规则相结合,来讨论合意性或者某些经济政策问题的话,它就不那么有趣了。正如 A.C.Pigou 所说,得出结果比照亮更重要。于是,在经济学中,就有了一个良好发展的分支叫做福祉经济学,明确研究诸如资源如何分配,才能在其他个体的处境不遭到恶化的同时,使某些个体得到改善这样的问题。福祉经济学本身是一门实证科学(Ng 1983,pp.6~7)。然而,既然它和个体的福祉直接相关,因而其定理与政策规则是密切相关的。不过,我们能从逻辑上将实证性的福祉经济学分析和政策规则所必需的价值性前提区别开来。

类似地,生物学本身是非常有趣的学科。它的照亮作用给人以深远的启迪,同时也结出了丰硕的成果,例如,它成为医学的基础。可是,在其自身的范围内,它的照亮作用的一面远重于得出结果的一面。至少部分原因是不存在福祉生物学这一分支。多数生物学者很少接触到福祉问题。相反,多数经济学的学生会被要求掌握福祉经济学的基本原理。

对于以上反差的一个解释也许是,经济发展往往需要许多政策行动,而生物圈却需要维持它的自然均衡。这种解释并不很有说服力。多数经济学者也认为,在某些条件下,市场经济在自然均衡下最有效率。但是这并不意味着福祉经济学研究是毫无用处的。其次,如果没有福祉生物学的研究,我们怎样才能知道生物圈的自然均衡是合意的呢,即便我们都同意某个目标函数(比如一个随着各个物种的福祉——尤其是我们自身的福祉——的增加而增加的函数)?举例来说,如果所有的物种在自然均衡状态下深受痛苦,那么根据上述目标函数,这显然是一种不良状态。第三,严格地讲,在必然发生的人口增长、经济发展和技术进步面前,要保持自然均衡简直是不可能的。

我赞成我们在做任何干扰生物圈的事情之前要极其谨慎。然而,这并不阻止我们去研究福祉生物学。并且,想要完全不受价值观影响的生物学者可以把福祉生物学作为实证科学来研究,而不用它去支持做任何事情。这同样不阻止他人,作为公民,去做一些他们认为能够以微小的代价,而大幅增加动物福祉的事情。

三、第一个基本问题:什么物种具有苦乐感受?

这显然是福祉生物学的一个基本问题。如果一个物种的个体成员是没有苦乐感受的,那么这个物种并不直接属于福祉生物学的研究范围,虽然它们对其他物种的福祉的影响,还是福祉生物学者所应当考虑的。

尽管一般人普遍认为所有的动物都是有苦乐感受的,但是多数生物学者认为许多看似有苦乐感受的物种是没有心智的天生的死板自动机(“hard-wired”automata)。例如,Gould 和 Gould(1982, p.275)在谈及蜘蛛不用学习就能织网时,斩钉截铁地说:“无疑,这都是通过一个控制程序和几个子程序完成的,而不需要对问题的有意识的理解。”这可能是对的,但却不能说是“无疑”的。

多数生物学者持有与一般人相反的看法是可以理解的。许多动物的行为看起来是有目的、有理智,甚至是对当下情况的最优选择。但是,进一步研究之后,发现这些行为是由基因事先决定的、在适当的刺激下所产生的自动反应。例如，青蛙的头脑是由基因控制的，只对为数不多的刺激做出机械的反应。其中，它对微小移动物(通常是昆虫)的反应就是把它们吞入嘴中。不过，如果把它放在许多不动的昆虫面前，它就没有反应，饿死也不会去吃眼前那么多的昆虫。[①]青蛙的反应是否像计算机那样机械、毫无主观感觉呢？

青蛙确实能从它的经验中学习。但是计算机也能加上从它的经验中学习的指令(比如下棋)。同样，有人发现青蛙的脊髓(spinal cord)在与其头脑切断后，也还能学习(Rensch 和 Nolte 1949)。能够学习并不保证具有意识。

再举例来看，当鹅蛋从巢中滚出时，母鹅会用嘴小心翼翼地把蛋卷回巢里。这看来是应付意外的有意识的聪明举动。但是 Lorenz 和 Tinbergen(1938)发现，鹅也会把巢边的乒乓球、电池、玻璃品等卷回巢中。更有趣的是发现蛋跑出它的巢时，它会上前用喙把蛋轻轻地滚回巢。并且，当母鹅已经开始其卷蛋动作后，把蛋移走，并不能使母鹅停止其继续完成其卷那已不存在的蛋的动作。这使 Gould 和 Gould(1982，第 271 页)相信“卷蛋反应是一种无意识的程序，基于一套先天的识别线路，用于引发已经预置的、由中央协调的运动反应(motor response)”。

我们应当吸取生物学的知识，摆脱一般人的浅见，但是我们也应该注意避免走向另一个极端，即过早地否认多数显示出“天生的死板自动”行为的动物具有意识。我们知道(几乎百分之百地确信)，我们人类成员是有意识的，我们自身的许多行为也是天生死板自动式的，并且/或者可以被外界观察者认为是显得缺乏意识的。例如，上文谈及的鹅的“机械”反应表明，我们不能轻率地把看似有意图的卷蛋行为归结为意识的作用，然而，我们也不能断言鹅是无意识的。因为，以相同标准来衡量，我曾多次目睹自己是一个没有主观意识的机械体。〔以下这个例子是事实。关于强迫性行为的其

① 关于图解注释，参见 Jastrow(1981，第 60 页)。

他例子,参见 Toates (1990)]

当我刚开始学开车时,经常忘记在汽车变暖后把阻气阀(Choke)压回。有一次,我又忘记压回,而且为时很久,因此机件发出一种巨大的噪声。那次失误给我很大的惊吓,此后我就养成了一个习惯,总要去看看它,推推它,确保阻气阀已经压回,甚至在驾驶了很长时间之后,也时不时去注意一下。有趣的是,有时,当我在看过后已经知道了阻气阀已被压回,还是会伸出左手再把它压一下。这和鹅取回不存在的蛋如出一辙!如果按照我的意识水平,在知道已经压回之后,仍然会伸手再压一下,那么鹅,即使意识到那个蛋已经不存在了,也会继续卷蛋,遗传基因促使卷蛋的力量太强大了,以至蛋已经不在那里的信息都不能消除它。一方面我们必须避免认定每种明显有反应的生物(试想能够移动并捕获昆虫的植物)都有心智,另一方面要避免否认具有天生的死板自动式行为模式的生物也会拥有心智(试想我们自身的许多举动,比如膝跳反应,都是天生的死板自动式的),于是,对有意识的物种进行分类就变得非常困难。有没有一些原理或者方法能够帮助我们完成这项工作呢?我们既然因为其他人和我们的相似性、他们灵活的行为和交流沟通能力而认为他们拥有心智,那么也许我们能运用相似的原理于其他物种上。

如果我们不信奉万有灵论,并且相信心智的一个必备条件是能运作的大脑,那么一个物种的大脑结构及功能和我们自身的相似度,将会对我们关于其心智能力的判断起到重要影响。这样,有着进化良好的大脑皮层的物种会比那些大脑原始的物种更高级。然而,人们也必须在此保持谨慎。皮层也许对智力很重要,而大脑的低级部分和痛苦及快乐的感受联系会更加密切,或者至少能足以产生这些感受。就本文的目标而言,既然我们对感觉比对智力更有兴趣,那么就本文的目标而言,没多少理由把无皮层的物种区分开来。神经学在这里也许能提供大量帮助。[①]

另一个方面，一个物种和我们的相似性与其在进化阶段的地位是一致的。根据这个原理，灵长类比其他哺乳动物与我们更加相似，哺乳动物又比爬行动物更加相似，依次地，爬行动物比无脊椎动物更加相似。

我们认为行为的弹性(plasticity)和评估心智是否存在是相关的，部分是因为和我们自身的相似性，部分是因为缺乏弹性的个体可能只是无心智的、由基因控制的机器。而且，我们能从进化经济学的原理得出，没有弹性的个体就没有意识，如下所述。

(一)意识的进化逻辑[②]

一些有助于回答第一个基本问题的原理可以由以下公理推得，这些公理或在进化生物学中被确定，或在下面的讨论中被论述为非常合理。

公理 1：对生存能力没有贡献的主要机能不能保存。

这里，"机能"是指物种的任何器官或功能，例如动作的能力、眼睛等等。任何机能在维持和能量消耗上都有高昂的成本。如果它

---

① 意识的神经学肯定了这种观点，即在进化阶段中离我们更近的物种同样在大脑结构和功能上和我们相似。〔参见 Walker (1983)的评论。〕例如，Ojemann(1986，p.164)指出，"在网状激活系统 (reticular activating system) 中的丘脑皮层部分(thalomocortical portion)，我们有一个旧系统，不单是人拥有，动物也拥有，只是它被转变并适应于人类大脑了……因此，这个对意识经历至关重要的系统仅仅进化于4000年前是不可能的。"一些研究者(例如 Chapman 1990)认为只有哺乳动物才能感受痛苦，因为低等动物没有能够产生情感的边缘脑(limbic brain)。这可能是由于他们接受了 Cassell(1982，p.640)对痛苦的狭隘定义，即"由于人的健全受到威胁而引起的极度难受的状态"。同样，人们不能犯这样的错误，断言"喷气式飞机无法飞行是因为没有螺旋桨"(Dawkins 1990，p.50)。

② 意识(consciousness)是从类似于 Bunge(1980，p.175)定义"感知"(awareness)的意义上来定义的，他对意识有不同的定义。这里使用"意识"是因为说起"能感知的机体"会感觉不顺。这里的用法也符合通常意义上的用法。

对个体生存和繁衍能力没有贡献,它就无法和不保存那种机能的变异体竞争。〔例如,有一种蜘蛛,其交配时间很长,生物学者认为这是一个“问题”,只有用相应的利益才能解释。参见 Suter 和 Parkhill(1990)〕由于性选择和自然选择是共存的,某些性征可以被夸大到从整个物种来看是降低生存能力的程度,然而就个体而言却是与生存能力相一致的。既然“均衡”未必是静态均衡,那么“进化均衡”就不排除处于进化过渡期的物种,而进化均衡会排除很快被竞争淘汰的变异体。

由于进化必须在任何已有的基础上逐步发展,从生理学上看一个现有器官的存在并不一定是最优的(例如,熊猫笨拙的拇指;参见 Gould 1980)。一些微小残留物可能会在相对较长的时间内保留着。同样一些机能可能发展成进化的副产品而对生存能力并无影响〔关于这些问题,参见 Gould 和 Lewontin (1979)和其中的参考文献〕。把“次要的”机能排除在外,“主要的”机能一定有助于生存能力。此外,即使一个机能在考虑了其总维持成本以后,它对生存能力是中性的,但是除去这些成本,它对于生存能力仍然是有贡献的。因而,即便机能(包括“次要的”机能)从总体上看对生存能力是中性的,公理 1 也是成立的。

公理 2:意识本身不能对生存能力做出贡献,它只有通过影响个体的行动才能有所贡献。

这条公理不言而喻。如果一个有意识的个体,即使意识到捕食者的袭击即将来临,也不采取任何逃避的行动,那么,这样的意识无助于个体的生存。

公理 3:意识通过个体的赏罚系统来影响个体的选择,从而影响其行动。[①]

---

① 在某些情况下,意识可能只是“事后产生的想法”(Deecke,Grözinger 和 Kornhuber 1976;Harnad 1982)。如果意识一直只是事后产生的想法,那么公理 3 就不可能是正确的。但是即便如此,这并没有使得对于意识的科学研究是不可能的或是无趣的。

这里,“选择”与诸如反射动作之类的机械行为相对立,例如,动物的趾爪被烧到时就会把臂部缩回,这种反射动作不需要意识。事实上,疼痛的意识发生在缩回臂部的行为之后,这一点已经被确认了。前者发生在大脑中,而后者是在组织伤害发出的信号到达大脑之前机械地由脊髓产生的。不过,之后感到的疼痛有助于使个体避免将来再次被烧伤。

公理 4: 意识是神经系统进化而来的一种主要机能。

这条公理也许是有争议的。万有灵论者(他们认为所有的物质,包括无机物比如沙子、微中子,都拥有精神状态)当然不会同意。神造论者可能也会怀疑这条公理。然而,多数生物学者会承认意识是神经系统进化而来的功能。如果有这种认同的话,那么显然意识是一个主要的机能,而不仅仅是微小残留物或是进化的副产品。从无意识的物种进化到有意识的物种,一定是进化史上最伟大的里程碑之一。另一方面,如果万有灵论者是正确的,即所有物质都拥有意识,那么意识甚至不是一种进化而来的功能,更不用说次要的还是主要的。

从上述的公理,不难得出以下定理。

定理 1: 排除生存时间不长的变异体,其行为不具有弹性的物种是没有意识的。

这里,行为的弹性有别于基因预设的、由某种环境刺激而引发的固定反应模式。弹性要求个体有灵活性,能够在给定的情形下选择不同的反应。所有天生的死板自动式反应都是无弹性的。“天生的非死板”反应(“soft-wired”responses)(那些包含学习的反应)是不是有弹性的,取决于学习是否完全由基因所控制。如果是这样,虽然反应本身是非死板的,学习模式却是天生死板的(参见 Bunge 1980,第 45 页关于弹性的定义)。因此,无弹性行为的例子是习惯化作用(habituation)和印记行为(imprinting),而有弹性的例子是短尾猿洗土豆和牧羊犬放牧。[1]

如果意识是进化而来的机能(公理4),则它必须对生存能力有贡献才能在自然选择的竞争下生存(公理1)。然而,意识本身不能对生存能力有所贡献(公理2)。因此,如果意识能在自然选择的竞争中生存下来,则它必须通过影响个体的选择来影响其行动(公理3)。这种个体从定义上说是有弹性的。因此所有有意识的物种(排除生存不很多的变异体)都是有弹性的。[2]所以,定理1成立。

定理1帮助我们回答了第一个基本问题,因为有苦乐感受的物种必须是有意识的。这样我们就可以不必去考虑所有无弹性的物种。如果根据我们关于一个物种行为的知识,可以认为它是没有弹性的,那么我们就能把它当成是没有苦乐感受的。如果把定理1的适用范围推广到个体的某个部分,我们也可以排除脊髓本身具有意识的可能性,而单单哲学理论是不能排除它的。但是,定理1并不意味着所有有弹性的物种都是有意识的,也不表示所有有意识的物种都是有苦乐感受的。然而,我们可以得出一个定理(即下述定理1′)来确认后者,如果我们把公理3强化为:

公理3′:意识仅仅通过个体的赏罚系统来影响个体的选择,从而影响其行动。

---

① 行为的中间模式的弹性还需进一步研究。同时需要注意的是,虽然弹性对于意识是必要的,一个有弹性的个体的意识也可能会包含在它的一些非弹性的行为模式中。类似地,对工具使用的适应可能对我们复杂的手的进化至关重要,尽管手也用于不太复杂的操作。同样,行为弹性和大脑弹性(包括神经原功能的灵活性,突触沟和量子不确定性)的关系仍然需要探索。

② 定理1的真实性被广泛认可。例如,Bunge(1980,第74页)假设有弹性的神经系统是精神的"所在地"。这里我们方法的不同之处在于从某些更基本的公理出发推导出定理1。同样,Griffin(1984,1992)的许多讨论和他在其中引用的许多作者的论点很大程度上是基于意识和弹性的密切关系,尽管Griffin(1984,第7页)自己"认为弹性或学习对于意识思维可能并不是必需的"。同样参见Penrose(1989,第10章)的观点,即认为意识对于形成判断是必要的,以及Dawkins(1987)的论点,认为痛苦很可能产生于那些个体中,即它们有能力采取行动避免危险并能获取对生存能力有重要意义的事物。

公理 3′和公理 3 之间唯一的区别是增加了“仅仅”这个词,但是却产生了很大的不同。根据公理 3′(加之上述其他公理),我们可以紧接着定理 1 得出下一个定理。

定理 1′:排除生存时间不长的变异体,所有有意识的物种是有苦乐感受的。

这是因为根据公理 1 和 4 可知,意识必定有助于生存能力,而从公理 2 和 3′可知,它只能通过赏罚系统来对生存能力做出贡献。但是一个有赏罚(苦乐)系统的个体,根据定义是有苦乐感受的。

公理 3′比公理 3 是要有争议。人们可能认为公理 3′显然是错的,因为我们确实会有意识地采取避免死亡的行动,例如,没有苦乐的刺激,把头从下落的圆木底下移走。但是,这样的行动不是本能设定的吗,以至于即便我们可能的确意识到自己在采取这一行动,然而我们的意识却不对它产生影响?(Deecke,Grozinger 和Kornhuber 1976 年和 Libet 等人 1979 年报告的实验结果支持了这一点。)另一方面,对于那些我们有意识地采取的行动,难道它们不是被设定来确保我们的生存从而使我们能够享受日后的生活的吗?人们可能会认为公理 3′还存在另外一个问题。在某种程度上,人和其他动物似乎会采取一些并不增加他们生存几率的行动,例如,人们会为政治事业甘冒死亡的危险,猴子会辛苦劳作以获得痛苦的电击(McKearney 1970)。一种回答是说这些是有助于生存的进化过程中的副产品,也许只是暂时存在着的。更有说服力的回答是,人们能从投身于有价值的事业中得到精神回报,而猴子能得到兴奋的回报。但是,我们必须承认对于公理 3′,也许还有上述及下述的其他一些公理,仍然需要进一步的研究,才能更加确信它的合理性。

即使我们选择接受公理 3′,从而接受定理 1′,这也并不表示所有有弹性的物种是有苦乐感受的。因为定理 1 意味着所有有意识的物种是有弹性的,而所有有弹性的物种并不一定有意识。不过,承认这一点也并非不合理。

公理 5:有弹性的物种是有意识的。

给定某一刺激会引发固定的反应(不排除固定的学习模式),从这个意义上来说,有弹性的物种的行为不完全是被设定好的。更准确地说,它能在特定的情形下选择做出什么反应。很难想象无意识的个体能够有这样灵活的、不完全由基因控制的选择。由公理 1~5(除了公理 3′),我们得出:

定理 2:所有有意识的物种是有弹性的,并且所有弹性的物种都是有意识的。

如果我们把公理 3 强化为公理 3′,可以得出:

定理 2′:所有有意识的物种是有弹性的,并且所有有弹性的物种是有苦乐感受的。

定理 2′使我们把第一个基本问题从关于感觉状态的主观形式,转化为关于行为模式的相对更客观的形式。要判定一个物种是否具有苦乐感受,我们只要知道它是否有弹性。虽然对后一个问题的回答依然非常困难,但是它已经比第一个基本问题本身要好处理多了。

关于低级的脊椎动物和无脊椎动物是否有弹性的问题很有争议(参见例如 Griffin 1984)。许多生物学者更能接受高级的脊椎动物(鸟类和哺乳动物)是有弹性的。譬如,许多不以夏季飞虫为食的鸟类“关于是要在冬天迁徙还是停留下来,似乎在做着个体或群体的决定”(Walker 1983, 第 198 页)。另一个例子可以参见 Griffin(1984,第 140~143 页)对于鸽子的选择的实验评论。然而,想要确信哪些物种是有弹性的,我们还要做更多的研究。

以上 4 个定理所包含的关于有弹性、有意识和有苦乐感受的物种之间的关系可以由图 2 来描述。其中,内圈表示子集,但不一定是外圈的真子集。例如,定理 1 排除了有弹性的物种是有意识的物种的真子集的可能性,但是没有排除这两个集合相同的可能性。

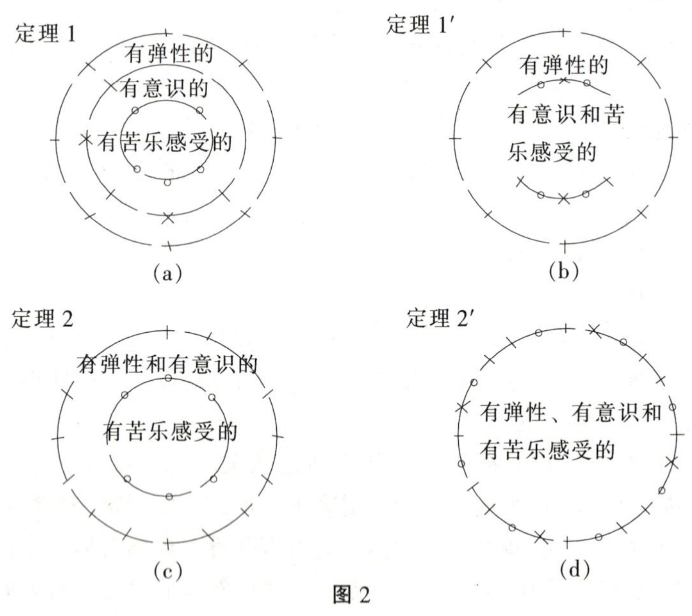

图 2

(二)苦乐感受的进化

众所周知,大脑超比例地消耗着大量的能量。例如我们人类大脑只占体重的2%~3%,它却消耗大约20%的能量。虽然大脑的功能并不都是意识层面上的(许多是在潜意识层面上的),但是无疑那些使个体形成意识的大脑功能必定是耗能的。所以,意识能够幸存于自然选择,是因为它不仅有助于生存,而且它的贡献大大超出了它给个体带来的能量消耗。

意识必须通过影响个体的行动,才能对生存能力有所贡献。但是为什么要花费资源去创造那些反过来影响行动的意识呢?为什么不直接把所需的行动都设定好,省得再用意识来调节?答案是,对于非常复杂的情形,进化并不能预先知道什么是正确的行动。当需要考虑的因素很多时,由基因来设定所有的最优反应,其成本太过高昂了。各种不同情况的组合是一个天文数字。[1]因而，对于需要处理相当复杂的情况的高级物种，更经济的做法是花费一些资源赋予个体以一个神经中枢，来识别环境并且视具体情况而临时决定最佳对策。例如，欧洲蛎鹬（主要以蚌类为食）开贝壳的技巧是学习得来的而不是天生具备的。较迟钝的学习者中的死亡率比较高（Norton-Griffiths 1969）。尽管天生具有这种技巧会避免这样的死亡，但是这很可能会消除对它的灵活运用，因为习得的技巧实际上也被蛎鹬用来吃其他带壳的软体动物（Walker 1983，第 204 页）。

随着有意识、有弹性的物种的进化，如何让个体用进化而得的意识和选择能力，来选择对生存有利的方案呢？如果严格地由基因设定来确保它们的反应是有利于生存的，它们就没有弹性了。而正如我们在上一小节看到的，这便使意识成为多余。进化（或曰“上帝”）通过赋予有意识、有弹性的物种以赏罚系统，绝妙地解决了这个问题。其中的准则是对符合生存的行为（比如饥而食，与健康的异性成员交配）赏之以快感，而对不利于生存的行为（比如受伤）罚之以痛苦。净快乐或愉悦的最大化为各种动机提供了量化的权衡，使得快乐成为一种统一货币（Cabanac 1992）。

实际上可以证明（在这一小节的以下部分，更严格的讨论参见 Ng 1992b[此文后来发表于 Journal of Theoretical Biology，1996——译者]），随着物种进化并且占据了越来越复杂的环境，自然选择有利于越来越理性的物种的生存。这里，更理性的物种定义为其行为

---

① 进化所采用的一个解决方案是在没有意识时，拥有预先设定的学习条件作用。这里，这些被定义为是无弹性的，因为它们不包含真正的选择。同样，虽然这个方案提高了个体应对更复杂环境的能力，但是它比不上意识选择所能实现的应变。正如 Lieberman（1990，第 285 页和 288 页）在综述了关于没有意识时的条件和强化作用的文献后得出结论，“当意识被严格评估时，除非主体感知到强化相倚性（reinforcement contigency），否则它们就没有在学习……如果有时学习确实在没有意识的情况下发生，这样的学习几乎一定是例外而不是惯例”。

(相对)更多地由赏罚系统而不是由自动的、不灵活的机械反应来控制的物种。

的确,"这个星球上的生命历程,不管是动物还是植物,也不管是脊椎动物还是无脊椎动物,都表明现在的个体之所以存活至今,不是因为它们只沿着日益复杂的单一道路前进, 而是因为它们拐转于多条道路,并且去适应那些叉开的道路所通向的任何环境。在一些情况下,那种适应要求个体复杂性渐增。在另一些情况下,那种适应则需要个体变得更加简单"(Hodos 1982,第 40 页)。然而,不能否认有些趋势倾向于更加复杂。大约 15 亿年前,最复杂的个体很可能比变形虫复杂不了多少。而在从蓝藻(约 30 亿年前)到现代智人(出现在仅约 4 万年前)的每个时期里,最复杂的物种的复杂性几乎是单调递增的。

大脑是已知的最复杂的物质,也是个体的控制中心,因此大脑和身体的比例是度量个体复杂性的一个标准。[①]一般来说,尽管存在一些重合,大脑的相对大小是按照鱼类、爬行动物、鸟类、哺乳动物以及尤其是灵长类动物的顺序而递增的。Hodos(1982,第 45 页)引用了 Jerison(1973)来反驳这一概述。不过,Jerison 经常被引用的数据和回归显然是支持这一概述的,即便有的话,也只是很少的重合。

在生物的进化之前,当时普遍的环境相当简单。简单生物体的出现增加了环境的复杂性, 而这种环境又促进了更加复杂的物种的进化。并且,较复杂的物种需要以相对简单的物种为基础。一个

① 一个更好的方法可能是测算对于 Jerison(1973,第 57~62 页)等式的一个正比例偏离, 该等式是: 大脑重量=体重的 2/3 次幂的常分数, 而这个偏离就是脑化商数(encelphalization quotient)。幂为 2/3 次是因为身体的表面积以平方增长,而体重随着长度、宽度和厚度成比例的增加而以立方增长。所以,2/3 次幂的增长只是用来调整身体感觉和身体移动的方向。超过的部分可以看作对智力的量度。如所期望的那样,现代人在这一量度标准中列居第一。

非常复杂的物种不可能从一个非常简单的物种经过一个突变进化而成。[①]这样,较复杂物种的进化使得更复杂物种的进化成为可能,并且使它们更有竞争力,因为它们创造的较复杂的环境有利于更复杂的物种的生存。因为简单的环境只要求物种有一些机械反应便可生存,环境越复杂,机械反应就越不成功,这便有利于更理性的物种生存下来。作为一个严格的定理,基于一些合理公理的对该结论的详细证明可见 Ng (1992b)[此文后来发表于 Journal of Theoretical Biology,1996——译者]。

四、第二个基本问题:福祉为正还是为负?

有苦乐感受的物种,它们的福祉是正的还是负的?这显然是一个极重要的问题。至少从福祉最大化的观点看(这可以被证明是理性的目标;参见 Ng 1989b,1990b),只有福祉为正的生命才值得存活。下面第一小节提出了一个概论,即多数无法成功交配的有苦乐感受的动物,其福祉为负。第二小节运用"进化经济学"论证了这一点。

(一)动物的痛苦

首先,动物和其他可能有苦乐感受的个体究竟是否遭受痛苦?任何人都无法用数学或者逻辑证明的方法来判定它们在受苦。从"证明"的意义上说,我们甚至不能证明任何人类或者其他有苦乐感受的个体是存在的,除了我们自己。不过,我们都承认当狗在受伤之后发出号叫,表明它感到痛苦,而多数有苦乐感受的动物在饥

---

① 尽管有比达尔文的渐进进化论更新的理论(例如间断均衡理论),没有人能设想猴子是从比方说鳄鱼戏剧性地突变而来。类似地,没人能有可靠把握,完全发育的处于智人水平意识和智力是一夜之间进化而来的。因而,如果我们承认意识是进化而来的功能,那么某种程度的意识一定存在于其他灵长类动物和哺乳动物中,如果先不论鸟类和低等脊椎动物的话。

饿时感到痛苦。我们承认这些主要是根据我们自己的经验和其他(我们可以询问的)在相似情况下的经验。然而,对于这些观点的另一个支持来自于进化论。进化而生的神经系统的赏罚中心,能帮助这些物种个体的生存,它们的行动(例如进食,交配)如果有益于基因的存活就会受到奖励,如果有害于生存状况(受伤、饥饿)就会遭到惩罚。这样,如果狗在受伤时没有感到痛苦,那么它们就不能存活至今。(关于估计动物的痛苦的方法,参见 Dawkins 1980,Morton 和 Griffiths 1985;关于测试动物的痛苦机能,参见 Vyklick 1984;关于生理和行为测度的有效性,参见 Barnett 和 Hemsworth 1990)

虽然动物确实受苦,但是它们在进食、玩耍和交配的时候也享受到了快乐,那么我们怎样推知它们的净福祉是负的呢?对于一个设法避免了挨饿并且得到交配机会的动物个体而言,它很可能享有正的福祉。然而,对多数物种和任何一个幸运的个体来说,还有其他几十、几百甚至成千上万不幸的个体,要么饥饿而死,要么被其他动物捕食,其中大多数还远远没有成熟到交配的程度。表 1 给出了关于所选物种在每个繁殖季节生育后代的平均数量。

在大致均衡情形下,一个物种个体的总数基本是稳定的,在每个母亲一生所养育的众多子女中,平均不会超过一个雌性能存活到成熟期,再生育下一代的子女。这样,从一个物种的产卵量中,我们能知道其中有多少注定要饿死或者被其他动物捕食。

物种对产卵量的选择并不是出于任何对于物种福祉的考虑,而是由基因的存活概率来决定。因为许多物种都难免要遭到捕食,于是它们便通过生育大量后代来确保物种的存活。的确,产卵量的加倍并不能使存活的后代数量加倍,事实上,超过某个点以后,可能还会减少。因此,进化不会带来无穷大的产卵量。一个物种的产卵量很可能最大化了存活的后代数量,也就是那些能够存活至生育第三代子女的后代。(参见 Lack 1954,Cody 1966,Parker 和

表 1　各个动物物种每个繁殖季节的后代数量

智人	人	1 个/胎
家犬	狗	7(1~22)只/胎
紫翅椋鸟	欧椋鸟	4~6 枚蛋/窝
东部箱龟	箱龟	2~7 枚蛋/窝
蛙类	牛蛙	6000~20000 枚卵/窝
褐鳟	鳟鱼	200~6000 枚卵/次
鲑属	鲑鱼	1380~2280 枚卵/次
美洲螯龙虾	美洲龙虾	8500 枚卵/次
海湾扇贝(扇贝属)	普通海扇贝	2000000 枚卵/次
美洲牡蛎	东方牡蛎	500000~1000000 枚卵/次
黑腹果蝇	果蝇	100 枚卵/雌蝇
斑黄胡蜂	白斑黄蜂	25000~35000 枚卵/蜂后
家蝇类	家蝇	75~200 枚卵/雌蝇

注:摘自 Solbrig 和 Solbrig(1979,第 37 页)。

Begon 1986)①

如果无法存活下来的失败者的福祉为负，那么自然选择的结果远未使物种福祉最大化,反而接近于使痛苦最大化。

对多数物种而言,一项极大的享受来自于交配。(这一点有明显的进化论的解释。)然而,为了增加成功存活的几率,许多物种都是只让极少数最体强力壮的雄体有机会与雌体交配。这样,一般的个体注定要挨饿,被捕食,或者在交配的竞争中遭到失败。很难想象,这些个体的福祉会是正的。因此,虽然无法用数学来证明,但是

① 由于父母有可能存活到未来的繁殖期，在一个繁殖季节的产卵数实际上代表了它从当前的繁殖中获得的生存能力和它存活到未来繁殖期的可能性之间的一个折中(Williams 1966;Murray 1979)。如果我们用个体一生中的产卵总量代替每次产卵量,的确这就和我们此处的目的更加有关了,那么最大化存活后代数量的结果会更接近指标。

逻辑推理告诉我们,在任何情况下,那些无法成功交配的有苦乐感受的个体,其福祉水平一定是负的。由此可知,在其他条件相同的情况下,如果我们减少这些痛苦个体的数量,我们就能提高总体福祉水平。

(二)无法生存的个体确实遭受痛苦,上帝赋予的公平?

一个基于进化的简单论断,能支持我们对于多数物种中无法生存的个体遭受痛苦的认识。我们先问,为什么我们在进餐时感到快乐,在挨饿时感到痛苦?答案是基因设定了正确的激励,让我们去做有利于生存的事情。但为什么要有痛苦?为什么不让我们在挨饿时有较少的快乐而在进餐时有较大的快乐?如果两者的快乐量相差足够大,我们仍然会做出"正确的选择"。关于痛苦的存在,在下文中解释。

第一,享乐和受苦在能量需求、组织维护等方面都需要耗费成本。因此我们在绝大多数时,例如在没有挨饿、进餐或性交等的时候,我们既没有快乐,也没有痛苦。(如果我们能被设定成在多数时间感觉狂喜就好了。)第二,继续增加一单位的快乐(痛苦)所带来的额外(或边际)成本会随着快乐(痛苦)量的增加而增加。也就是说,每单位成本所能取得的快乐(痛苦)有边际报酬递减的作用。[①]第三,痛苦的成本(一般化的资源成本,而非主观的福祉成本)未必大幅小于快乐的成本,而也许会更大。

---

① 在极低范围刺激—感觉水平(stimulus-sensation levels)和痛觉闸门控制学说(gate-control theory of pain)(Melzack 和 Wall 1965)意味着我们没有严格连续的反应。为了简便起见,离散的情况忽略不计,并且把边际成本递增作为一般规律。对刺激—感觉反应函数的心理学研究得出了和边际感觉递减相一致的结果(例如 Fechner-Weber 定律:感觉=k log 刺激,Stevens 的幂律;参见例如 Luce 和 Galanter 1963;Krueger 1989)。尽管这些涉及客观刺激,但是用个体所负担的成本来替代并不影响结论,如果该成本是刺激的一个比例函数,或凸函数的话。即使是一个凹函数,其凹性必须足够大才能抵消感觉的凹性,其中感觉是刺激的函数,这一点几乎是不可能的。

在上述三个一般性的条件下,附录A证明了以下定理是成立的。

定理3(佛教假设):如果成本和快乐与痛苦的函数是凹的并且是对称的,那么进化促成的经济化会导致总痛苦超过总快乐。

在证明上述定理时,附录A也表明那些有更高成功率的物种,(如果成功的话)其享受到的快乐相对于失败所遭受的痛苦要更少一些。于是,物种之间就有了上帝赋予的(或进化创造的)公平,这是一个完全出乎意料的结果。

我知道定理3是有争议的,在其推导中所运用的各种条件需要进一步讨论。这里的要点在于,动物享有正福祉还是负福祉的问题是至关重要的,并且需要进一步的研究。概念分析和实证研究,对于扩充我们的知识都是必要的。

五、第三个基本问题:如何增加福祉?

如上所述,多数有苦乐感受的动物中,至少那些不能成功交配的动物,其福祉很可能为负。我们的第三个基本问题就是,什么是增加它们福祉或者减少它们痛苦的有效办法。这个问题的答案是范围非常宽泛的。这里,仅仅对根据上文结论得到的一个关键方面进行讨论。一个基本观点是,如果无法生存的个体的福祉为负,自然选择在导致增长最大化的同时,会造成巨大痛苦,而与福祉最大化的要求相背离。

考虑一个简单的例子,即在没有资源限制时一个种群的指数增长。自然选择促成的增长最大化并不一定使福祉最大化,这一点只要对未能生育就死亡的动物和生下后代的动物加以区别就可以看出。其他方面比如生育能力、世代长度、年龄结构、性别等的差别则忽略不计。假设自然选择使得每个成熟个体产下10个后代,其中3个能存活到成年期来养育下一代子女。这一(无性)种群的数量就会以每代 3 倍的显著速率增长。然而，这一数量上的快速增长可能就相当于痛苦的增长。例如，假设每个能够生育后代的个体一生得到 2 个单位的福祉量，而每个未能存活到成年期的个体一生得到-1 单位的福祉量。那么，对于每个成年个体的 10 个后代来说，它们的总福祉量是 2×3-1×7=-1。从任何假定的初始种群数量(比如 10)出发，其负总福祉量会随着每代 3 倍的种群增长速度而呈指数剧增（例如-10、-30、-90、-270、-810，……仅仅20 代以后便达到-34 867 844 910)。

另一方面，假设把每个成年个体的生育率从 10 降低到 5，存活到成年期的个体数量就会从 3 跌到 2。那么，种群数量就会达到每代只增加 2 倍(而不是 3 倍)。对于每个成年个体的 5 个后代来说，即使假定成年个体和未成年个体的福祉量没有增加，它们的总福祉也将达到 2×2-1×3=+1。我们现在得出了对于任一成年个体的后代的正总体福祉量，而不是负总体福祉量。这一正福祉量同样以每代 2 倍的速度呈指数增长(比如 10，20，30……在仅仅 20 代后便达到 10 485 760)。在上述的自然选择使得增长最大化的情况下，正福祉量的指数增长比痛苦的指数增长更符合福祉最大化。

以上关于正福祉量和痛苦呈指数增长的例子并不能准确描述增长和福祉的最大化。增长和福祉的最大化不仅涉及一些技术细节，还提出了一些有趣的问题，比如应当最大化的是平均福祉还是总体福祉(即每个个体的平均福祉乘以个体的数量)，如果是前者的话，那么应该取什么时间段的平均值。这些有趣的问题在 Ng (1992c)［此文修改后发表为 Clarke & Ng，Social Choice and Welfare 2006——译者］中有所讨论，可以证明增长最大化导致了总痛苦的增加，并且对于无论是指数或非指数增长，它与平均福祉或总福祉的最大化都是不同的。更加重要的是，对于两个互相竞争的物种，Lotka-Volterra 模型提出均衡种群数量只取决于资源和初始种群数量的大小，而不受内禀增长率的影响。这表明，在不牺牲均衡种群数量的条件下,通过降低出生率(从而降低无法存活的个体与存活个体的比例),可以使福祉量大大增加。并且,这个重要结论能推广到多个物种,以及比如共生等的非竞争关系和更为复杂的交互关系。

这一节的结论和 Ng(1992c)可以归纳为:

定理 4: 一个物种的后代数量在使得存活率最大化的同时,也导致了巨大痛苦,并且有别于使福祉(平均或总体)最大化的数量。在 Lotka-Volterra 的竞争物种模型及其推论中,不同出生率的选择并不影响均衡种群数量。福祉能在出生率较低时大幅提高,而不必减少(均衡)数量。

六、结论

综上所述,进化经济学和种群动态学的逻辑分析有助于回答福祉生物学的基本实证性问题。在结论部分,让我们暂时离开纯粹的科学论述,而主要来谈谈一些规范性的方面。

上述定理对于我们应该如何正确地对待动物有重大意义。例如,即使我们想避免给动物带来痛苦,定理 1 意味着对于没有弹性的物种我们不需要这样做,因为它们根本没有意识,更不用说有苦乐感受了,因此不会感到任何痛苦。进一步研究的一个重要领域是确定各个物种的弹性。另一个重要领域在于进一步考察在推导定理的过程中所采用的各种公理或假定是否合理。

Segal(1990)问,为什么目标强化(objective reinforcing)和厌恶刺激(aversive stimuli)的明显存在还不"足以证明关心动物福祉是正当的……为什么要把主观感受、精神痛苦……掺和进来?"答案很简单,因为这类客观反应在我和多数人的道德体系中没有任何道德意义。自动的避害反射(nociceptive reflex)在没有痛苦感受的情况下也会保护个体免受灼烧造成的组织损伤(比如截瘫的人上脊骨受伤,但是却有完好的下脊髓反射)。如果昆虫只有这样的反射而没有苦乐感受(Eisemann 等人 1984;Fiorito 1986;Rowan 1990;Wigglesworth 1980),它们就没有什么快乐或痛苦需要讨论。多数生物学者认为生存能力是判断什么对于一个个体或物种是有利或有害的最终标准。然而,很显然,如果多数人(以及大概多数动物)和他们的后代都必然会受苦的话,那么他们就不会愿意出生、活得很久并生育许多后代了。生物学者早就应该更多地考虑福祉,而不是生存能力。

尽管我同意 Singer(1990)的观点,即所有有苦乐感受的个体的福祉问题属于理想伦理的范畴,[①]但是我认为理想伦理和受自利影响的实际政策是有区别的(Ng 1989a;Gray 1990)。对于后者,我们需要更多广泛公认的标准。首先,很有说服力的是,如果使一些物种的福祉增加而不减少其他物种的福祉,那么这便是一个良好改进的充分(但不是必要)条件。[②]进一步说,许多人也许愿意承认以

① 利他主义的伦理观点完全不同于表观利他主义(apparent altruism),表观利他主义产生于最大化整体生存能力的群体选择。一些对 Singer 的评论完全忽略了相关的伦理论点。当 Singer 说,"我必然会想象自己过着所有被我的决定所影响的生活……",这些生活不仅是客观环境的结果,而且是有苦乐感受的相关个体的任何主观(生物或心理)因素的结果。因此,不可能得出这样的结论:"……假设我格外强硬……那么我可能会偏好一些其他人认为太严重的行动和政策"(De Grazai 1990)。同样,如果给予自己的孩子、邻居、同伴等等更多关心,会由于生物、心理和诸如委托和血缘等的社会因素而更多地增加福祉总量,那么这种特别的考虑并不违背伦理原则,就福祉的终极效应来说,所有有苦乐感受的个体的福祉应当平等对待。(比较 Ng 1990b 中对非终极考虑与基本价值之间的混淆的讨论)。

② 如果一个物种中所有个体的福祉增加或至少没有减少,那么该物种的福祉得到了增加是没有异议的。随着福祉在物种内和个体间的变化(正的和负的),那么认为物种的福祉得到了增加是更有争议的。(关于这种情况下的合适的社会福祉函数有一篇大文献;参见 Mueller 1989 和 Ng 1983 第 5 章的评论。)然而,的确有一些情况下,可以说整个物种的福祉得到了增加。因此,把关于个体福祉的帕累托标准推广到物种福祉是合理的。或者,一些读者可能愿意用(任何物种的)"个体"来替换文中"物种"一词。

牺牲较少的人类福祉来大幅提高动物福祉是理想的。的确,这要涉及物种间的福祉比较,这样的比较虽然难以精准,但却并非没有意义(Ng 1990a)。我们也许对于某个特定情形下的确切的种间比较会得出不同的结论,也会在关于付出任一人类福祉成本需要带来多大动物福祉增加才算合意的问题上有不同意见。然而,多数人会同意,倘若福祉的增加相对成本而言足够大,那么这就是一个理想的改进。我提出的满足这条标准的实际改进是,确立工厂式农场经营的最低法律要求,使其中的动物的福祉提高到零或者甚至一个正的水平。为过度拥挤的鸡、猪等增加50%的生活空间能大大减少它们的痛苦,而人类只需要付出微小的成本,即肉价的小幅提高。(Toates 认为"这将通过多种生态效益来增加人类福祉"。)工厂式农场主们利己主义的反对很大程度上是源于无知。因为这些行业很有竞争性,倘若这一规则在整个经济中得到了实现的话,在过渡调整期以后并不会有永久损失。如果农场和工厂的动物福祉能增加到正的水平,人类食肉实际上是增加了那些动物的福祉。那么根据广义的功利主义,就没有道义上的原因去做一名素食者。(不过素食可能会有其他非功利或非道义的理由,比如健康。)

另一方面,尽管应当消除对实验动物的残暴和所施加的不必要的痛苦,但是严格地控制动物实验可能会阻碍科学进步,以致从长期来看会最终严重损害动物福祉。大规模减少动物痛苦依赖于持续的科学进步。例如,我们第 4 节和第 5 节的分析表明,动物的痛苦能够通过降低出生率而大幅减少。然而,这类可能在整个生物圈中产生重大反响的激烈措施,几乎不可能在不久以后被采用,它的可行性关键取决于科学的巨大进步。因此,拯救动物依靠科学进步,而严格地控制动物实验从长期而言会使动物福祉的增加适得其反。动物福祉的拥护者们更加明智的做法是提高工厂式农场的饲养标准,而非加强对动物实验的控制。

对动物福祉和科学有共同利益的另一个方面是在于增加科学

研究的基金,尤其是福祉生物学和相关的学科领域,比如生态学、动物行为学、遗传学、神经学、心理学和生理学。科学整体和这些具体学科的进步不仅增加了我们的知识,为人类福祉做出了贡献,而且最终将带来动物福祉的剧增。并且,经济学者和公众很可能高估了基金资助的经济成本。多数经济学者强调用税收补贴公共开支的超额负担,而多数纳税人不愿意支付较高的税负。"但是由于环境破坏和相对收入效应产生了大量生产和消费的负外部性,所以必须对多数商品和服务征税,以达到原先的最优效率水平,实际的超额负担可能比传统[经济]分析所说的要小得多,甚至是负值……GNP 的净增长(即使没有收入分配的恶化)可能也会减少福祉,除非实行环境保护和其他改善福祉的措施……因而,尽管提高财政收入会带来超额成本(超额负担、管理成本、遵从成本和监管成本),在适当的领域(例如研究)增加更多的财政支出可能仍然会改善福祉"(Ng 和 Wang 1993,第 19~20 页)。

有人可能认为我提出的从长期而言减轻动物痛苦的办法非常冒险,生态系统太危险,因而我们不应该去干预。以我们当前的科技水平,我完全同意这种意见,并且不赞成在近期就采取行动。然而,这不应当阻止我们想要去了解得更多,并且希望在将来能减轻动物痛苦。有些人可能认为我们永远不应当去考虑干预生态系统。这可能很符合像我们这样享有正福祉的幸运物种的意图。但是倘若我所说的多数其他有苦乐感受的物种在承受着巨大苦痛是对的话,那么该怎么办呢?当我们确信用对我们而言很小的代价和风险能大大减少它们的痛苦时,我们应当小心地去帮助它们还是含糊地拖延?同样,如果穷国的人民在遭受着贫困的巨大痛苦,而如果富国的人们只要面对极小的恶化全球环境的风险就帮助他们实现发展、摆脱贫困,这种帮助应当发扬吗?倘若你也是受苦的穷人,又会有何感想?倘若我们也是受苦的物种之一,又将如何?至少让我们都认识到应该把更多的资源投入到福祉生物学的研究中去。

附录 A

苦大于乐的佛教假设的证明

运用 4.2 节所说的三个一般性的条件，图 3 描述了这种情形。这里，快乐和痛苦的成本被视为相等，所以曲线关于原点是对称的。很容易看出,无论是在给定资源成本的条件下最大化主观感受(subjective experience),还是在给定主观感受之差的条件下最小化资源成本,最优解都包含两个对称的点例如 E 和 S,其中一点(E)表示正快乐,另一点(S)表示等量的正痛苦。(为了简化起见,我们只考虑结果是完全成功或完全失败的情况。)放松对称假设以后,这两个点表示的(快乐和痛苦)量就会不等,但未必改变 S 表示正痛苦的结果,除非快乐的成本比痛苦小得多。通常,双倍奖励正确行为比奖励正确行为并惩罚错误行为要付出更大成本。

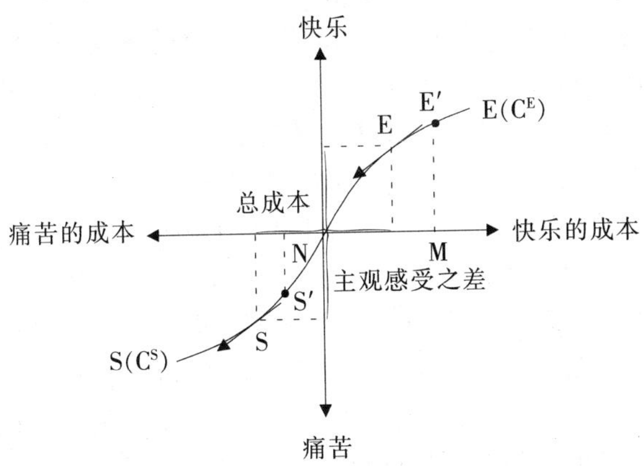

图 3　上帝和有苦乐感受的个体的博弈

即使图 3 的赏罚曲线对原点是对称的，如果成功和失败的个体数量有差异的话，快乐(E)和痛苦(S)也未必是对称的。(在图 3 中，E 和 S 的位置隐含着一个假定，即一个成功者对应一个失败者。)这一点可以从下面的分析中得出。

假设快乐 E 和痛苦 S 的值都是相应成本 C^E 和 C^S 的函数。如果对于每一个成功者，我们有 n 个失败者，那么在 C^E+C^S=常数的约束条件下最大化 $E(C^E)+S(C^S)$，可以推得以下一阶条件，

$$nE_C=S_C \quad \text{(A1)}$$

其中 $E_C=\partial E/\partial C^E$，$S_C=\partial S/\partial C^S$。如果 n=1，并且 $E(C^E)$ 和 $S(C^S)$ 是相似函数，我们便得出图 3 中的对称解点 E 和点 S。如果 n=2，我们则得到非对称解点 E′和点 S′。(若 $n\neq1$，可能会存在一类复杂的个体。考虑到避免 S 而获得 E 的相对概率，可能结果就和等式 A1 不同了。然而，这个附录的最后面五段证明，即便考虑这种复杂性以及相关的资源约束，等式 A1 的结果也不会改变。)

假设 $E(C^E)$ 和 $S(C^S)$ 如图 3 大致是相似的或对称的话，(A1)的结果是非常有趣的，因为它意味着在物种之间有一种上帝赋予的(或进化创造的)公平。那些拥有较高成功概率的物种所享有的快乐相对于失败的痛苦(图 3 中 E 相对于 S)会小于那些拥有较低成功概率的物种(E′相对 S′)。然而，本附录的目的是证明多数物种中失败的个体得到负的福祉。事实上，我们出乎意料地得出了一个更强的结论。至少在对称并且 n>1 的情况下，在图 3 显示的有关函数的凹性合理假设下，我们从(A1)得出总痛苦(nS)大于总快乐(E)的结论。例如，如果 n=2，对于每个有正福祉 E′M 的成功个体而言，都存在两个分别有负福祉 S′N 的失败个体。容易看出因为点 S′和点 E′满足(A1)，所以 2S′N>E′M。于是，我们这里的分析表明不仅失败的个体遭受痛苦，而且失败个体痛苦量的总和超过了成功个体快乐量的总和，因为 n 一般远大于 1。这一点可以归纳为定理 3，它证明了关于痛苦的佛教假设是正确的。

即使快乐和痛苦函数不是像图 3 中显示的那样是凹的，把痛苦加之于失败者仍然是使存活率最大化的，因为成功和失败之间还存在着中间状态。为了说明这一点，假设快乐和痛苦函数如图 4 所示，并且 n=1。如果我们只有成功或失败两种状态，那么点 E 和点 S 表示的对称解并没有使主观感受之差最大化。点 E′和点 S′表示的解以相等的成本达到了更大的主观感受之差。

然而，在成功和失败之间存在着中间状态。事实上，失败和成功有不同的程度，多数时候，个体可能只是处于中性状态。为简化起见，只考虑失败和成功之间一种中间状态。那么，解 E 和 S 在中间状态 S′下仍然对应着相同的总成本。另一方面，解 E′和 S′以及在中间状态 E 下对应着更高的总成本。为了保持总成本不变，我们可以在中间状态 S″下选取结果 E″和 S′。这和对称解 E，S 及S′相比，对应着更小的主观感受之差。在多数时候个体处于中性状态，这是确保失败与痛苦相连的一个重要因素。

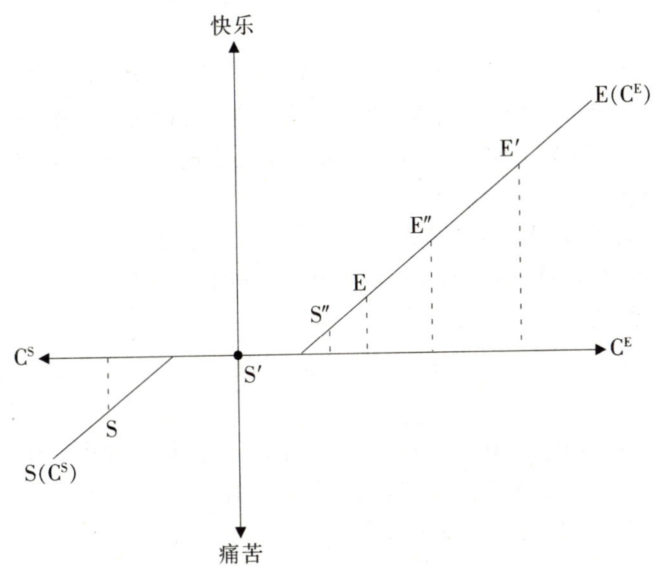

图 4　中性的中间状态的含义

尽管 $n\neq1$,(上帝安排的)E+S 的最大化似乎是基于一个隐含的假定,即物种中的个体很简单,都只受 E+S 的激励,而不考虑避免 S 和获得 E 的概率。

事实上我最初的直觉告诉我，对于一个能充分考虑到相关概率的完全理性的物种来说，上帝不能通过选择 E′、S′来“愚弄”他们,而是不得不返回到 E、S,尽管 $n\neq1$。然而,下述分析证明这个看似合理的直觉并不正确。

一个完全理性的个体会最大化它的期望净福祉:

$$P(Y)E-\{1-P(Y)\}S-D(Y) \tag{A2}$$

其中,P 是在成功时得到快乐 E 的概率,而 Y 是个体为获得成功而付出的努力(根据“资源”消耗来计算),而 D 是这些努力对于个体的(主观)负效用。

最大化关于 Y 的(A2),我们得出一阶条件:

$$E+S=D_Y/P_Y \tag{A3}$$

其中下标表示偏微分。这样,给定函数 D(Y)和 P(Y),假设满足二阶条件,那么 E+S 越大,个体就有激励去付出更大的 Y。如图 5 所示,更大的 Y(比如 Y^2 而非 Y^1)对应于更大的 E+S,因为 D_Y/P_Y 随着 Y 的增加而增加。

因为 Y 本身是耗费资源的，所以在上帝的最大化问题中 C^E+C^S=常数的约束可能是不充分的。然而,同时考虑 Y 并不改变我们先前的结论,下文将加以证明。

为简化起见,我们忽略个体差异,以及随时间而变化的多重相关事件等复杂因素。

上帝(或进化)在一定的资源限制下,最大化物种中一个代表性个体的成功存活概率 P。假设其他因素都是外生给定的,这一概率是努力 Y 的增函数,而 Y 又是激励 I 的增函数。

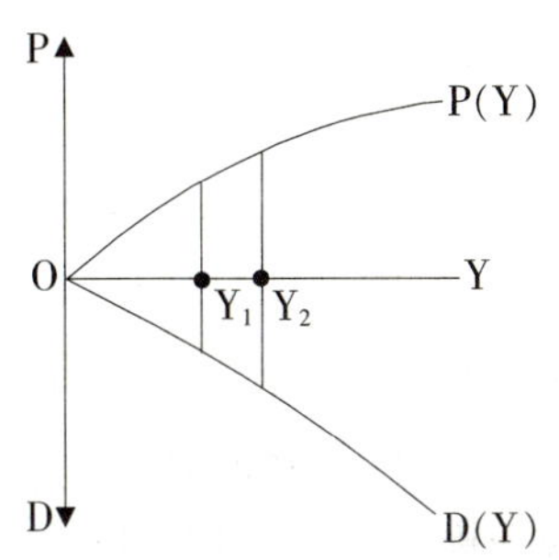

图 5　理性且有苦乐感受的个体的选择

如上所述,就算对理性的物种而言,这个激励也只是快乐 E 和痛苦 S 的简单加总。(为简化起见,我们只考虑完全成功或完全失败的结果。)

E 和 S 分别是与 E 相关的成本(C^E)以及与 S 相关的成本(C^S)的函数。"资源"限制即所耗费的总成本不超过定值 $\bar{R}$。如果代表性的个体有成功概率 P,至少平均而言,则种群就有 P 比例的成功个体,和 1–P 比例的失败个体。这样我们可以把资源限制(按照单个个体来计)写成

$$PC^E+(1-P)C^S+Y=\bar{R} \tag{A4}$$

假定可微性以及满足二阶条件,在(A4)下,对 C^E 及 C^S 把 P 最大化,得出以下一阶条件,

$(1-P)E_C=PS_C$(A5)

这和(A1)是相同的,因为 $n=(1-P)/P$。

这样就大体说明了将努力 Y 包含在资源限制中并不影响我们的结论。其原因并不在于 Y 适用于所有的个体,因为 Y 不是常数。更恰当地说,这是因为目标 P 只有通过 Y 才能提高。(在我们的模型中)上帝只能在 C^E 和 C^S 之间做出选择,从而通过 Y 最大化 P。因此,一阶条件(A5)仍然与(A1)相似。在更完整的分析中,我们需要对用于构建函数 $E(C^E)$ 和 $S(C^S)$ 本身的资源建模。如果我们再次假定其中边际报酬递减,我们的基本结论仍然不变。

自述之九

几乎所有经济学者都知道，福祉经济学有第一与第二定理。第一定理证明，在没有空气污染等外部成本等条件下，一个有完全竞争的市场经济的全局均衡是帕累托最优的。这个定理的假设条件虽然很不现实，但这个定理非常重要，因为我可以用它作为现实经济在什么地方违背效率的参照。不过，帕累托最优可能是两极分化下的效率极大化。然而，第二福祉定理证明，任何一个帕累托最优的经济情况(包括平等与两极分化)都可以由一个有完全竞争的市场经济来支撑，如果人们的禀赋(承继的财产、关系与生来的赚钱能力)有适当的分配。当然，这禀赋并不是平等的，因此第二福祉定理有其局限性。不过，第二福祉定理使我们看出，不是市场机制本身造成不平等，而是不平等的禀赋(及与市场的相互作用，因为禀赋的大小一方面也取决于价格，尤其是生产要素的价格)。

福祉经济学第一与第二定理，体现了从司马迁(《史记·货殖列传》)到亚当·斯密关于市场机制的自动与有效的调节的思想，解释了自利行为如何达致帕累托最优解。然而这些理论都没有证明，如果一个人、一个群体、一个部门、一个国家(或者一些国家)富有化了，或发展了，他人或他国也会从中受益。假如这一定理是正确的，显然就应该成为福祉经济学第三定理。这定理虽然并不一般地成立(考虑污染、不完全理性等，第一与第二定理也不成立)，但是，正如这篇1996年的文章所述，该定理的主要方向还是正确的。从一般趋势上说，一个群体或一个部门的富有化(enrichment)能够从整体上使他人得到经济改善。认识到这一点具有重要意义，因为当今世界是一个互相依存的、处于重大转型中的世界。这对于亚太地区，尤其是中国，尤为正确。东亚的许多经济都在以(或接近)两位数的年增长率飞速发展。应用这“第三福祉定理”可以推论出，中国的高速发展，对其他国家整体而言应该是有利的。(详见 Siang Ng 2002。)

一个部门(个人、地区或国家)的经济富有化将有益于其他部门:福利经济学第三定理?

薛静怡 译

一、引言

对于日常的面包和黄油,我们并不依赖于他人的利他主义,而是通过其自利行为来获得。亚当·斯密解释了市场经济的自然运行如何利用人们对个人利益的追求来实现集体利益,这不仅是经济分析中的伟大成就,并且也具有深远的实践意义。当前东欧的转型、反政府管制的趋势以及几乎全世界的经济都往市场化方向的转移,从某种程度上说,这都与对无形之手的认识有关。在现代经济学中,福利经济学第一、第二定理表述了这一灼见:①资源和物品在竞争性均衡下的配置是帕累托最优的;②每一种帕累托最优的配置都能通过对初始禀赋的适当分配来实现[①]。

但是,亚当·斯密的证明和福利经济学的两个基本定理都没有充分解释为何他人的自利行为会使我们受益。这些理论解释了自利行为如何达成帕累托最优解,然而都没有证明如果一个人、一个群体、一个部门、一个国家(或者一些国家)得到了诸多改善,他人也会从中受益。假如这一定理是正确的,显然就应该成为福利经济

① 第二定理通常被误解为“每一个帕累托最优配置都可以通过适当的对禀赋的重新分配,作为一个竞争均衡来实现”。这一表述的合理性依赖于一个不现实的假设,即一次性转移的成本为零。然而,尽管表述更为正确的第二定理是更加温和的,但是其政策含义仍然成立,即平等主义的目标应该通过收入转移而不是通过干预市场的有效运作来实现,如果我们认识到这种扭曲的措施也有反激励效应的话。参见 Ng(1984),文章论述了尽管可能存在次优的复杂情况,但是无论归谁,一元就应该视为一元。

学第三定理。第三定理不存在的原因很简单,就是因为它不成立,至少从当代学术期刊所要求的一般标准来看并不成立。但是,如下所述,该定理的主要方向还是正确的。从一般趋势上说,一个群体或一个部门的经济富有化(enrichment)能够从整体上使他人得到经济改善。认识到这一点具有重要意义,因为当今世界是一个互相依存的、处于重大转型中的世界(参见 Jones 1995)。并且,这对于亚太地区尤为正确,那里的许多经济都在以(或接近)两位数的年增长率飞速发展。尽管强调严格性和一般性并非没有益处,但是它有碍于对这一定理的认识,从而很可能会阻碍亚当·斯密精神的传播,及其对现实经济的影响。

既然我们看重的是定理的主要方向和现实性,下面的讨论将有意识地用尽可能简单的方法来阐述。在语言和简单图像足以说明问题的地方,就不使用数学,即使这在一定程度上有失一般性。读者只要掌握基本的微观经济学知识就足以理解本文了。

这一基本定理背后的直觉是对贸易收益的扩展。一个个人或一个国家(或一些国家)从与其他各方的贸易中获利,而后者也得利。任何一方的经济富有化通常都应是有益于其他方的,因为它们相当于获得了一个更大的贸易伙伴。同时,当一个人增加了他的商品供给,并且增加量大于一个无穷小量时,商品的边际价值就会下降,他只能获得的报酬等于商品供给量乘以已经下降的价格。但是,增加的供给所带来的价值是边际价值曲线以下的面积。于是,供给的增加至少给这个经济/世界的其他各方带来了一个曲线三角形的利益。

这里的部分讨论类似于一篇关于增长对国际贸易的效应的老文献(例如 Hicks 1953;Johnson 1957;Findlay 和 Grubert 1959)。但是,尽管从这篇文献中可以推断出某些与我们这里的问题相关的含义,但它主要关注的还是对于增长中的国家自身的福利效应,而不是世界的其他各方(因此强调的是增长是否会导致自我贫困化)[①]。另一方面,更近期的关于荷兰病或 Gregory 论点的文献——最初的论文由 Gregory(1976)和 McKinnon(1976)发表——关注的是在一个与世界其他地区有贸易往来的国家内部,一个部门的扩张对于其他部门的效应,它有效地包含了一个第三方。并且,这两篇文献中的全部讨论都仅限于完全竞争的模型,而本文的第 6 节将对垄断势力的情形进行分析。

二、对基本定理的一些限制

对该基本定理的讨论需要加上一些限制。第一,它只适用于某些富有化途径,一个个人、群体、国家等等(以下称为一个部门)可以有许多富有化途径。首先是所谓超经济途径 (extra-economic ways),无论是合法的还是非法的。非法的超经济途径包括例如盗窃和谋杀某人的竞争者。合法的有和一个富人结婚(这同样适用于国家,例如东西德统一)。超经济富有化途径不在本文的讨论范围内。显然,盗窃会给他人带来经济损失。

一种半经济性的富有化是通过披露引导性信息或操纵民意来增加他人对其产品的需求。产品需求的增加也可能是被动地来源于由收入、偏好、技术或价格引起的外部需求的变化。部分是因为其半经济或被动的本质,部分是为了缩小讨论范围,本文对这种富有化途径也不做讨论,除了在第 7 节中考虑的移民和人口增长的情形。

排除上述两个例外以后,让我们来采用一个较小的 (经济上的)富有化的概念,从而缩小讨论范围并使之更加精确。富有化是指在经济上变得更加富有——拥有更大的购买力,或者掌握更多

① 即使没有不利的贸易条件效应,但是当国内扭曲存在时,也可能发生。参见例如 Bhagwall(1971),Chao 和 Yu(1991)。

可以销售的(人力或非人力)资源、物品和服务(定义为商品)。排除上述两个例外并有了这个定义以后,可以看到一个部门唯一的富有化途径是提供更多的商品。这一供给的增加包括:①生产一种新产品(使供给从零开始增加);②使用更便宜的方法来生产某种产品;③发现新的资源;④提供更多的劳动(减少对闲暇的消费)。(在一个对富有化的更现代的定义下,最后一种方法并不能实现富有化,而只是重新配置时间)。我们的任务是考察一个部门增加了对某种商品的供给以后,其他部门将会得益还是受损。

第二个局限在于它把其他部门作为一个整体来考虑。显然,如果一个部门通过降低其所售商品的价格增加了自己的财富,其他一些严重依赖于这种商品供给的部门却可能由于降价而受到损失。问题在于其他部门(即除了最初实现富有化的那个部门之外的部门)作为一个整体是获得了收益还是遭受了损失。分配和不平等问题不在本文讨论范围内(有关这方面的内容参见,例如 O'Neill,1995;Krugman 和 Venables,1995)。

第三个局限是其他部门作为一个整体获益和受损的程度由收益和损失的总货币价值来衡量(这样就忽略了分配效应),而非由主观效用或者其他一些可能会产生争议的标准来度量。所以,接受这一定理并不妨碍有人认为尽管其他部门的总货币效益是正的,但是用主观效用来度量的话,其影响会是负的。然而,至少在一国的背景下,对于一个采取再分配措施的国家而言,这种主观性考虑的意义并不很大,关于无论归谁一元就是一元的第三优论证(Ng 1984)和从长期看分配效应会被抵消的论述(Hicks 1941;Polinsky 1973)都有力地证明了这一点。并且,本文结论部分也说明了大多数的富有化也有使其他部门趋于均等化的效应。

第四(虽然这可以看作上述局限三的一个方面),我们只讨论客观的经济效应,而非可能带有一些主观性的效应,例如考虑相对收入、与你的邻居攀比、妒忌、程序偏好(procedural preference)(有关内容请参见 Ng,1989)等等。显然,在比较之下,一个部门的富有化会使其他部门相对变差,并且如果这种因素很重要,其他部门就会在主观感受上绝对受损。

我们的基本定理仅在其大体方向上是成立的，这意味着在一些特殊情况下,一个部门的富有化会使其他部门受损。事实上,正如著名的贫困化增长文献所揭示的那样，在某些特殊情况下,“富有化”部门本身可能会受损(而其他部门会得益)。不同的特定情形会产生不同的结果,这一点在关于转让问题(由 Eaton 综述,1989)的长篇讨论中也是广为人知的。尤其在某些特殊情况下,甚至(通过物品转让)提供援助的国家会获益,而被援助国会受损(Ohyama,1972;Gale,1974)。同样,我们不可能证明一个部门的富有化总是有利于其他部门的。道理很简单,因为这是不正确的。

三、对其他部门的效应:两种相反的情形

由于我们关注的是一个富有化部门对其他部门作为一个整体的一般效应，因此我们仍然可以使用最简单的在不同资源禀赋下的 2×2 交换模型，而将其他部门放在一起作为与富有化部门相对的一个部门来考虑。

图 1 中 Edgeworth 盒描述了富有化前的情形。这里,假定双方都是价格接受者,这样均衡就由提供曲线(offer curves)的交点决定。在理想情况下,每个部门中都有许多个体经济人。(第 6 节讨论了放松价格接受行为后的情形)。贸易开始前的状态是 P 点,α 部门只有Y 物品,β 部门只拥有 X 物品。贸易均衡在 E 点实现,在 E 点 α 部门的提供曲线 F_α 与 β 部门的提供曲线 F_β 相交。曲线 $O_\alpha EO_\beta$ 是契约曲线 (contract curve),PE 的斜率是用 Y 来表示的 X 的均衡价格。

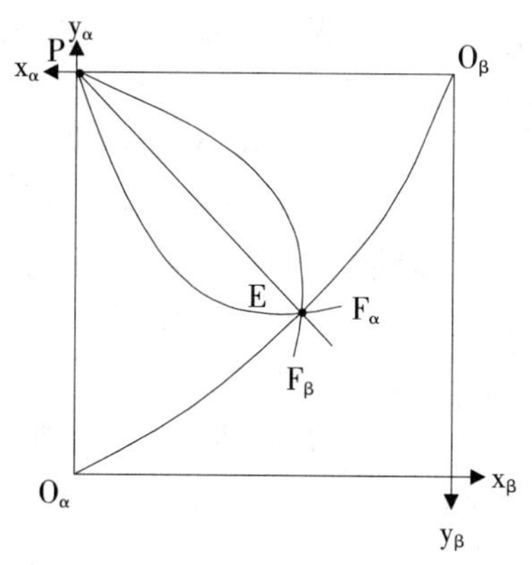

图 1

现在试想 β 部门通过使其禀赋 X 从 $O_\alpha X(=O_\beta P)$ 增加到 $O_\beta X'$ $(=O_\beta'P)$ 而获得了经济富有化,如果这一增加使其提供曲线转移成图 2 中的 F'_β(虚线),那么新的均衡点 E′包含了 α 部门的改善。因为 α 部门的无差异曲线是在 E 点与 PE 相切的曲线,因此如果均衡点 E 是稳定的,那么 E′便位于一条更高的无差异曲线上。(不稳定的情况将在后面进行讨论)。下面来证明,一般情况下,提供曲线会像图中所示转移。

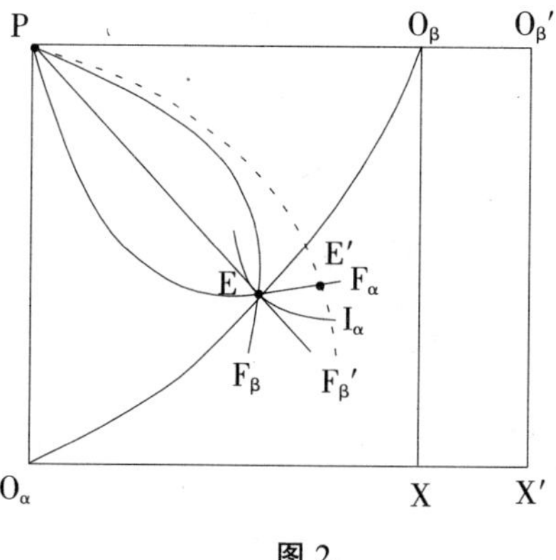

图 2

如图 3 所示,在 X 的供给从 $O_\beta X(=O_\beta P=O_\alpha X$,见图 2)增到$O_\beta X'$前,β 部门的提供曲线就是 XF_β。如果 β 部门的无差异曲线是彼此的水平位移(X 的增加不会减少 X 对 Y 的替代率),那么增加 X 的供给并不会改变关于 X 的提供曲线(即向右平移至 XF_β,但是并没有改变图 2 中的 PF_β)。但是，水平位移是一种非常极端的偏好类型,它意味着 Y 接近于一种劣质品。假设 Y 是一种正常品,那么新的提供曲线 $X'F_\beta'$将位于 $X'F_\beta$ 的左边。换句话说,当 β 部门对 X 的供给增加以后,它为了换取 Y 而提供的 X 也增加了。那么,在图2中,提供曲线便向右旋转至 F_β',从而 X 部门得到了改善。

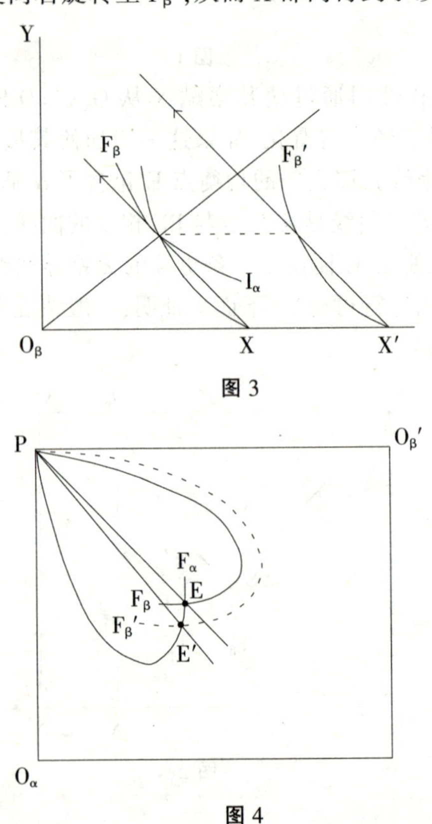

图 3

图 4

如果提供曲线如图4所示那样相交，那么β部门的供给增加似乎反而使α部门受到了损失,因为E′位于α部门的一条更低的无差异曲线上。但是,这种情形所包含的是一种不稳定的均衡。忽略虚线F_β',斜率PE′所代表的(X的)非均衡价格高于其均衡价格(PE的斜率),在PE′价格下,X的供给实际上超出了X的需求。如果我们排除这一不稳定情形,并假设一般而言产品是非劣质品,那么我们就得到了下面的定理。

定理1:一个部门的富有化,通过增加其他部门向其购买的商品的提供,也使其他部门作为一个整体得到了改善。

接着,试想先前并不自己生产Y商品而是向α部门去购买的β部门,通过对Y商品供给的增加从而获得富有化。现在,假设X是正常品,那么如图5所示,β部门中Y商品可得性的增加将使其对X的提供曲线从XF_β减少至$X'F_\beta'$。供给的减少实际上使α部门受到了损失,这也可以在类似于图2的图中进行证明,这样我们就能得出另一个定理。

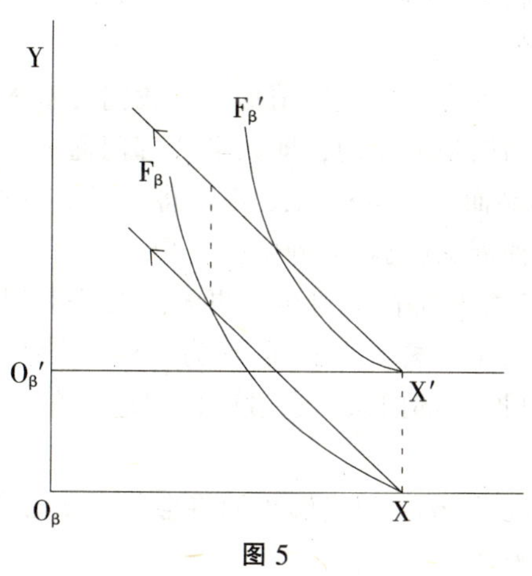

图5

定理 2：如果一个部门开始提供原先从其他部门购买的商品，那么由此该部门的富有化将使后者受损(忽略贸易逆转的情形，这将在第 5 节中加以考虑)。

由此看到，一个部门的富有化将使其他部门得益还是受损取决于该部门增产的商品最初是出售给其他部门的，还是向其他部门购买的。

因此，看来好像得不到一个放之四海而皆准的论断。但是，正如下一节所论述的，能证明基本定理有效性的一种情形仍然可以作为一个基准。

四、对其他部门的效应：基准情形

在上一节中，为简化起见，我们把贸易前的状态选在完全专业化的情形，α 部门拥有 Y，β 部门拥有 X。

更加一般化的情况是，每个部门都提供某些数量的每种产品，但是由于禀赋和偏好的差异，它们仍然互相交易，图 6 的实线部分描述了这种情况。

在这样一个更为一般化的情形下，我们的基本定理作为一个普适性的论点仍然是成立的，即如果 β 部门通过生产更多的它所出售/购买的商品而获得富有化，α 部门将趋于得利/受损。那么我们能否说出哪一种情况(或者某种中间情形)更加普遍呢？我们先验地认为，一般来说，β 部门通过生产更多的 X 来获得富有化的可能性和生产更多的 Y 一样大。然而，作为一种基准情形，从期望平均来看，我们可以把 β 部门认为通过同比例地增产 X 与 Y 来实现富有化。

在这种情况下，α 部门能够预期将会得益于 β 部门的富有化，这可以用图 6 来证明。

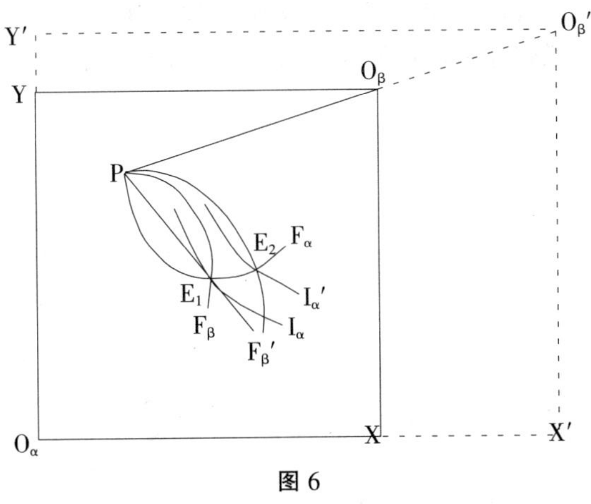

图 6

β 部门同比例增产两种商品就使得 Edgeworth 盒从 $O_\alpha XO_\beta Y$ 扩大到 $O_\alpha X'O_\beta'Y'$,而贸易之前的位置 P 点没有改变。生产的增加使部门 β 的提供曲线从 F_β 扩大到 F_β',从而改善了 α 部门的贸易条件(从 PE_1 变为 PE_2),由此 α 部门便得到了收益,即 E_2 点比 E_1 点位于一条更高的无差异曲线上。

图 7 说明了 β 部门的提供曲线将会扩大。生产的同比例增加使贸易前的点从 P 移到 P′。如果 β 的偏好是位似(homothetic)的,提供曲线就会从 PF_β 变为 $P'F_\beta'$。尽管位似偏好的假设非常严格,但是如果期望它对每一具体情况都普遍适用的话,它就可以作为一种基准用于期望的平均情形。另外,位似对于提供曲线的扩大并不是必要的。在平行于 PE_1 的价格线 P′S 上,如果 β 的无差异曲线与直线 P′S 的切点位于 S 点(使 E_1S 平行于 PP′的那一点)的上方,提供曲线就会扩大。由于 Y 不是劣质品,这就排除了切点位于 T 点下方的可能。如果我们把 Y 商品的强非劣质性定义为切点在 S 点上方,那么强非劣质性就是保证提供曲线扩大的充分条件。位似意味着强非劣质性。因为位似本身对我们此处的目标而言是一个合理的基准,所以尽管强非劣质性略带一些人为构建的痕迹,然而却并

非一个不合理的假设。同时需要注意的是,只有对富有化部门β才需要位似或强非劣质性假设。从以上讨论中,我们可以得出另一个定理。

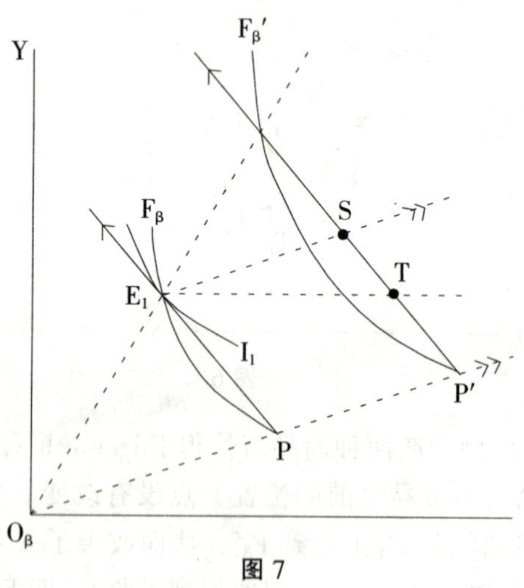

图 7

定理 3:如果一个部门同比例增加所有商品的产出水平,那么它在由此实现富有化的同时,将使其他部门作为一个整体而受益。

尽管我们的证明采用的是 2×2 模型,但是定理 3 也适用于任意商品数量的一般情形。然而,因为我们考虑的是产出水平的同比例变化,所以我们可以把 α 部门卖给 β 部门的不同商品放在一起看做一种复合商品,把 β 部门卖给 α 部门的看成另一种复合商品。并且,由于我们只关注一般趋势,任何由于商品间的交换而产生的微小差异,如果存在的话,都可以认为它们会互相抵消。

某些读者可能对定理 3 基本上运用的作图推理的方法感到怀疑,附录 A 部分在一个采用 Cobb-Douglas 效用函数的基准情形下,更加严格地确证了定理的合理性,其中 Cobb-Douglas 效用函数能够产生位似无差异曲线。附录 B 部分在一个允许产出水平随着相对价格而变化的更为一般化的情形下,证明了同样的定理。

如果富有化是由一个中性的技术进步和/或所有投入品的同比例增加而产生的，那么在富有化部门β对发生变化的产出价格率做出反应之前,生产可能性曲线会位似地外移,这样的话所有商品产出水平同比例增加的情形就是符合实际的。然而,如图6所示，富有化会导致一个有利于α部门的新的价格率，我们必须同时允许β的产出会对价格率的变化做出反应。这一调整在于生产更多的Y和较少的X,这将从某种程度上抵消图6所示的从PE_1到PE_2的贸易条件改善,从而α部门的得益会小于图6所显示的得益。那么这一调整会大到完全地或更多地抵消图6中α的得益吗?显然，答案是否定的。这一调整是对价格率从PE_1(图6)发生变化而做出的反应,如果调整大到使PE_2回到PE_1,那么就等于没有任何调整，这显然是一个矛盾!无论是什么情况,附录B部分证明即使β部门对变化的价格率做出充分调整,一般而言α部门仍然会得益。

五、供求分析

在本节中,我们用简单的供求框架来解释这一基本结论,即一个部门的富有化一般会趋于使其他部门作为一个整体而得益。有人可能认为用这个框架来分析本质上属于全局均衡的问题是过于片面了。但是,在一个两商品模型中,瓦尔拉斯定理告诉我们一个市场的均衡意味着其他市场的均衡。因此,供求分析并不比两商品的全局均衡分析限制性更强。并且,对于同比例的变化,我们可以把在一个部门富有化过程中所有供给增加的商品当作一个商品，所有其他商品合并成另一个复合商品。的确,即使供给是同比例增加的,这一组商品内的相对价格也可能发生微小变化,同样组外的商品相对价格也会变化。因此,严格地说,复合商品定理在这里并不完全适用。但是,因为我们考察的是一般趋势,并且由于相对价格的略微变化而产生的微小偏差可能是发散到各个方向的，所以我们可以忽略这种变化，这样就可以采用供求分析了。

一个部门只有通过增加某种商品的供给才能使自己得到经济富有化（如前第 2 节）。图 8 描述了富有化部门 β 中这种商品的供给和需求（在左侧，数量轴从原点向左度量），其他部门作为一个整体（α）。最初忽略运输和交易成本的贸易均衡价格是 P，β 向 X 提供 AB（=CD）数量的商品。β 的富有化将使其供给曲线从 S_β 变为 S_β'。因为这一富有化增加了 β 部门的实际收入，图 8 所示的对这种商品的需求也会增加，从而使需求曲线变为 D_β'。但是，在我们的非劣质性假设下，需求的变化还不足以抵消供给的变化。（如果需求变化会抵消供给变化，那么其余的商品就都是劣质品。）这样，均衡价格就降到 P′，此时 EG=IL，α 部门的得益可以用 CILD 这块面积来度量，即该部门中消费者剩余的增加 PP′LD 减去生产者剩余的减少 PP′IC。[①]

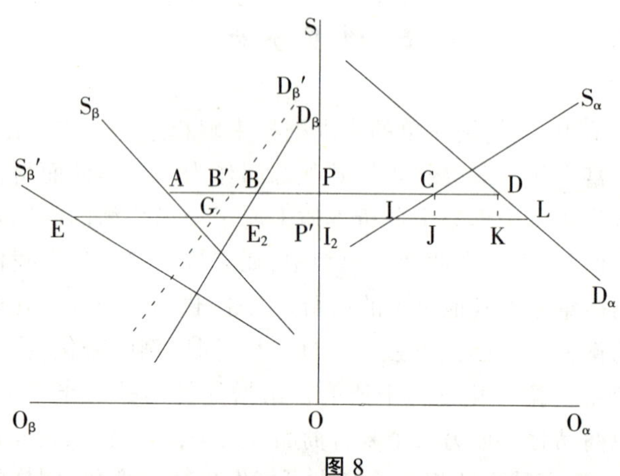

图 8

现在来考虑这种商品最初由 β 向 α 购买的情形。如图 9 所示，

① 尽管有一些理论上的模糊性，但是运用需求曲线和价格线所围成的面积来度量消费者剩余的变化仍然是可以接受的，见 Ng（1983，第 4 章）。

起先均衡价格是 P,β 向 α 购买 AB(=CD)数量的产品。如果 β 供给的增加大到使 S_β 下降至 S_β',S_β'与新的需求曲线 D_β'交于 F，此处F与 S_α 和 D_α 的交点 E 处于同一水平位置，那么 α 与 β 对该商品的贸易就完全不存在了。α 部门将会遭受 CED 面积的净损失,即生产者剩余的损失 PP′ED 减去消费者剩余的得益 PP′EC。如果新的供给曲线与新的需求曲线 D_β'的交点低于 F,即 S_β''的情形,那么就会产生贸易逆转。现在 β 部门向 α 出售该商品。这是上述定理2 的一个特例。这种贸易逆转的情形同样可以在近似于图 6 的图中来描述。其中 β 部门只增加它对 Y 商品的供给。这一供给增加可能大到逆转其提供曲线(从提供 X 变为提供 Y)。Edgemorth 盒提供曲线分析的好处在于可以同时描述两种商品，但是它无法像消费者剩余面积那样量化这些效应的大小,而供求分析则可以量化。

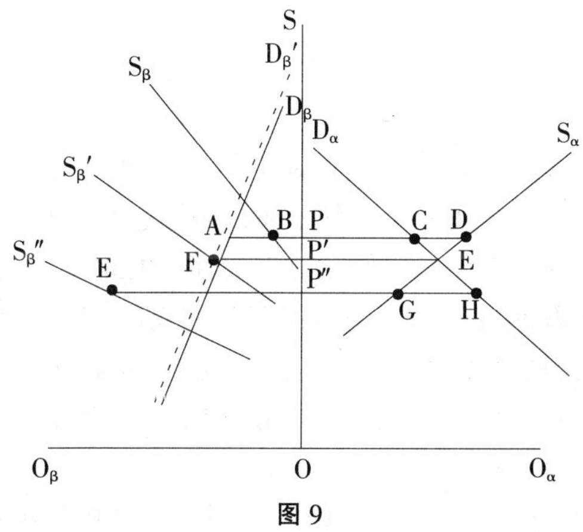

图 9

比较图 8 和图 9,我们可能也会注意到:①如果 β 部门增加其原先就向α出售的商品的供给量,α部门从中得到的最小收益是最初的贸易量(图 8 中的 CD)乘以价格的下降(即净收益 CILD 大于面积 CJKD);②如果 β 部门增加其原先向α购买的商品的供给,α部门从中受到的最大损失是最初的贸易量(图 9 中的 CD)乘以价格的下降。换而言之,最大损失 CED 小于 CD 乘以 PP′。并且,会造成损失的最大价格减少量的极限是 PP′, 此后如果价格继续下跌,就将带来收益。综合第①、第②点,我们可以从供求分析中得到如下结论, 一个部门的富有化平均而言会使其他部门作为一个整体而得益。

从上述分析中也可以清楚地看到,其他部门的边际收益(成本)通常随着某个部门富有化的程度而增加(减少)。总收益以一个递增的速度而增加,因为收益,例如图 8 中的面积 CDKJ,是随着供求曲线以一个递增的速度而增加的。这一点同样在附录 A 部分的 Cobb-Douglas 情形下得到了证明。这样,我们可以得出下一个定理。

定理 4:一个部门的富有化平均而言会使其他部门得益,总收益将随着富有化程度以一个递增的速度而增加。

六、垄断势力

前面的分析都假设富有化部门是一个价格接受者, 从而采用提供曲线和供求分析是合理的。那么如果它有垄断势力又如何呢?本节证明这并不影响基本结论的有效性。因此,尽管这里的结论仅仅从大体上看或者从期望平均而言是成立的, 但却并不适用于所有具体情况,从这个意义上说,它比福利经济学第一和第二定理缺乏一般性, 然而由于它适用于存在垄断势力的情形, 从这个角度看,它更具有一般性。

假设剩余的经济/世界 (即 α 部门仍然是价格接受者, 允许 β 部门利用其垄断势力沿着 α 的提供曲线最大化自身效用。这样在富有化之前,β 达到了 E 点,如图 10 的实线部分所示。在该点处,α 的提供曲线 PF_α 与 β 的最高无差异曲线 I_1 相切,P 是贸易前的禀赋点。β 部门中性的或同比例的富有化将使原点从 O_β 变为 O_β',这里在作图时让点 P 保持不变。如果这一富有化使 β 沿着 PF_α 选择了高于(低于)E 的一点,这样就会使 α 部门得到改善(受损)。(对这一点不确信读者可以参考上面的图 6。)

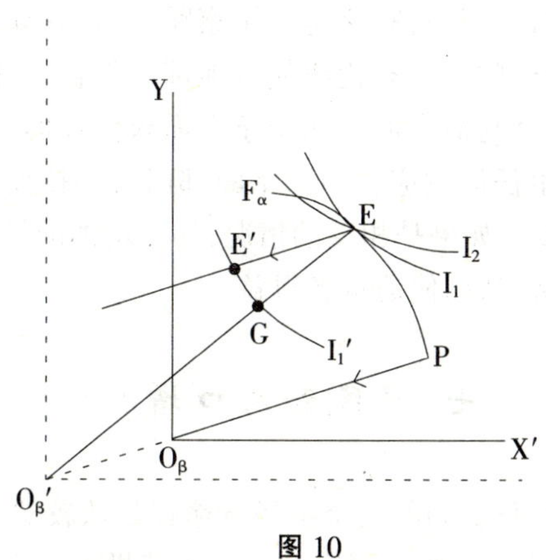

图 10

随着当原点变为 Oβ′,原先的无差异曲线 I_1 也移到 I_1',点 E 移到 E′,其中 EE′平行且等于 $O_\beta O_\beta'$。因为 I_1'与 I_1 是相同的无差异曲线(这里认为 β 的偏好没有变化),所以 I_1'在点 E′的斜率等于I_1 在点 E 的斜率。严格凸性的假设意味着 I_1'在 G 点的斜率比在 E 点的斜率更平坦。把偏好位似的基准情形看作一个一般情形,经过 E 点的新的更高的无差异曲线 I_2 在 E 点的斜率等于 I_1'在 G 点的斜率。这样,I_2 在 E 点的斜率一定比 PF_α 在 E 点的斜率更平坦。因此,PF_α 一定会与一条新的更高的无差异曲线 I_3(图中未画出)相切于在 E 点上方(西北方向)的一点。这表示在基准情形下α 部门得到了改善。

定理 5:允许富有化部门是垄断性的并不影响定理 3 的有效性。

附录 C 部分用代数方法证明了这个结论。

现在运用局部均衡的框架来看,垄断者最大自身利润使 MR=MC。如果其富有化是由于成本(包括 MC)的下降,那么显然产出就必然增加,从而降低使利润最大化的价格,因此消费者就一定会从中得益。假定满足利润最大化的充分条件(即 MC 从下至上与 MR 相交),那么即使 MR 是递增的,这一点也是成立的。如果商品供给的成本可以忽略,并且富有化是由于禀赋的增加(如发现新资源),同样易知,垄断部门的富有化将使其他部门得益。如果最初(垂直的)供给曲线已经与需求曲线相交于无需求弹性的一点,那么超额供给就不会产生任何效应,因为垄断部门将维持使收益和利润最大化的价格不变。如果是相反的情况,那么增加的供给会降低使利润最大化的价格,从而使消费者得益。

七、移民和人口增长①

人们实现自身获利的一个半经济途径是从较贫穷的地区/国家迁移到一个较富裕的地区/国家,从而使其投入(主要是劳动和技能)得到更高的价格。这种获利途径是否使其他部门作为一个整体而受损了呢?

假设竞争性均衡,并且没有扭曲,一个移民的迁移既不会使原住地和迁居地得益,也不会使之受损(忽略非经济效应,比如离开朋友与亲人)。该移民带走了他提供给原住地的投入,同时也放弃了相当于这些投入的边际产出的报酬。忽略微小的重新调整,原住地没有遭受损失。同样,该移民向迁居地贡献了其投入的边际产出,也得到了相等的报酬。因此对迁居地而言也没有收益和损失。

但是,上述分析仅仅聚焦于迁移行为本身,而忽略了移民的获利对世界其余各方(包括原住地和迁居地)的负效应。把该移民看作 β 部门,前几节的分析表明世界其余各方(α)趋于从其获利中得益。该移民在迁移前与世界其余各方进行贸易,此后仍然在贸易,但是却拥有了更大的购买力。这将使得世界其余各方作为一个整

① 关于移民经济学的最近的调查,见 Borjas(1994)。

体而得益。离开原住地的人们可以会由于略微减少的贸易机会而稍稍受损,但是一般而言在迁居地增加的机会远远可以抵消这一损失。

对于大量的迁移来说,迁出投入(为了简化,我们可以归为一种复合投入品)的边际产出在原住地是增加了,而在迁居地是减少了。于是可见,迁出者的贡献(边际产出曲线以下的面积)比原先给他们的报酬多了一个曲边三角形的面积,这个三角形度量了那些原住地的人们的净损失。但是同一群移民对迁居地的贡献与他们的报酬相比也多了一个曲边三角形的面积,该三角形度量的是迁居地的净得益。如果不知道这两个三角形的相对大小,那么移民对世界其余各方(即除了移民外的所有人)的净效应就是模糊的,但是从绝对值上看,净效应不会很大,因为它是两个小三角形的面积之差。(这是抽象掉了由未经纠正的外部性而产生的可能的收益/成本)。

事实上,我们可以对这两个三角形的相对大小做一些讨论。如果移民是从一个和/或许多较大的地区迁往一个较小的地区,那么前者中的边际产出只会略微增加,而在后者中则显著减少。这样对于非移民作为一个整体而言,收益大于损失。反之,如果移民是从一个较小的地区迁往一个和/或许多较大的地区,结果则相反。一般而言,对于通过迁移而获利的情形,两种情况都可能发生。但是,对于从小向大迁移的情况,移民在获利的同时会给世界其余各方一个小成本。然而,如果我们从一个略微不同的角度来看这个问题,这点微小的不合意也是不存在的,下面就对此加以论述。

如果这个小地区禁止移民迁出,这样因为防止了一个三角形的损失而使它的人民得益吗?回答是肯定的"不!"。大量迁出者中的任何一个都可以选择仍然留下,从而在原住地享有在其他人迁走以后所达到的更高的边际产出。这样,如果他们都选择离开就意味着他们中的每一个都能从移民中获利,(与迁移前较低的边际产出状态相比)至少得到了边际产出的增加。所以,移民的得益至少等于一个矩形,该矩形的面积大约两倍于留在原住地人们的曲边三角形面积的损失。(如果是直边三角形,那么就精确地是两倍)。这样,尽管禁止移民会使留下的人们获得一个三角形的改善,但是却使选择移民的人们遭到了至少两倍的损失。因此,对于迁移前该地区的人民作为一个整体来说,拥有迁移的自由将使他们得益。如上所述,迁居地的人们作为一个整体也一定会得益。所以两组人(包括了世界上的所有人,因为我们可以把世界分为两个地区)都会获益。这样,如果我们不从迁移者本人而从移民地区这一整体来考察由移民而得到的收益,那么这一收益一定会在经济上有利于他人。(由于种族歧视和文化冲突而产生的问题被排除在非经济的效应中,或者作为外部性的某些形式,在上述分析中我们假设其不存在)。这是一种看待该问题的适当方式,因为在迁移实际发生之前,移民地区的人们还没有分成两组。

人口的自然增长是更加简单的情形,因为这里不存在会略微受损的子群体(那些在移民情形中留在原住地的人们)。假设没有无知和无理性,那么可以推断一个家庭会因为决定再添一个新成员而得益。这个新成员长大以后,会挣得他或她的劳动力的边际产出,并加上从父母处继承的遗产。遗产的分享可能会使其兄弟姐妹在经济上受到损失,但是这应当视为一个家庭问题。在决定新添一名成员时,父母认为家庭整体将因此得益(例如拥有一个孩子的非货币收益可能抵消了每份遗产减少的损失,而父母的得益可能远远抵消了年长孩子的损失,等等)。假设没有未经纠正的扭曲,新成员不可能使社会其余各方受损。事实上,后者会像上述移民情形中一样获得一个曲边三角形的收益。这样,即使人口增长减少了实际人均收入,也没有家庭会在经济上受到损失。减少的人均收入是根据包括了新生儿的更多的人口来平均计算的,如果不包括拥有新生儿的家庭,先前的人们事实上获得了更高的边际收入。

这一分析假设不存在未经纠正的外部性和其他扭曲，如果存在的话,会使情况更加复杂。但是,在 Clarke 和 Ng(1993)中,证明了如果存在例如拥堵这种外部效应，迁居地的人们仍然会受益于移民的迁入和人口的自然增长,即使这些意味着将更加拥堵。假设对拥堵征一个最优税，那么税收收入的增加会远远抵消掉这一损失。

八、结论与评述

上述分析主要关注对其他部门作为一个整体的效应，而忽略了这些效应的分配问题。一个重要而实际的思考表明,大多数富有化对其他部门的效应将会趋于均等。换而言之,某种程度上受损的部门更可能是一些较富裕的部门，而一些贫穷的部门更有可能会得益。其原因在于当代大多数经济富有化都来源于知识的增加(包括技术进步、更好的组织等等),以及资本的增加,而这两种资源在较富裕的部门(包括国家、个人)中相对更加丰裕。

均等化效应仅仅涉及对其他部门的效应。非常富裕(贫穷)的部门的富有化显然会由于其主要效应而增加(减少)不平等性。这样,就其主要效应而言,富有化是否会均等化取决于富有化部门是相对贫穷还是富裕。这一点不是我们这里所考虑的问题。

当一个部门通过增加这些被富裕部门相对更多地拥有的资源(知识和资本)来获得富有化时,它将降低它们的相对边际价值,并提高那些被贫穷部门相对更多拥有的资源的相对边际价值。这样,对其他部门的效应就会趋于均等化。

许多富有化涉及新产品或产品的新技术的发明。一个新产品会为其他部门带来很大的消费者剩余。尽管一些部门原先提供的产品能在很大程度上被新产品替代,从而这些部门可能会受损,但是总的净收益在绝大多数情形仍然为正。

我们的分析忽略了非常大的新知识的外部效益，因为其他部门会学习到这些知识。这样，当一个部门通过知识的进步来获得富有化时，其他部门除了受到上面分析的间接效应的影响之外，总是会通过及时地学习这些知识而直接得益。就现实意义而言，这可能是其他部门得益的最重要的来源。

附录

A. 简单的 Cobb-Douglas 情形

假定每个部门的需求函数可以在资源禀赋的约束下，通过最大化 Cobb-Douglas 社会效用函数（但是不需要相同的偏好）来推得。

最大化效用函数 $U_\alpha=x^a_\alpha y^{1-a}_\alpha$ (A1)

服从约束条件 $px_\alpha+y_\alpha=p\bar{x}_\alpha+\bar{y}_\alpha$ (A2)

其中 P 是用 Y 表示的 X 的价格，$\bar{x}_\alpha$、$\bar{y}_\alpha$ 可分别是 α 部门给定的 X 与 Y 的禀赋水平，我们可以推得：

$x_\alpha=\alpha(p\bar{x}_\alpha+\bar{y}_\alpha)/p$ (A3)

$y_\alpha=(1-\alpha)(p\bar{x}_\alpha+\bar{y}_\alpha)$ (A4)

同样，对于 β 部门，最大化效用函数 $U_\beta=x^b_\beta y^{1-b}_\beta$ (A5)

服从约束条件 $px_\beta+y_\beta=(p\bar{x}_\beta+\bar{y}_\beta)R$ (A6)

其中 R 是同比富有化率或富有化指数(起初 R=1)，我们有

$x_\beta=b(p\bar{x}_\beta+\bar{y}_\beta)R/P$(A7)

在均衡状态下 $x_\alpha+x_\beta=\bar{x}_\alpha+\bar{x}_\beta R$ (A8)

等式(A3)、(A7)和(A8)给出了均衡价格：

$P=(a\bar{y}_\alpha+b\bar{y}_\beta R)/[(1-a)\bar{x}_\alpha+(a-b)\bar{x}_\beta R]$ (A9)

把(A9)代入(A3)、(A4),并把得出的 x_α 与 y_α 的表达式代入(A1),我们就可以用表示初始禀赋参数 $\bar{x}_\alpha$、$\bar{y}_\alpha$、$\bar{x}_\beta$、$\bar{y}_\beta$,以及富有化指数 R 来表达 U_α。对U_α 关于 R 求导,我们有

$$dU_\alpha/dR+R[a(1-b)\bar{x}_\beta\bar{y}_\beta-(1-a)b\bar{x}_\alpha\bar{y}_\alpha]^2>0 \tag{A10}$$

这表示在 Cobb-Douglas 情形下,一个部门的同比富有化会使与之贸易的其他部门得益。

从(A10)中易知,$d^2U_\alpha/dR^2=[g]^2>0$,换而言之,一个部门自身富有化的程度越大,它带给其他部门的边际收益也就越大。①

B.一个更一般的情形

本附录证明了 β 部门生产可能性集合的统一扩大,一般而言将有益于与之贸易的其他部门 α。这一结论 Hicks(1953,第 1924 页)有过非正式的表述,并且在 Kemp(1955)的文章里,在一个考虑到凯恩斯失业情形的模型中得到了推导(参见 Ikema,1969)。下面,我们运用一个充分就业的模型,β 部门位似偏好的假设反映了这种“一般”情形。

p 是用 Y 表示的商品 X 的世界价格,u^j 是第 j 个国家的效用,$q^{ji}(p)$是第 j 个国家第 i 种商品的产量,$r^j(p)\equiv pq^{jx}(p)+q^{jy}(p)$是第 j 个国家的收入,$c^{ji}(p,u^j)$是第 j 个国家对第 i 种商品的补偿性需求,$z^{ji}(p,u^j)=c^{ji}(p,u^j)-q^{ji}(p)$是第 j 个国家对第 i 种商品的补偿性超额供给,$c^j(p,u^j)\equiv pc^{jx}(p,u^j)+c^{jy}(p,u^j)$是第 j 个国家的支出函数(i=X,Y; j =α,β)。那么起初的世界贸易均衡,假设是唯一的,则可以通过下列等式来定义:

① 的确,考虑到我们任意地使用了一个效用指数,那么(A10)就不一定总是为正。如我们把(A1)做一个正的单调变换,变为$f(u\alpha)$,使得$f'>0$,$f''<0$,并且如果f''为负的程度足够大,那么 ∂^2u^α/dR^2 就可能为负。然而,以元为单位来衡量的边际收益仍然随着 R 而增加。

$$e^{\alpha}(p,u^{\alpha})-r^{\alpha}(p)=0 \tag{B1}$$

$$e^{\beta}(p,u^{\beta})-Rr^{\beta}(p)=0 \tag{B2}$$

$$z^{\alpha x}(p,u^{\alpha})+c^{\beta x}(p,u^{\beta})-Rq^{\beta x}(p)=0 \tag{B3}$$

其中 R 是一个参数,其最初取值为 1,它的富有化意味着 β 生产可能性集合的比例扩大。等式(B1)和(B2)是两个部门的预算约束,等式(B3)是商品市场均衡的条件。根据瓦尔拉斯法则,Y 商品的市场被压制。

对(B1)~(B3)关于 R 求导,选择单位效用使 $\partial e^j/\partial u^j=1$,根据包络原理,$\partial e^j/\partial p-dr^j/dp\equiv e^j_p-r^j_p=z^{jx}$,我们得到

$$\begin{bmatrix} 1 & 0 & z^{\alpha X} \\ 0 & 1 & z^{\beta X} \\ z^{\alpha X}_u & z^{\beta X}_u & z^{\alpha X}_p+z^{\beta X}_p \end{bmatrix}\begin{bmatrix} du^{\alpha} \\ du^{\beta} \\ dp \end{bmatrix}=\begin{bmatrix} 0 \\ r^{\beta} \\ q^{\beta X} \end{bmatrix}dR \tag{B4}$$

解(B4),回忆一下(B3)以及位似假设,

$$V(du^{\alpha}/dR)=-(z^{\alpha X})^2 \tag{B5}$$

$$V(du^{\beta}/dR)=Vr^{\beta}+(z^{\alpha X})^2 \tag{B6}$$

$$V(dp/dR)=z^{\alpha X} \tag{B7}$$

其中

$$V\equiv\sum_j z^X_p-\sum_j z^{jX}z^{jX}_u \tag{B8}$$

是(B4)中系数矩阵的行列式。因为对(B1)~(B3)的解是唯一的,所以该系统是瓦尔拉斯稳定的,于是 Δ 为负。

由(B5)和 Δ 为负可知,$du^{\alpha}/dR>0$,这与我们希望证明的是相同的。

C. β 部门是垄断者的情形

上文第 6 节用图像证明了即使 β 部门是垄断者,在 β 拥有位似偏好的基准情形下,它的同比富有化仍然会使得其他部门(α)得益。

首先我们在对 β 部门是 Cobb-Douglas 效用函数的情形下用代数方法来证明该结论,然后再讨论一般情形。α 部门可以取任一正常的效用函数。不失一般性,我们假设 β 部门向 α 部门出售商品 X。

β 部门最大化效用函数 $U_\beta=x^b{}_\beta y^{1-b}{}_\beta$ (C1)

服从约束条件 $px_\beta+y_\beta=p\bar{x}_\beta+\bar{y}_\beta$ (C2)

其中 $\bar{x}_\beta$、$\bar{y}_\beta$ 是富有化前给定的禀赋水平,R 是同比富有化指数,p 是用 Y 表示的 X 的价格,但是不同于附录 A 部分的是,β 部门把 p 视为是 x_e(X 的出口额)的减函数:

$$p=p(x_e),\partial p/\partial x_e<0 \quad (C3)$$

$$x_e=\bar{x}_\beta R-x_\beta \quad (C4)$$

在约束(1)条件(C2)~(C4),最大化(1),我们得到下列一阶条件:

$$MRS=\frac{\partial u_\beta/\partial x_\beta}{\partial u_\beta/\partial y_\beta}=\frac{b}{1-b}\frac{y_\beta}{x_\beta}=MR\equiv\frac{\partial(px_e)}{\partial x_e}=p+x_e\frac{\partial p}{\partial x_e} \quad (C5)$$

以及二阶条件

$$\frac{\partial MRS}{\partial x_\beta}-\frac{\partial MRS}{\partial y_\beta}MR+\frac{\partial MR}{\partial x_e}<0 \quad (C6)$$

或者

$$-\frac{b}{1-b}\frac{y_\beta}{x^2_\beta}-\frac{b}{1-b}\frac{MR}{x_\beta}+\frac{\partial MR}{\partial x_e}=-\frac{MR}{(1-b)x_\beta}+\frac{\partial MR}{\partial x_e}<0 \quad (C6')$$

其中的等号由(C5)推得。

从条件(C5)和(C2)中我们可以解出 x_β:

$$x_\beta=(p\bar{x}_\beta+\bar{y}_\beta)R/[p+MR(1-b)/b] \quad (C7)$$

把 x_β 从(C4)代入(C7),在给定 $\bar{x}_\beta$、$\bar{y}_\beta$和 b 的情况下,对得到的等式进行全微分,我们得到

$$\frac{\partial x_e}{\partial R}=\frac{\bar{x}\cdot MR\cdot[(1-b)/b]-\bar{y}}{p+[(1-b)/b]MR+x_e(\partial p/\partial x_e)-x[(1-b)/b]\partial MR/\partial x_e} \quad (C8)$$

我们现在希望通过证明(C8)右边公式的分子和分母都是正的

来证明 dx_e/dR 是正的。把从(C5)推出的 MR 代入分子,并把从 R=1 时的(C2)推出的 $\bar{y}$ 代入分子,得到

$$分子=\bar{x}_\beta y_\beta x^{-1}_\beta-px_\beta-y_\beta+p\bar{x}_\beta=(\bar{x}_\beta x^{-1}_\beta-1)y_\beta+p(\bar{x}_\beta-x_\beta)>0 \tag{C9}$$

因为 $\bar{x}_\beta>x_\beta$(由于 $x_e=\bar{x}_\beta-x_\beta$ 最初是正的)。

把从(C5)推得的 $\partial p/\partial x_e=(MR-p)/x_e$ 代入(C8)的分母,得到

$$分母=\frac{MR}{b}-x_\beta\frac{1-b}{b}\frac{\partial MR}{\partial x_e} \tag{C10}$$

两边乘以 $b/[(1-b)x_\beta]$:

$$\frac{b}{(1-b)x_\beta}分子=\frac{MR}{(1-b)x_\beta}-\frac{\partial MR}{\partial x_e} \tag{C11}$$

从二阶条件(C6′)可知右边是正的。因为 $b/[(1-b)x_\beta]$是正的,所以分母一定是正的。因此,我们有

$$dx_e/dR>0 \tag{C12}$$

α 部门把 p 视为给定的,在其预算约束下最大化效用函数。其间接效用函数在 p 价格下是递减的(当它从 β 部门进口 X 时)。因为,$dx_e/dR>0$,我们同时也有 $dp/dR<0$ 以及 $du_a/dR>0$,这样就可以证明即使 β 是垄断者,其同比富有化也将使 α 部门得益。

该结论在更为一般的（不必是 Cobb-Douglas）情形下同样成立。运用附录 B 部分的框架,但是允许 β 部门成为垄断者(这可以通过让它征收一个最优关税来实现)。保留 p 为 X 的世界价格,记 h 为(部门 β)的国内价格。那么,对应于(B2)和(B3),我们有

$$e^\beta(h,u^\beta)-Rr^\beta(h)-(h-p)[-z^{aX}(p,u^a)]=0 \tag{C13}$$

$$z^{aX}(p,u^a)+c^{\beta X}(h,u^\beta)-Rq^{\beta X}(h)=0 \tag{C14}$$

此外,我们还有另一个反映最优关税的等式（Bhagwati 等,1983,第 615 页,补理 1):

$$z^{aX}-(h-p)(z^{aX}_p-z^{aX}z^{aX}_u)=0 \tag{C15}$$

对(B1)、(C13)、(C14)、(C15)关于 R 求导,根据包络原理,$e^a_p-r^a_p=z^{aX}$,$e^\beta_h-Rr^\beta_h=z^{aX}$,并且标准化 $e^a_u=1=e^\beta_u$,运用(C14)、(C15)略作替

代以后,我们得到

$$\begin{bmatrix} 1 & 0 & z^{\alpha X} & 0 \\ (h-p)z_u^{\alpha X} & 1 & (h-p)z^{\alpha X}z_u^{\alpha X} & 0 \\ z_u^{\alpha X} & c_u^{\beta X} & z_p^{\alpha X} & z_h^{\beta X} \\ A & 0 & Q & B \end{bmatrix} \begin{bmatrix} du^{\alpha} \\ du^{\beta} \\ dp \\ dh \end{bmatrix} = \begin{bmatrix} 0 \\ r^{\beta} \\ q^{\beta X} \\ 0 \end{bmatrix} dR \qquad \text{(C16)}$$

其中

$$A \equiv z^{\alpha X}{}_u + (h-p)[z^{\alpha X}z^{\alpha X}{}_{uu} - z^{\alpha X}{}_{pu} + (z^{\alpha X}{}_u)^2]$$

$$B \equiv z^{\alpha X}z^{\alpha X}{}_u - z^{\alpha X}{}_p$$

$$Q \equiv 2z^{\alpha X}{}_p - z^{\alpha X}z^{\alpha X}{}_u - (h-p)(z^{\alpha X}{}_{pp} - z^{\alpha X}{}_p z^{\alpha X}{}_u - z^{\alpha X}z^{\alpha X}{}_{up})$$

运用克莱姆法则,在(C16)中解出 du^{α}/dR 得

$$V du^{\alpha}/dR = z^{\alpha X}B(r^{\beta}c^{\beta X} - q^{\beta X}) = Bz^{\alpha X}z^{\beta X} \qquad \text{(C17)}$$

其中 V 是(C16)中矩阵的行列式,第二个等式由位似假设而推得的。因为 $z^{\alpha X}$ 和 $z^{\beta X}$ 的符号一定相反,并且 B 与 V 的符号一定相同(假设瓦尔拉斯稳定性和唯一性),我们像要求的那样得到了 $du^{\alpha}/dR>0$。

致谢

笔者感谢 Murray Kemp、Max Kreinin、Koji Shimomura、Richard Snape 和匿名审稿人的颇有帮助的评论。

自述之十

姜奇平(中国社会科学院信息化研究中心秘书长)在《信息空间》创刊号《从数字鸿沟到幸福鸿沟》及网上文章《此曲只应天上有——黄有光<东亚快乐鸿沟>评介》(http://club.cat898.com/newbbs/dispbbs.asp?boardid=3&id=370677)中说,"黄有光先生的《东亚快乐鸿沟》是我近来读到的最好的一篇经济学文章。我甚至夸张地想到杜甫的一句诗来形容它——'此曲只应天上有'。为什么这么说呢?因为我个人以为,这篇文章对经济本质的理解,已经超越了我们这个时代的历史局限性。也许其中所提的问题,本应当由我们的后代来理解,但这篇文章'不小心'提前泄露了'天机'。"当然,这只是夸张性的形容。我的讨论,肯定有不足的地方,肯定需要大量的研究与更广泛的讨论。然而,快乐(或称福祉)是我们的终极目标(我甚至认为是唯一的终极目标),如果经济发展不能增加快乐,又有什么用?因此,我不避嫌,引用姜奇平夸张性的形容来吸引读者对这篇文章的重视。

我读过许多质疑福祉主义(社会福祉是个人福祉的正函数)与效用主义〔社会福祉是个人福祉的无权(即每人的权重相同)总和〕的伦理哲学文章。(效用主义是 utilitarianism 的中译;以前译为功利主义并歪曲其内容而批判之。)追根究底,这些质疑都是基于对他者或在长期的直接与间接影响的忽视。如果考虑了所有有关影响,则福祉主义与效用主义不但是可以接受的,也是非接受不可的(compelling)。福祉是每个人终极而言及对个人而言,所要极大化的东西。社会只是这社会中每个个人的集合体。因此,对社会而言,终极而言,应该把社会中所有人的福祉的无权总和极大化(假定不影响动物的福祉)。这是一种伦理观,然而却是一种非常合理,应该接受的伦理观。我在《效率、公平与公共政策》一书(第三至第五章),对福祉主义与效用主义进行强有力的(规范性)论证,也曾与普林斯顿大学著名伦理哲学家 Peter Singer 合写过论证效用主义的文章。怀疑快乐、福祉主义与效用主义的读者,希望读读拙作。

"反右"、"大跃进"与"文化大革命",加上在转到市场经济过程中的漏洞与冲击,使有长期高度文明的中华民族的伦理道德水平下降到可怜的低度。近年对传统文化的重视是应该的。儒家文化与东亚传统的确有许多优良的地方,但也有倾向于减少我们的快乐的观念与制度。因此,也需要检讨。

黄有光自选集

东亚快乐鸿沟:对其原因与含义的推测

刘晓芳 译

一、导言

尽管经历了1997~1998年的金融风暴，亚洲经济尤其是东亚经济一直都在快速增长。我曾经毫不犹疑地说过,人民币没有理由贬值,亚洲不久还会高速发展。(1998年1月于香港开放大学和同年3月在澳门大学的演讲)。现在我仍然这样乐观。我也仍然相信,中长期内澳洲、中国和马来西亚货币对美元都会保持升值的趋势(在实际汇率基础之上),不排除会出现短期波动。(1993年在考虑人民币问题的时候,我就说过这样的话,后来果真人民币大涨。不过,我却没有赚到什么钱。)这些推测不是无来由的,亚洲不仅有着较强的购买力,而且拥有很好的未来发展前景。本文提到的东亚国家和地区包括中国内地、香港、台湾、韩国、日本以及新加坡,在某种程度上,也适用于马来西亚和越南,但菲律宾(快乐指数高)、泰国及印尼(仍然困在经济泥潭中)却不大容易归到同一类中。

在过去的20年中,虽然东亚(日本是个例外,1998年前后受危机影响暂时陷入下滑的国家也属例外)在经济上取得了长足的进步,但在为国民谋快乐——这一人类的终极追求上却毫无作为。事实上,近来有研究(Cummins 1998)就全球各国人们的快乐水平做了一个比较,其中东亚国家和地区被指快乐指数最低。这应该能让我们稍事停顿,去反思一些基本面的问题,比如,终极目的、价值问题,经济成长的代价问题,经济成长而人们不快乐的理由何在?如何来改善?可以采取的公共对策有哪些?由于各国经济发展的不平衡,因而本文涉及更多的是东亚的部分发达地区。(有关快乐的确切意义、快乐是终极归宿问题的争论以及相关问题，可参阅Ng

2000b)。

随着东亚的快速发展，有人已经在研究并讨论儒家精神是否会影响经济增长这个话题了。但尽管如此,东亚的快乐鸿沟与儒家文化可能存在的关系一直都被严重忽略。我十分清楚这是一个敏感区域,难得有人可以跟你作学术交流。然而,快乐是人生中至为重要的终极目标,重要的是在一个开放的氛围中展开讨论,如果有更多的人来关注这个话题,才有可能进一步寻找合适的补救方法。

本文会涉及多个敏感话题,然而我自己生于斯长于斯,在这里受的教育,从小熏陶的都是东亚的文化,因此,我希望本文能被当成是一个自己人作的自我反省,目的是求改善,而不是被当成一个局外人在指手画脚。

二、高收入未能增加快乐及东亚快乐鸿沟

快乐很难衡量,也难以做比较,个人快乐与否完全依赖于自我感受。许多经济学家都对快乐能否量化持怀疑态度。然而,快乐是人类生活的终极目标,的确又至为重要。对重大事物能做到粗略通晓,总比在无关紧要的事上精耕细作要强。(人们银行账户末四位数的平方根都能准确地计算出来并用来比较，但它们却毫无意义。)至少在概念层面(Ng 1997),快乐基本上是可以衡量的。目前已经找到了一种实用方法,用以作一种基本的评估和人际比较(Ng 1996)。虽然大多数评估手段都存在一些可比性问题,但也不是毫无用处。不同的研究人员得出的研究结果都极为一致(Fordyce 1988),而且都与某些特定问题保持高度的相关,即都牵涉笑的频率、亲友(Diener 1984)的关系,生活态度是积极还是消极也非常重要(Seidlitz,Wyer 及 Diener 1997),甚至还包括一些身体系数比如心跳、血压(Shedler,Mayman 及 Manis 1993)以及大脑前额活动的EEG(脑电电位)测度(Sutton 和 Davidson 1997),等等。如果有人非

要在准确性上穷究到底,其实在准确度和可比度方面,即使连 GDP 本身也不是无懈可击的。

来自心理学家、社会学家以及一批为数不多但人群在日益壮大的经济学家们的研究表明,人们的幸福指数随着其收入水平的提高而上升,不过这只是一种轻微上浮,一国之内是如此,不同国家之间也是如此。比如,以不同地区和不同文化分割,北欧国家的收入最高,它的幸福指数也最高,其次分别是几个英语国家美国、英国、澳大利亚和爱尔兰,美洲中部和南部的国家包括巴西又在其次,紧接下来还有中东、中欧、南欧和东欧(希腊、俄国、土耳其和南斯拉夫),再有就是非洲,可是非洲并非排在最后的国家,排在后面的还有南欧和西欧(法国、意大利和西班牙)。最后一组是东亚(包括高收入国家的日本,韩国和中国)。新加坡的收入水平是印度的 82.4 倍,即使不考虑汇率波动,其购买力也是印度的 16.4 倍。但是,这两个国家的幸福指数却旗鼓相当,且都高出日本一大截。(见 Cummins 1998. Cf. Diener 和 Suh 1999; Ingleharte tal. 1998, 表 V18。许多前苏维埃国家之前快乐期望值都高,但伴随着转轨解体,近几年这些国家的快乐指数都非常低。)

其他的一些衡量方法也同样支持这一结果。又如,根据 Durex 于 2000 年 10 月 17~18 日对全球 27 个国家和地区 1.8 万成年人做的大众媒体问卷调查报告显示,一年当中日本人平均性生活次数为 37 次,是所有受调查国家中最低的,其次是马来西亚的一年 62 次,以及东亚的其他地区(中国内地 69 次,台湾 78 次,香港 84 次)。相比之下,各国和地区人们的平均性生活次数是 96 次,而印度(95 次)、巴西(113 次)、美国(132 次,最高)全都已接近平均数字或大有超出。(文档可查询 http: //library. northernlight. com/FB20001017290000041. html.)。再有,若以生活满意度为准,东亚地区的得分也相当低(中国内地 4.00,香港 5.07,日本 5.14,新加坡 5.72),甚至低于一些低收入的国家(尼日利亚 5.11,印度 5.15,巴基斯坦 5.49，秘鲁 5.77，埃及 6.14，哥伦比亚 6.20，澳大利亚 6.23）。（见 Diener 和 Suh 1999，p.444）。Furnham 和 Cheng（1999）的研究也显示了同样的结果：日本和香港在快乐度上大大低于英国。

总体而言，各种研究都表明，在收入水平非常低的时候，收入与快乐之间关联度更为紧密。但尽管如此，在影响个人快乐的所有变数当中，收入决定快乐的比重仍不超过 2%（Diene et al. 1993）。在同一个国家里，钱多快乐多这种正比关系会逐渐地消失（至少在发达国家可以找到这方面的数据证明）。比如，从 1940 年到 1998 年，美国的人均收入翻了近 4 倍，然而感觉到快乐的人占总人口的比率平均都维持在 30%上下，且没有表现出任何上升的趋势；另外一种美国平均快乐的衡量是在 72%左右波动。而在日本，1958~1988 年间人均收入增加了 5 倍还多，可是平均快乐人口比率是 59%，也没有上升趋势（Diener & Suh 1997；Myers 1996；Frank 1999；Blanchflower 和 Oswald 2000；Veenhoven 1993）。事实上，“在国家富有和人们快乐之间，如果存在任何因果关系的话，似乎也是快乐带来经济增长，而不会相反（Kenny 1999，p.19）。”一个人越快乐，就可能意味着他/她找工作的能力越强，也更能胜任其工作；就是会议的主办人也可能更愿意邀请有幽默感的人来演讲，甚至不惜为他们支付更高的酬金。

近来的研究还提示，一个人如果太执著于身外的追求（比如，声誉、财富和形象等），而相对忽视了个人内在的修养（比如，修身、为人、交际），就比较不容易快乐起来（Ryan，et al 1999）。“物质主义只注重物质财富，它与精神财富（SWB）是互相消损的。这一原则尤其适用于那些信奉钱越多越快乐的人（Ahuvia & Friedman 2000，p.20，1998 年提出，p.154，161）。”

肯尼（1999，pp.4~5）也从更多的客观事实中找到了支持收入边际效用快速递减这一观点的论据：“以莫桑比克、中国和美国为例，这几个国家在 1992 年的人均国民生产总值分别为 80 美元、

470 美元和 2.474 万美元，每千个出生婴儿中的死亡率分别是 145.6 人、30.5 人和 8.6 人，人民的平均期望寿命是 47 年、69 年和 76 年。可以看到，论财富，中国是莫桑比克与美国人均收入差别的 1.6%；而论婴儿死亡率，中国是两者差距的 84%，人均期望寿命则是它们差距的 76%。"

另外，一个人结婚与否(Myers 1996，p.510)，是有工作还是失业了〔Winkelmann & Winkelmann 1998)，是否有宗教信仰并上教堂做礼拜〔见于 Veenhoven (1984) and Kahneman et al. (1999)之论快乐因素〕等等，这些因素也会影响到个人的快乐，至少与其互为相关。它们比起收入和金钱来，在快乐的影响程度上要重要得多。

还有，即使援引更多客观生活质量指标来考察，结论也不会有太大差异。Easterly(1999)就 1960~1990 年间的有关 95 个生活质量指标的一组公开数据(涉及教育、健康、交通状况、不平等、污染、民主和政治稳定性)进行分析，取得了某些显著的成果。

事实上，所有这些数据确实都显示了相同的结果，即在不同的国家之间，生活质量与人均收入呈一种正比相关的关系。虽然如此，当用第一级别分析法或锁定效应法而不考虑带来的国别效应的时候，经济增长之于生活质量的正比关系就处于一种不确定的状态，通常也是不存在的。Easterly 发现，"随着收入的增加，生活质量既有可能得以改善，也有可能恶化，两者的几率差不多是相等的。……在第一级别的 69 个差异指标当中，62%的指标都会随着时间转换而生活质量变得好转，这主要在于时间的效用，而与收入是否增长相对关系不大(Easterly 1999，pp.17~18)。以锁定效应法来分析，即使对于 81 个指标当中与收入正面相关的 20 个指标来讲，其中又有一半更多依赖于时间的效用。"

这些结果令人惊讶，它不能归罪于收入分配的越来越不合理(有证据表明随着经济的增长穷人之间的分配状况在好转)。在任何一个国家中，经济是否增长和收入的多少都不是影响生活质量最主要的因素,人们的生活质量更多地取决于其所在国家的科学、技术及其他科研成就的水平是否够先进、够领先。这就需要增加公共投入,而不是提高私人消费。多个研究表明,社会的进步程度在一个国家的年收入水平(以 1981 年的物价为准,大概在 3000 美元左右)还很低的时候,二者密不可分,但一旦超过那个水平,这种互连性就会消失。在这方面,其他人也有类似的研究成果。

三、一些反思

在对以上问题的分析、阐释和寻求解答方面,我知道我难以做到尽善尽美。但是,我坚信快乐是人类至为重要(也许不是唯一重要)的一件事情,所以甘愿冒大不韪来做一些反思。也许,这些反思是不完善的、不成熟的,但他山之石可以攻玉,也未尝可知。

(一)为何还是金钱至上?

人们既然已经知道快乐才是终极目标,也知道钱多无益于增加快乐,为什么还会蜂拥而上赶着要去赚大钱、发大财呢?它也许可以解释为这样几种效应:环境公害效应,收入/消费攀比效应,不良适应性认同效应(Easterlin 1974),拜物教效应。某种程度上讲,想发财对于个人是合理的,因为高收入仍然可以带来快乐的边际效应,如果一个人富有,就意味着拥有了一定的身份、地位和名誉,而这些也是重要的快乐因了。但从社会角度看,个人之间的消费攀比最终会让大家同归于零,整体上也不会带来任何好处。此外,生产得越多,消费必然也越多,而这种社会环境造成的公害效应,可能会让人们陷入万劫不复之境。除非这能带来知识的进步,否则我们经济的增长将以削减福祉为代价。(关于减低福祉的增长 welfare-reducing growth,见 Ng & Ng) 中国内地在取得中等生活水平之后(解决了温饱并达到了小康水平),为人们长远的真正的快乐着想,由于这些目标所能带来的实际正面效应仍非常小,所以,为了多赚钱,而不惜像很多人那样(某种程度上也包括我自己)公然地去牺牲那些更重要的、能带来快乐的东西,比如家庭、朋友、健康甚至安全和自由,这是不理性的。即使就个人而言,也是如此。但是为什么人们还是会做出各种不可理喻的选择呢?很大程度上,这也许应该归功于我们好敛财的本能和追求名利之心(天生的),以及商业社会中无所不在的广告效力以及贵族影响力(后天的)。(见于 Ng 2000c,有更详细的解释)。

(二)东亚快乐鸿沟:对其原因的推测

即使钱多也不再能带来快乐,也许基于动态的原因,仅仅是为了维持快乐我们也需要改善收入状况,这就是所谓的"享乐主义的踏车(用以惩治囚犯的刑具)"。东亚地区不仅已经取得了较高的收入水平,而且还拥有高增长率,收入还在逐年增加。就此而言,人们应该比别人更快乐才对。然而事实却相反。也许这便出现了所谓的东亚快乐鸿沟。由于快乐测度本身难保万无一失,因而我们也不能十分确定鸿沟现象的存在与否。不过,在找到更坚实的证据能将此推翻之前,倒是有足够的证据可以支持这一假设,不妨姑且一听。

关于造成东亚快乐鸿沟的原因,许多解释都能与上述金钱追逐论挂上钩。首先,高生产高消费带来了一系列问题,比如,城市更拥堵,污染更严重,还有更多其他形式的环境公害,尤其在人口高度密集的城市和工业区这些问题就更为严重,东亚的快速增长为什么没有伴之以幸福降临,个中因由可窥一二。当然,这些问题在西方社会也存在,但在东亚却更为突出,肇因就在于人口的高度密集和环境保护的不到位。要真实地衡量一个国家的进步水平,就需要将人口拥堵和环境公害等问题全部考虑在内,而传统的 GDP 计量方式恰恰严重地忽略了这些问题,真正的衡量方式或许不会将增长率奉为圭臬。最近的一项研究报告还指出,台湾境内的河流及湖泊的原产鱼并不适合食用。的确,通过污染空气和水资源来获取额外但不必要的产量,是不可取的。"在城市当中,比如在曼谷、重庆、雅加达或者上海,因为人口健康问题带来的成本负担是城市所无法承受的。在东亚的一些主要城市中，空气和水污染造成了 20 万未成年人的夭折，并带来了 65 万个支气管炎病例和每年 20 亿个治疗带有呼吸病症的工作日”(Walton 1997)。

其次,一般都认为东亚的竞争很强。这也是其所以能取得经济成功的原因之一。然而,过于追求竞争,不仅对个人对整个社会也许都意味要对求快乐做出一种牺牲。竞争的含义之一,就是要努力超越别人。个人也许能够做到出人头地,但对于整个社会,却不能说我们的人平均都比你们强。为了要强,如果投入不能得到足够的外部回报,再多的努力都可能是一种巨大的社会资源浪费。(因而,人们应该在能产生外部效应的领域展开竞争,比如能丰富知识,或能有益于社会。)竞争的另外一层含义,还表示对现有成绩的不满意,并希望能做得更好。这有可能迫使人们进一步追求客观上的进步,如提高生产,然而其结果难免会带来更多的不满和不快乐。

佛教、印度教和道教都强调知足常乐,儒家文化与前三者也存在些微相通的地方,但它更重功利。在东亚,有些地区仍信奉佛教和道教,然而它们的影响却已经日渐衰微,与之相比,佛教、印度教在印度却全民信仰,深入人心。从这也可以看出,为什么印度的收入远低于东亚其他国家和地区,而快乐程度却比别人要高。

没错,一个社会是需要一定程度的竞争,但可以生存,并能让自己不裹足不前,就足矣。过度地求竞争无益于快乐增多。事实上,造成东亚太过于主观强调竞争力的原因，也许就因为这样一种状态已经延续了一代又一代,人们已经视之为客观存在了。一个具有竞争性的环境,总是眷顾那些有能力的人,反过来,这些人也会使整体环境的竞争力获得提升,从而形成一种恶性循环。然而,这种恶性循环不仅不会因为竞争的过度受到抑制，而且还会产生多种负面效应。

再有,东亚人的教育方式以及整个文化的影响,也都使他们一心想着如何修身、齐家、治国、平天下(尤其在正式应考制度中),因而个个骁勇善战。但是这却无益于真正地提高创新能力,也妨碍了他们追求个人快乐和全民幸福。据第三次8年级学生国际科学和数学成绩的调查报告显示,东亚国家和地区(新加坡、台湾、韩国、日本,中国内地除外)的学生在全球38个国家其中包括澳洲、英国和美国的学生中平均成绩最高(数学平均分487,最高分:新加坡604,韩国587,台湾585,香港582,日本579;科学平均分488,最高分:新加坡568,韩国549,台湾569,香港582,日本550,匈牙利552)。对此,李远哲(诺奖获得者,台北中央研究院院长)发表评论,认为"多数台湾学生都善于考试,他们高中阶段的科学和数学成绩都表现不错。但是,高中一毕业,他们就精疲力竭了,等着要告老还乡了……台湾的教育体系严重地束缚了学生的好奇心,造成了对学生创新的阻遏。这非常不好。"这种情况在东亚的其他地方也同样存在,它不仅遏制创新,也不利于人们追求快乐。

第四,东亚文化(尤其是它的教育体制)过分强调大同、秩序以及集体的利益,相应地也会造成对个人主义、自由,因而还有对快乐的漠视。当然,不能过分讲究个人自由,无节制、无限度地讲究个人自由反过来就会影响到别人的应得利益。西方社会权衡来权衡去,结果在某些方面过于注重个人主义,而东亚国家似乎又误入了一条方向相反的征途,以为那里可以通向康庄大道。造成这种重大分歧的重要原因,也许就在西方人已经对法律体系形成了依赖性,法律可以限制个人自由不会过度膨胀。这就意味着如果东亚国家也能加强法律体系的建设(香港和新加坡在这方面已经取得了明显的功效),就有可能朝着重视自由和个人主义的国家方向发展,并改善国民幸福状况。

研究快乐的专家还指出:"……在拉美国家,如哥伦比亚,人们越来越认同愉悦感的价值存在……相比之下,儒家文化圈,比如中国,却倾向于避乐求苦……在中国,理想的无忧生活是一种中庸状态——既无所谓忧，也无所谓无忧”(Diener & Suh 1999，pp.443-444)。远东研究人员也同样认为,儒家文化中存在一种禁欲倾向。比如“在儒家文化中……禁欲是一个重要元素”(Fu 傅佩荣 1989,p.51)，还有“一味追求享乐是低级的，甚至是可耻的”(Lu & Shih 1997，p.183;以及 Fang 1980，p.153)。一个人如果从小在这样一种环境中长大,你让他/她如何能快乐起来。

禁欲倾向还体现在，东亚地区人们第一次性经历的年纪普遍都偏大(中国内地 21.9 岁,台湾 21.4 岁,香港 19 岁,日本 18.9 岁),就全球而言,一般平均年龄是 18.1 岁,其中美国人年龄最低为 16.4 岁,巴西 16.5 岁。(来自上述亦提及的 Durex 的一项调查。)

第五,东亚文化还过分强调面子问题。面子重于真情实感,保住面子要紧。在这些地区,面子问题尽人皆知。外表重于实际,这一点从东亚的建筑风格就可窥一斑。北京的天坛从外表看上去极为壮观,可是再一看里面,却稀松平常。大多数西方教堂外表平淡无奇,可是内涵丰富,装潢极尽工巧。我父亲(生在中国,1930 年移居马来西亚)第一次来澳洲我家(租的公寓)的时候,他还想怎么这房子(砖墙面)都不装修呀。可是再一进到屋里,他才觉得原来还真是很舒服。在东亚,很多公寓楼都是浴室和厨房小,而客厅很大;在西方社会,人们管客厅叫起居室或休息室。同样的房间在东西方社会具有不同的命名,从这点也可以看出二者文化上的差别,前者重外在观感,而后者更在乎内在舒适度。不过,对于东亚人来说,客厅那么大,多大程度是为了能延揽更多的客人,多大程度是为了外观顾全面子,还有待查证。

再比如,在考虑孩子的婚姻问题上,多数西方父母都将婚姻是否给孩子带来幸福放在首位；而东亚父母首先考虑的是两个家庭是否门当户对,以及其他的客观条件问题。对于他们来说,孩子的婚姻要让自己面子上好看才行,孩子是否会过得幸福还在其次。

当然,生物学上的因素也会影响到人们的快乐情感。但是,这是人为的政策所更难以调解的（除非未来基因工程能得到安全应用），因此，在此没有重点强调。(刺激大脑可带来愉悦，见 Ng 2000b)。

虽然文化的差异是重要的影响因素，但它们的作用不应该被夸大。有些文化因素可能会影响到人们对快乐的追求(e.g.Christopher 1999),因而不同的文化会造成一种差异,但是快乐理念和快乐的终极价值在不同文化中都应该是一致的。再者,从生物学上来讲,人类的大部分东西都是共通的。正因为此,Maslow(1970)的幸福需求层次论是普遍适用的。我还相信,在终极目的上,快乐是人类理性的目标,它是独立于文化之外的。

也许有人会认为,我受西方文化影响太深,所以有此议论。我承认自己在成长过程中确实深受西方文化的影响，但是我从小上的是中文学校,在马来西亚和新加坡接受了华文中、大学教育,一直到研究生时才读英文大学。即使到现在,中国文化给我带来的影响仍比西方文化来得更为深刻。像我现在读的非经济学的书,多半仍是中文书籍和杂志,听音乐多数也是听华语音乐。我中文的读写速度是英文的两倍。还有,我几乎天生就是一个效用主义者。我能清楚地记得,大约在 6 岁左右,我就已经确确实实是一个彻头彻尾的效用主义者了。

有些专家过度夸大了文化的影响作用。比如,Lu & Shih(1997, p.181/2)就说“在中文里面以前就没有快乐这个词,它是近来才有的”,这就暗示对中国人来说,快乐是一个最近才引进的外来概念。这肯定在误导。快乐作为一个现代中文短语最近才出现,或许是事实。但是,作为古代词汇,在中文当中无论是“快”还是“乐”都由来已久。比如,“乐”就古已有之:“有朋自远方来,不亦乐乎？”“乐不思蜀”,其中就清晰地表达了快乐的意思。我认为,先贤们一旦发明了快乐的概念,即使不能在此之前,此后它也是可以跨越年代、跨越文化普遍适用的。

四、一些含义

人们对快乐的研究还很不够（唯一专门研究快乐的学术期刊Journal of Happiness Studies才创刊不久），而快乐本身又意义重大，兼之之前得出的结论表明提高收入或加大消费能带来更多快乐是错误的，这些都意味着要深入研究就应该投入更多的资源。如何来衡量快乐才能使出来的结果更可靠，更具有可比性？东亚快乐鸿沟真的存在吗？生于东亚但生活在西方的人们也不快乐吗？怎样能让人们更快乐？这些问题都非常重要，但是相关研究却远远没跟上。环境保护、公众健康、教育、研究等等那些公共问题需要得到进一步的重视，政府有必要增加公共投入（Ng 2000b）。

没错，公共开支一多，高浪费低效率问题就会随之出现。但是，多数人（包括经济学家）对私人消费膨胀的危害性缺乏足够的认识，私人消费过度会导致总体低效，它不仅会造成社会公共危害；而且会削弱国家与个人之间的竞争；还会产生适应性效应，这一点也被大大地忽视掉了；而社会宣传效应会让人们失去理性并最终导向拜物教。另外，公共基金越多好处越多，但它毕竟又是一笔负担，这也是一个事实。不过，经济学家们未免高估了这笔成本，这种判断源于以下几点：①经济学家强调增加公共开支会造成赋税的超额负担，却没看到这笔账绝大部分都可以得到抵消，因为公共开支会产生一种负的超额负担的效应（negative excess burden）；②过度生产和消费会带来社会公害效应和攀比消费效应，免税会产生钻石效应，而这些无法估算；③大家还未能认识到，在非贫困国家，消费再多也不能增加整个社会的快乐，而且还会使公共投入这笔快乐成本付之东流。

公共开支带来负的超额负担的效应这一观点，由Kap low（1996）和Ng（2000a）论述。简单来说，假定一种公共产品所带来的利益与纳税人收入水平成比例关系,那么,它也就有可能由比例收入税来融资,而不会产生任何反激励效应(disincentive effects)。按比例抽取个人所得税本身也许会造成反激励效应。但是,将税金用于公共事业之后,就不会发生这种事情了。假设每100块钱征20块钱的税,难道人们赚钱的激励,会比没有税收,可以完全得到这100块钱时减少?当然,如果人们的这些税金都被扔进太平洋了,人们赚钱的激励可能就真的会减少。不过,通常税金是用于公共开支的。而这支出对人们的价值应该比税金高,不然,即使用效益比成本为一的标准,这公共支出也是没有效率的。例如将税金用来保护产权,它所产生的效益与人们收入水平大致呈比例关系,这样一来,或许每个人就有更高的积极性去挣得到保护的80块钱,而去挣没有保护的100块钱的积极性反而比较低。

更重要的是,如果个人消费不再能给社会增加快乐,那么提高公共投入,即使在金钱上成本很高,但却不会付出快乐代价。因为快乐是人类的终极目标,而金钱不是,成本/效益分析最终应该以快乐(相当于福祉)为准则。(详见Ng 2001。其中有一结论令人意外,公共工程所产生的效益不能以其直接利润为准,而应该高于这个数字)。

尽管高收入不能提升快乐度,我仍然相信经济增长是有益无害的。不过,经济应该朝着更适当的方向来发展。首先,环境质量的保护应该摆在第一优先考虑的位置。我们需要一个洁净的增长环境,不需要一组脏兮兮的增长数字;第二,我们希望增长能真正地带来更多快乐。这需要减少相互抵消的私人攀比消费,增加那些能切实改善我们福祉的领域的公共支出。还包括提高公共研究经费以用于更多新领域的探索。

要让人们快乐起来,还意味着必须让所有个人和社会都认识到它的重要性,让大家都知道健康、亲友和精神满足远比金钱重要得多。尤其是东亚的部分发达地区,有必要对东亚快乐鸿沟做出更多的反思。要意识到不理性的敛财本性带来的是种种错觉;要控制自己的欲望不为漫天的商业广告所动;别老想着去与人争;把这种争强好胜的本能压一压，多去想一想怎样为社会做贡献；少挣点钱,这样可以多去享受享受生活。如果能做到这些,东亚的快乐指数不仅会提高,而且若能缓解并重新纠正目前的不平衡发展状况,对改善全球环境都是一个福音。

然而,在东亚仍有很大一部分地区,那里多数人都还生活在贫困线上,经济发展仍然能提高人们的快乐。从纯粹经济发展上看,或许亚洲开发银行 ADB 及有关机构应该对这些地区,包括中国的西部地区,给予更多的关注。尽管如此,即使对东亚稍微发达的地区来讲,ADB 和这些相关机构也仍然可能扮演非常重要的角色,只要它们重视能真正增加快乐的因素,比如公共健康问题、环境问题等等,尤其是科技和知识的进步。

自述之十一

我从本科生开始就对福祉经济学有很大的兴趣，大概因为我从小就明确认为人生最终目的就是(自己及他者的;不说他人,因为不排除动物的快乐)快乐。(茅于轼的说法是享受生活并帮助他人享受生活。)记得约6岁时,就曾和兄长们谈论及,就明确有效用主义(以前译为功利主义,并歪曲其内容而批判之)的伦理哲学思想,认为从社会的角度,应该把所有人的净快乐量极大化。虽然当时并不会用像极大化之类的词儿,但观念是一样的。如果真的有前世循回,我的某个前世应该是一个效用主义的伦理哲学家！当时还没有也应该关心动物的福祉的想法,这和19世纪的效用主义伦理哲学家的讲法是一样的;他们也只讲所有人的净快乐量的极大化。(另一个前世应该是数学家,因此初一时,就能帮助初三的同学解数学问题。)

传统福祉经济学名为福祉经济学，但实际上现代福祉经济学只研究如何最佳满足人们给定的偏好，如何达致偏好意义上的帕累托最优。偏好(或代表偏好的效用)和福祉有什么差异呢？福祉就是快乐。一般,一个人偏好把自己的福祉或快乐极大化。然而,由于无知(包括不完全信息)或为了他者的福祉,一个人的偏好可能偏离自己的福祉。如果不是由于无知,也不是为了他者的福祉,还偏好减低自己的福祉,就是非理性偏好。

我上述对非理性偏好的定义,和传统经济学的有所不同。传统经济学对理性偏好的定义只是要求一致性（包括偏好的传递性)。如果一个人前后一致地偏好跳进地狱去受苦，根据传统经济学的理性,他还是理性的。如果他偏好地狱甚于人间,偏好人间甚于天堂,也偏好地狱甚于天堂,则其偏好是符合传统理性的要求的。

近20年行为经济学的研究,使经济学者不得不承认许多不完全理性的行为。然而,行为经济学还是偏重对传统形式理性(包括在不确定性下的预期效用极大化)的违背,很少针对实质的非理性。这实质的不完全理性,部分由于天生的累积本能,加上商业广告,使人们有过度物质主义的倾向。即使从个人的福祉而言,人们过度看重金钱与物质消费,对健康、友谊、家人等重视不够。如果再考虑生产与消费对环境的破坏,加上人际攀比(这也有天生与社会的双重影响),则从社会上看,私人消费有更大的无效性,很可能比公共支出上的无效性更厉害。因此,经济学者对公共支出的负面看法,虽然也有正确的成分(包括公共支出的低效率),但由于几乎完全忽视私人消费更大的无效性,可说有偏见,并部分造成私人消费泛滥,而公共支出不足。然而,正是某些方面的公共支出,例如环保、科研、教育、公共卫生等,才能真正提高人们的快乐水平。

由于人们高估了私人消费对福祉的贡献,在以福祉最大化为目标的公共支出成本收益分析中,有必要对公共物品的消费收益向上调整(这是还未进行数理分析就知道的),但是其生产收益不必调整(这是还未进行数理分析时没有想到的)。

从偏好到快乐：通向一个更加完整的福祉经济学＊

胡芸　译

一、偏好经济学还是福祉经济学？

福祉经济学不完整的主要原因是它停留在个人偏好的层次上而没有进一步分析个人福祉或快乐。

经济学一开始就分析相对客观的变量如生产、消费、收入和产品的分配。只分析完全客观的变量不能非常深入，因为我们只在评价它们的时候才对它们感兴趣。因此引进效用分析标志着经济思想史向前迈进了一大步。然而效用的概念还是相当不明确的，可以意味着偏好、满足、福祉中的一个或是几个的结合。现代经济学者企图用效用代表偏好来使研究变得精确。再者，根据无差异曲线图的分析，偏好只限定在序数范围内，基数效用被当成过时、无用、甚至是没有意义而被取消。为了分析消费者的选择或消费者的需求曲线，基数效用是多余的，因此可以根据奥卡姆剃刀原则把它去掉，这个做法是符合常理的。然而，在其他如社会选择、最优人口规模、生命的估价和不确定性等领域，不使用基数效用就会犯舍象的误用的错误。这好比以胡须对进食并无帮助为由，坚持要某人刮掉它，却忘了该男子蓄胡子的本意是要以此增加他的男性魅力。（看Ng 1997有关基数效用和人际可比的论述。）

即使没有取消基数效用，福祉经济学在分析的深度上还是不够，因为它只停留在偏好的层次，而没有深入分析福祉这个终极层

＊根据《新政治经济学评论》，第一卷，2005年4月第1期，110~149页的译文再修改。

次。我们想消费满足我们偏好的产品。因此从分析产品到分析偏好,分析就更深了一层。然而,我们偏好的满足还不是终极层次。有如下文所论,我们想要的终极目标是福祉或快乐(这两个词是可以相互交换使用的),不仅仅是偏好或是偏好的满足。一些经济学者可能把快乐看做是心理学家和社会学家研究的东西,而经济学者的研究目标只是偏好。在经济学中效用革命兴起的时候,许多经济学者可能还认为他们应该只限于对较为客观的生产和消费变量的研究。这种自我强加的限制会抑制对重要问题有意义的分析。

我把我的(净)快乐(在任何一段时间)看作我正情感感受超过负情感感受的部分(在那段时间)。大部分时间(包括睡眠时间和感觉一般的状态),我的情感感受为零。当我很开心时(是吃鲜美食物时身体的舒适感或是取得成就时精神上的骄傲感),我的情感感受是正的。当我疼痛、生病或焦虑等时,我的情感感受是负的。除了正和负,还有不同程度或强度的情感。如果我们把这个强度放在纵轴(零点代表情感感受为中性),时间在横轴上,我的情感感受可以用曲线来表示。(相关的图表很简单,读者在脑子里就可以画出来。这个思想至少在1881埃奇沃斯时就形成了而且有充分的根据,可参见Kahneman et al 1997;Kahneman et al 1999,p.5)我在任何时段的(净)快乐是在中性线之上的面积减去中性线之下的面积。情感感受是个人自己感受到正或负的感受。个人可能会区分黄和绿,但如果她对这两种颜色既不讨厌也不喜欢,她对这两种颜色的感觉不是情感感受。

不同情感感受的不同性质是什么?显然地,对美景的感受和对美食的感受在性质上是不同的。(哲学上的qualia问题)。然而,对于同样的强度,我不在乎我在享受美食还是美景,只要它们不影响我和别人在将来的享受。因此,除了它们的强度,只有它们对别人和将来的快乐产生影响时不同的快乐才可能有不同程度的好坏,因此可以相应进行分析。所以,对我们这里的目的,我们并不需要进行不同情感感受性质上的区分。(参见 Kahneman 1999,pp.9~10:在相同基准上测量不同情感感受的可能性;和 Rozin 1999:虽然感观的快乐和审美的快乐在性质上是不同的,但它们都归入相同的主观表达体系。)

当我喜欢苹果甚于梨时(为了比较方便,它们的成本相等),这是因为或许苹果比梨更好吃(苹果给我更多的享受),或许苹果给我更多的营养(一天一苹果,医生远离我)从而使我能更好享受将来的生活。因此,最终而言,重要的是快乐的量。快乐比偏好更有终极意义。还有,快乐是真正的最终目标。我想要钱是为了买产品。我想买产品是为了消费它们。我想消费产品是为了满足我的偏好。我想满足我的偏好是为了使我的快乐最大化(但受制于无知、非理性和为他人的快乐考虑等因素。)但我想要快乐,只是为了快乐本身。快乐可能使人更健康而且在社会生活或工作中更成功,这是对的。然而,更健康和更成功之所以具有终极价值,就是因为它们增加个人及可能是他人的快乐。

从随意的观察、对话、问卷调查、心理学研究和生物进化学研究中,我知道我以上的观点在很大程度上不只我有,所有的人都会有。所以我们不需要和哲学家进行几千年的辩论,但在心里面清楚快乐本身是有价值的,因为我们所有的人在饥饿时能感受到新鲜、营养食物的美味,能享受性爱的快乐并且厌恶受伤后的疼痛和病痛。如果我们的祖父母没给我们这种感觉的基因而是给了相反的,他们就不会生存下来并把他们的基因传给我们。我们也就不会出生了。

当然,人类已经过了只有感官快乐和痛苦的时期,他们也具有正义感这种有更高精神和道义的感觉。可是我已在其他地方(Ng 1981,1990,1999,2000a) 证实这种道德或其他原则最终都是建立在对快乐考虑的基础上的。归根结底,不公正是对应有快乐的否定。然而,为了这篇论文,读者没必要追随我的全福祉主义观点。甚至在正义、自由等没受影响和保持不变的限制下,福祉经济学者还有足够的空间去拓展对快乐更深层次的分析。

有些经济学者除了关注 GNP 和偏好还关注其他事物。例如,森(Sen 1985)强调能力(capability)和职能(functioning)的概念。如果这可以代替实践中评价福祉的指标或至少作为实践中评价福祉的附加指标,这两个概念很有用。当它们用来代替福祉时,它们可能是有误导性的,至少对那些认为福祉是最终目标的人。(不可否认,在非终极层次有关非福祉的指标的考虑是重要的。)在任何情况下,由于还有其他评价福祉的方法,这些非福祉概念的有用性并不能排除直接考虑福祉的必要。

如果一个人的偏好和她的快乐总是一致的,那么,不必进入到更深层次的快乐,仅有偏好(包括偏好强度)的分析也就足够了。当且仅当她选 x 的时候比选 y 的时候快乐, 她喜欢 x 甚于喜欢 y;当且仅当她在选 x 的时候比选 y 的时候快乐差额超过选 u 的时候比选 v 的时候的快乐差额时,那么她喜欢 x 甚于喜欢 y 的程度大于她喜欢 u 甚于喜欢 v 的程度,等等。那么,有关个人基数效用函数(代表她偏好和偏好强度) 的信息等价于有关她福祉或快乐函数的信息。偏好的分析就足够了。(然而,即使那时,我们仍要超越序数偏好的框架并提供偏好强度的分析以及找到人际效用比较的方法。)然而,如下节所述,个人偏好与个人快乐不同。

二、偏好对阵福祉

我已经在 Ng(1999)详细讨论了个人偏好(由效用函数为代表)和个人快乐(由福祉函数为代表)之间的分歧。在此,我只给出了一个简洁的概述。读者如果不清楚的话可以参考 Ng(1999)。

如果其他人的福祉水平不进入个人效用函数 (除了下文讨论到的通过她自己的福祉函数),她被认为是自我关注的。一个自我关注的人最大化自己的福祉时或多或少会受到他人福祉水平的影响(通过情感性的利他主义或恶意)。对一个非自我关注的人,其他人的福祉水平, 除了影响她的福祉函数, 还会直接进入她的效用函数,这可能是由于非情感性利他主义或恶意。因此,对一个非自我关注的个人,甚至在不存在无知(包含远见不完全)和非理性的情况下,她的偏好(效用)可能和她的快乐(福祉)不同;她可能没最大化她的福祉。然而,本文的目的不是把重点放在这个分歧上。[①](存在分歧的情况下, 我在1999年的文章中指出社会选择应该由个人福祉而不是偏好决定。)因此为了简便起见,我们假设个人是自我关注的。(但没有需要假设不存在非情感性利他主义或恶意。)然而,如果需要,以下的讨论可能进一步拓展到考虑偏好和福祉分歧在这方面的差异。

由于显而易见的原因,个人的偏好可能因为无知而不同。当她自己的福祉在B高于在A的时候她喜欢A仍超过喜欢B。如果这既不是因为她无知也不是因为她关心别人的福祉, 那么她就是非理性的。本文的重点是无知和非理性偏好。尽管很少有人是完全无知和完全非理性的, 但对大多数人来说一定程度的无知和信息不完全是存在的 (看 Cohen 1983; Evans and Over 1996; Kahneman and Tversky 1996; Stein 1996 哲学和心理学相关文献的回顾),虽然有些所谓非理性仅仅是由实验者的错误、计算局限和不正确的规则引起的(Stanovich and West 2000)。

尽管福祉的重要性和由偏好对福祉的不完全代表以及同类相关问题在很大程度上被大部分经济学者所忽视, 但并没有完全逃出他们的视线。比方说,哈森伊(Harsanyi 1997)强调,在规范性问题上,应该以知情偏好来代替实际偏好。(我顺着他的辩论得出应该用快乐而不是停留在知情偏好上的结论;参看 Ng 1999。) Scitovsky

① 正如 Maurice Salles 表明的,这里忽略了对本文目的不重要的一些细微差异,例如,偏好是二元的(在两种选择中比较)但福祉更受给定情况的制约。

(1976/1992) 为只有大量财富和很少快乐的无快乐经济感到痛惜。Mishan(1969/1993,1977),Hirsch(1976)和许多其他的经济学者都强调经济增长的许多社会成本。有许多各种各样的呼声要求通过把闲暇和污染等因素计算在国民收入账户来改进对总体经济活动的测量方法(Nordhaus and Tobin 1972; Brekke 1997)。然而,尽管意识到测量需要超越物品与服务,Mishan(1960)对分析尤其是正式分析的可能性持不同意见。Gintis(1972)强调偏好的内生性,但相信所需的拓展福祉模型是不可操作的(p.595)。由于偏好的内生性在不存在不完全知识与不完全理性情况下并不会产生问题，所以我强调不完全知识和不完全理性。然而,我们争论,存在这些不完全性,所以 Gintis 关于偏好是内生性的论点是重要的。

"快乐悖论"意味着可能不能有一个对快乐的合理的分析。快乐悖论是说一个为自己寻快乐的人找不到快乐，但一个乐于助人的人能得到快乐。(对这种悖论的支持论据，参看 Benson et al. 1980; Switzer et al. 1995; Konow and Earley 2002.)尽管如此,本文的余下部分(尤其是第四、第五部分)指出可能会得出一些有用的分析。

经济学者在他们的分析中一般无视无知而假设完全理性。尽管无知和不完全理性很重要(如下文所讨论),我认为这些简化的假设在许多为了关注问题中的关键关系的情形中是合适甚至是必要的。而且,在很多情形,无知和非理性的作用可能是大抵相互抵消或存在未知的净作用。但在其他情形,可能就不正确了。尤其是接下来一部分的讨论中,由于许多可论证的因素,个人偏好不能很好的代表个人福祉。而且,这些因素一般相互加强导致了倾向物质主义的系统性偏差,(以过度崇尚消费，过度物质财富的积累等为代表;"过度"意味着重视程度超过真正对福祉的贡献,可用下文定义的 $\eta^{Uc}>\eta^{Wc}$ 表示)。下个部分讨论了许多支持性论据。甚至对那些不信服这种系统性偏差的人，本文也很有价值，因为以下的命题

2a,命题3 中的第一句陈述,命题 4b 和 4c,命题 5 并不依赖于偏好和福祉的分歧。

三、促进再思考的一些发展背景

在最近几年乃至几十年中，心理学和相关学科的发展显示有必要对一般的传统经济学分析尤其是对福祉经济学分析进行再思考。这些发展包括快乐和生活质量指标不能显示它们与人均收入有很强联系的数据,相对地位的重要性,无知和/或非理性选择(如果喜欢,可说“不完全理性”;下文也一样)的论据,如下文简要介绍。

(一) 在社会上,钱既不能买到快乐也不能买到生活质量(至少不是太多)

心理学家和社会学家所作的研究表明不管在一个国家还是在国家之间,人们的快乐水平随收入水平的上升而上升,但只是上升一点点。

比方说,以区域和文化分类,北欧诸国有高收入也有高快乐,其次是美国、英国、澳大利亚和爱尔兰四个英语国家。再接下来是包括巴西的中、南美国家,紧跟的是中东、中欧、东南欧(希腊,俄罗斯、土耳其和南斯拉夫),印度次岛,非洲并没有排在最后。西南欧(法国、意大利和西班牙)的快乐水平比非洲低很多。最后一个组是东亚,包括收入很高的日本。新加坡的人均收入是印度人均收入的82.4 倍。即使用购买力平价而不用汇率,新加坡的人均收入仍是印度的 16.4 倍。然而两国人们的快乐水平却是一样的,而且都比日本高很多。(看 Cummins 1998. cf., Diener and Suh 1999; Inglehart et al. 1998,表格 V18。)

尽管有一些如日本、法国这种偏离回归线很远的国家的特例,但从统计上看,世界上不同国家间的快乐和收入存在正相关。这主要是由于收入水平和快乐程度都很高的发达民主国家和其他国家之间的组际差别所造成的。Schyns(1988)的分析显示,在这两个团体的任何一个团体内,不同国家间没有收入和快乐的正相关。(Ruut Veenhoven 向我保证在最近一个有更多变量的研究中显示,较穷国家中收入和快乐有很强的正相关。这更加强了这里的观点,而且从直觉上来说更有道理。)

当上述结果在研讨会中提出时,一个同事说"收入和收入的跨国关系还受文化差异的影响。在同一国中这种关系应该更强。"事实上,快乐和收入水平的实际关系在同一个国家中(至少是有这些数据的先进国家是如此)不具有明显的正相关。例如,从 20 世纪 40 年代到 1998 年,美国的真实人均收入增加了两倍。但是,认为自己很快乐的人在 30%左右波动,而且没有向上的趋势;他们的平均快乐在 72%上下波动。从 1958 年开始,日本的真实收入增加了 5 倍之多。但它的平均快乐在 59%左右波动,也没有向上的趋势。(看 Diener and Suh 1997;Frank 1997;Myers 1996,P.445;Oswald 1997;Veenhoven 1993. Blanchflower 和 Oswald 在 2000 年提出从 20 世纪 70 年代早期到 20 世纪 90 年代晚期美国的快乐水平有点下降而 Hagerty 和 Veenhoven 1999 年指出快乐水平有点上升。"几乎没变"可能是最好的估计。)可能,动态上看,我们必须提高收入来使快乐水平保持不变,所谓的"享乐的踏车"。然而,有研究表明快乐水平和经济增长速度成反比(Diener et al. 1993;Diener et al. 1995)。

许多经济学者可能怀疑快乐研究的可靠性,因为快乐研究几乎很难完全根据进行人际比较的自我评价的快乐水平。首先,比起从前,现在一个人可能需要很多的主观快乐才会说他自己很快乐。因此,虽然快乐水平可能有很大的提高,但说自己快乐的人的百分比可能没有增加。为了克服这些困难,我提出了一个可以比较人际、时际和国际间快乐的方法(Ng 1996a)。Stone et al.(1999)喜欢使用瞬间评估,Larsen 和 Fredrickson(1999)喜欢使用多种测量手段。

甚至在使用更可靠的快乐测量手段之前，还是有认为现存测量很可靠的令人信服的说法。例如,不同的快乐测量之间有很好的相关性(Fordyce 1988),也和对生活中积极事件和消极事件的回忆(Seidlitz et al.1997)，配偶、朋友和家庭成员的报告（Costa and Mc Crae 1988;Diener 1984;Sandvik et al. 1993),如心率、血压等物理测量(Shedler et al. 1993)以及前额的大脑活动(Sutton and Davidson 1997)等有很好的相关性。Pavot(1991)发现告诉他们很快乐的人也微笑得更多。使用 Marlowe-Crowne 的社会愿望测量手段，Konow 和 Earley(2002)没有在他们报道的快乐数据中发现有偏见的迹象。而且，快乐的相互关系在不同国家中表现出很强的一致性。这些并没有排除余下的问题(比如说,Schwarz 和 Stracek 1999; Bertrand 和 Mullainathan 2001)。可是,报道的主观快乐可能还是一个良好的近似(Frey 和 Stuzer 2002;Ch.2)。还有,如果我们使用更客观的生活质量指数情况也差不多。Easterly（1999）对一个涵盖了1960~1990 年的有 95 项的生活质量指数(包括教育、健康、交通、不平等、污染、民主和政治稳定等)构成的数据组进行了分析,得出了下述重要结论。

虽然几乎所有指标都显示不同国家的生活质量和人均收入有正相关性,当以固定作用或第一差异估计来排除国家因素后,经济增长对生活质量的作用是不确定的而且经常是不存在的。发现生活质量随收入上升而上升或恶化的可能性是相同的... 在第一差异估计中提供的 69 个指标样本中,62%的指标随时间而提高,而这作用比经济增长更重要(Easterly 1999,pp.17~18)。即使对这 8 项指标中在固定作用下与收入呈显著正相关的 20 项指标而言,时间对其中 10 项的改善作用也比收入的作用大。

令人奇怪的结果不是由于不断恶化的收入分配（有迹象表明经济增长使穷人得到更大的份额)。但是,任何国家的生活质量对公共消费的依赖高于对私人消费的依赖。许多研究（比如,Estes

1988；Slottje 1991；看 Offer 2000 年的回顾）表明社会进步的测量和低收入水平（美国 1981 年的物价大约 3000 美元）中的收入水平高度相关但相关性在这个收入以上就消失了。其他（如 Veenhoven 1991； Diener 和 Suh 1999）指出工作和快乐的一个相似关系。

高收入和高消费可能增加更高水平的偏好，但事实上如果消费水平不变的话可能降低快乐水平。换句话说，高消费使我们到了更高水平的偏好，这需要更高的消费来维持同样的福祉水平。如图 1，当一个人的平常消费在 A 点，（总）福祉曲线是 X；当一个人的平常消费增加到 B 点的时候，（总）福祉曲线是 Y。因此福祉水平并没有增加到 BB″只是到了边际 BB′。然而，消费的边际福祉（原来是在 X 上 A′点的斜率）现在增加到（在 Y 上 B′点的斜率）。这使个人感觉到有更多的钱消费更重要。可是，长期福祉是通过 A′B′C′的曲线，它的消费边际福祉很低。

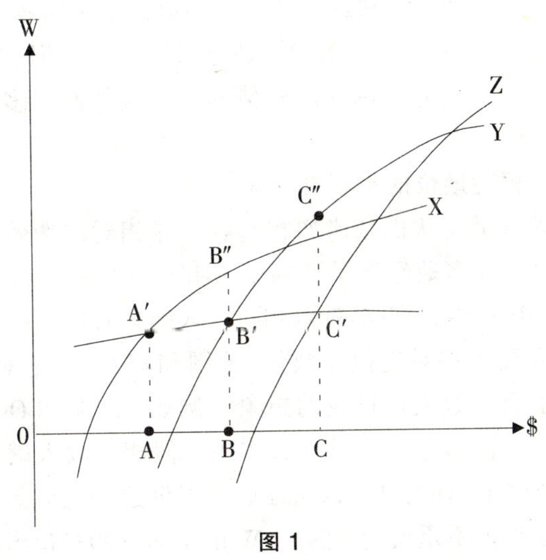

图 1

如果我们考虑调整费用，整个长期福祉曲线还是个人调整后消费水平的函数，个人更高的消费水平会降低整个长期福祉曲线。

为了最大化长期福祉，应该以不要太高的消费水平为起点从而使快乐水平随时间而上升。从这个视角看,富人的孩子可能处于不利地位。他们一开始就习惯高消费而且以后很难超越,因此在快乐上会不利。因此,聪明的富人不让他们的孩子乱花钱。但富人由于父母和孩子之间的攀比很难限制他们孩子的高消费。这可以部分解释为什么穷人和富人在快乐上并没有太大区别。

有一个考虑会影响可使上述从低消费水平开始的原则。对消费的一些项目,尤其对健康的消费是很重要的一个项目,健康消费太低不但不会增加，反而会降低他追求将来快乐的能力。这对儿童、青少年时期尤为重要,因为这时特别需要营养(物质的和精神的)来使身体健康成长,有一个健康的个性和较好的知识积累。如果一个人由于早年时期的严重营养不足，他可能以后就跟不上别人了。可是,只有在较低消费水平时,这个说法才比适应效应更重要。一般认为一个知情和理性的人会知道并把长期效应考虑进去,因此不会产生问题。可是,在 3.3 部分讨论到的证据表明大多数人在这种意义上不是完全理性或知情的，而且他们更多的受他们短期曲线的指引。

(二) 相对地位的重要性

经济学者早就认识到诸如相对收入或相对消费效应等相对地位的重要性。大多数经济学者知道 Veblen（1899）与 Duesenberry(1949),但 Rae(1834)更早就对相对收入问题有广泛探讨。可是,近几年的研究显示相对地位在数量、范围和相对(于绝对收入)的重要性超过了大多数人包括我的想象。例如,Clark 和 Oswald(1996)发现收入对工作满意程度没什么作用，但相对收入就起很大的作用。另一个例子,有人可能认为在医疗保健这个绝对效应主导的领域相对地位是最不重要的。然而,Wilkinson(1997)指出即使在医疗保健领域,相对地位仍比绝对标准重要。相对穷的人,即使有很高绝对收入和医疗保健,比那些绝对穷但相对富的人,有更低的健康水平。死亡率是一个相对收入和医疗保健的函数而不是绝对收入和医疗保健的函数。(在有关姐妹之间的相对收入，参考 Neumark 和 Postlewaite 1998。心理学例子看 Smith et al. 1989;Tversky 和 Griffin 1991。关于偏好相对性的直接神经学上的论据,看 Tremblay 和 Schultz 1999;Watanabe 1999。也可看 Kockesen 2000 年关于在生物节的相对对阵绝对生存适应性的最大化的战略优势。)还发现很多预期不到的结论,例如,Clark(2000)指出个人福祉的衡量①随着他自己的收入上升而上升;②随着别人的平均收入的上升而下降;③和反映其他人收入分配的变量有很强的相关。其他人的收入分配差异的扩大一般会增加个人的福祉。这个发现与认为公众不喜欢不平等和风险规避（如果个人在他们的参考团体中有可能在收入分配中可能上升或下降）的说法背道而驰。是不是更穷的人会(通过使其他人感到相对较富和幸运)比很富的人产生更多的外部效应?显然还需要更多的研究。(有趣的是,即使忽略认知和执行问题,我们可能还不能使用庇古补贴来使穷人产生更多的外部收益。当他们收到补贴后,他们不像原来那么穷了。这和 Ng (1979/1983,附录8A 中)讨论的再分配悖论有关。)

相对地位的重要性可能、至少部分是一个生物学解释。在回顾了生物学和非生物学证据之后,Frank(1999,p.145)得出“对相对地位的关注是人性中根深蒂固且很难根除的一个因素”的结论。对一个人(自然选择一般在个体身上起作用)和超越生存的最低绝对标准，繁殖在很大程度上是由相对地位决定的，对男性来说尤为如此。在动物王国和我们长期演化的历史中,只有占统治地位的男性才能拥有许多女性。对体育竞争的疯狂兴趣(大多是男性)可部分回溯到这种男性竞争中的“赢者通吃”的生物学因素（Deker 和 Scotchmer 1999)。男性在竞争最激烈领域的统治地位(比方说商业中的主管)也可由这个因素部分解释。当然,生物学的倾向可以通过后天因素来加强,尤其在我们这个强调竞争和物质成果的社会。

(生物学基础上的行为,见 Wilson 1975;Dawkins 1989;Robson 2001。)事实上,我们受后天因素影响的要越超他人的本性也是一个导致接下来讨论的不完全理性的一个因素,虽然这可能培育导致有外部收益的知识上的进步。

相对收入效应的重要性已经被用来解释,在一方面,经济增长不能提高在社会水平上的福祉,但在另一方面,在个人层次上,人人激烈竞争以赚更多钱 (Easterlin 1974;Frank 1999;Ng & Wang 1993;Ng & Ng 2001)。更高的收入会更能导致个人绝对和相对水平的提高。在社会层面上,平均相对收入不能提高。若绝对消费对福祉已不再那么重要,经济增长可能由于环境破坏而使整个社会福祉下降。我们可能得依靠知识的进步来防止福祉的下降。在下面的小节提出,即使在个人层面,赚更多钱的激烈竞争也可能是不理性的。

(三) 个人非理性选择,包括赚更多钱的激烈竞争

在个人层面上,收入的增加不但增加(收入和消费的)绝对水平还增加其相对水平,因此被认为是很重要的。可是,至少在一个最低水平之上,更高的收入并没有使个人变得非常快乐。百万富翁只比普通人快乐一点点(Diener et al. 1985)。而且,因果关系的方向不单是由金钱到快乐。事实上,"在富国如果存在因果关系那么就是由快乐到增长而不是相反。"(Kenny 1999,p.19)。综上所述,证据显示在收入水平很低时收入对快乐才重要,但在个人快乐的整个差异中它只占不到2%(Diener et al.1993)。事实上,所有客观因素结合起来对快乐的贡献很少。因此,Campbell et al.(1976)发现人口因素(包括收入、年龄、性别、种族、教育和婚姻状况)只能解释快乐差异中的20%。Andrews 和 Withey(1976)发现这些因素只能解释快乐或福祉差异中的8%。如果我们去掉婚姻状况(这个和快乐的相关性很高;关于快乐的相关性,看 Argyle 1999 的调查),其他的客观因素事实上是不重要的。这和两个相同的研究结论是一致的,是

Lykken 和 Tellegen 1996；Stones et al.1995 的研究，他们论述，研究表明，包括社会和经济地位、教育、家庭收入和婚姻状况的客观因素最多只能解释快乐差异的 3%。

有证据说物质倾向高的人会比较不快乐。那些有内向目标，如自我接受、参加团体和有社区感的人比那些有外向目标如一些诸如金融成功、欢迎度和吸引力等外在奖励的人要快乐。（见 Kasser 和 Ryan 1993，1996，1998；Richins et al.1992；Ryan et al. 1999； Wright 和 Larsen 1993）。"物质主义或对经济因素的强调和主观福祉是有负相关的，对那些相信更多钱可以使他们更快乐的人尤为如此（Offer 2000，p.20，回顾 Ahuvia 和 Friedman 1998，p.154，161）。"然而，人还是继续变得更倾向于物质。

如果金钱对快乐不重要但很多人还是牺牲健康、闲暇，破坏他和他们朋友、家人的关系，甚至败坏道德和违反法律（因此威胁到他们自身的自由甚至生命）去挣更多的钱，他们不是非理性吗？为什么为了得到对快乐并不重要的钱而去牺牲对快乐很重要的一些东西？

我认为这至少部分可由受本性和后天因素影响的非理性的物质偏向来解释。除了前面讨论的对相对地位的竞争，还有累积物资的本能。即使没有研究任何的生物学，很多人意识到动物如老鼠、松鼠、蚂蚁、蜜蜂等贮藏食物的本能。许多动物在保卫领土和获取资源方面有本能的行为。显然，食物的储藏可以增强生存和繁殖的能力。因为这减少了饿死的可能。尽管现代人是最"理性"的，但仍不是完全"理性"的。（引号表明这里理性这个词指在 Ng 1996b，p. 304 中有特殊意义的概念。一个更"理性"的种类是指他们的行为更多地受奖励—惩罚系统支配而不是被自发、不灵活和生硬的本能支配。）换句话说，我们的行为仍部分（至少说）受我们组成基因的生硬的程序影响。（关于社会行为的生物学基础，可参考如 Wilson 1975；Crawford 和 Kreps 1998。）和其他人一样，我们还有动物的积累兽性。[①]我们的本能倾向和驱动力被用来最大化我们的繁殖能力，因此不能完全和福祉最大化一致(Ng 1995,1999)。这还说明"需要"(偏好)和"喜欢"(福祉)由大脑中不同的神经系统掌控所以从心理上看是相互割裂的。也就是说，人们可能在不喜欢的情况下偏好一样东西，反之亦然。尤其是，吸毒导致的大脑多巴胺系统的产生的强烈的"需要"不能用"喜欢"和消除症状来解释。(看Berridge 1999的评论。)

我们在一个消费导向的社会中长大，里面任何时候任何地方都充满了鼓励我们消费更多物品和服务的广告。(关于广告效应，看Dixit和Norman 1978;Galbraith 1958;Tremblay和Tremblay 1995;Wilkie 1994,Ch.16包括附录。比创造消费偏向更糟的是大多数的广告积极地制造了不快乐。一个大商品连锁店的高级主管承认"我们的工作是让妇女对她们所拥有的东西感到不满意",Walsh 1990 p.5中引用了这句话。)对喜欢消费物品和服务的偏向是因为人们只能通过卖出物品和服务而不是闲暇和快乐来获利。

动物情绪(兽性)和物质社会的影响两者相互作用导致了无止境要求更高收入的恶性循环。例如，没有一个收入群体对他们的收入水平感到满意，这可从美国人在1980年回答下面的问题作出判断:"你们家庭收支相抵的最少收入是多少?"(美国劳动统计局1986)。Lebergott评论说,"一个人有得越多，要得越多。家庭收入在5000美元以下的认为7822美元就足够了。家庭收入在5000美元到10 000美元的认为他们需要10 139美元。那些平均有44 837美元的人认为他们收入的三倍是绝对必要的。"

还有心理学研究表明大多数人是不完全理性的。这里，我不是

① 凯恩斯还认为企业家这种行动的自发强烈欲望不是建立在理性和深谋远虑上的而是建立在"习惯、本能、偏好、欲望、意志等"基础上的。因此，在某个阶段我以为凯恩斯的脑子里有和我相似的积累本能的概念。可是，Marchionatti 1999年的文件表明凯恩斯没有使用生物学的知识，至少在积累本能上。

指像 Allais(1979),Kahneman 和 Tversky(1982)以及其他人提出很有意思的违反预期效用最大化的传递性偏好和公理。我是指大大违反理性的例子。心理学研究显示大多数人忽视或低估当前消费和享受对将来快乐的副作用与当前节制和受苦对将来快乐的积极作用(Headey 和 Wearing 1991)。大多数人相信,车祸中残废的话(失去两条腿或两只眼睛)不如死了算了。我曾在课堂和讲座中让听众举手选择,结果都是喜欢死的人和要活下去的人的比例为 3:1(也就是说,选择死的人是选择残废人的 3 倍)。研究表明四肢残废的人只比健康的人不快乐一点点(Brickman et al.1978)。通过一段时间的调整，车祸中严重残废的人的快乐水平回到接近车祸前的水平。他们那时为没有死于车祸而庆幸。

很多人花费大量时间和金钱买彩票。然而,有证据表明中彩票的人不比没中彩票的人快乐(Brickman et al.1978)。当然,他们中了之后是很开心的。但是,在几星期之内他们的快乐水平回到原来的水平。(一个 Frederick 和 Loewenstein 1999 年最近的结果表明快速下降到稍高于一个控制团体。)他们最初的在赢得彩票后有更快乐生活的期望没有实现。因此当预期回报只有 6 美元,每周花 10 美元和时间以及精力是不值得的，除非你从梦想如何花费你赢得的大奖的过程中得到大量快乐。(即使如此,这些偏好的认知理性还是会由于白日梦建立在大奖会带来更大快乐的不正确的预期之上而被质疑)。显然,我们受制于大的适应效应,使我们的福祉更多的依赖我们的参照地位而不是实际地位。然而,“个人不能预见他们参照地位的变化”(Frijters 1999,p.8)。(关于相关禀赋效应,看 Kahneman et al.1991。)另一方面,甚至当保险费低于精算价值(因而是会增加期望福祉的）的时候人们也不愿意购买洪水险(Kunreuther et al.1978)。Lane(1993,2000)用没能充分考虑适应效应和“市场文化”的影响来解释为什么人们认为金钱比它们实际上的作用要重要。Kahneman et al.(1999,p.x)得出的结论是:“现有证据表明人们没有能力像经济模型所有的精确度来预测他们将来的品味和快乐的经历”。(关于预测将来感觉,可看 Lewonstein 和 Schkade 1999。)

许多研究表明个人所作的决定很受当时情绪的影响(Elster 1999;Isen 2000)。Hermalin 和 Isen(1999)通过允许一个阶段开始的时候(或前一期结尾的时候)情绪或效用影响偏好在一个理性选择的框架下来进行分析。虽然这是一个看待问题某些方面的有用方法,但隐藏了不完全信息/理性的问题。一个人可以通过“情绪的变好可以使个人从帮助别人中得到快乐或由于降低帮助的精神成本”(Hermalin 和 Isen 1999,p.2) 来解释情绪对愿意帮助别人的行为的作用。可是,当不相关的当前情绪影响一个人长期机会的选择时很难不归咎于不完全信息/理性。(关于情绪状态对认知能力的作用,看Kaufman 1999;Ashby et al.1999。而且,自我欺骗的存在是毋庸置疑的。辩论是有关解释这种非理性的原因,看 Elster 1986;Lazar 1999。)

一个潜在不正确选择的特殊源泉是不完全记忆。由于先前提过,在一个阶段中一个自然和广泛接受衡量总快乐和痛苦的方法是整合那个阶段快乐(正的)和痛苦(负的)强度总和。然而,可能由于加总估计的困难,人们一般从现有的资料中抽取两个关键值:最高瞬时强度和那个阶段最后的强度。一些中位数,如最高和最低值的平均值,被用来作为“记得的效用”(Kahneman et al. 1993)。这种高峰和结尾的方法对经历的持续不敏感,事实上如在以人为对象的试验中证实的那样。例如,在对结肠镜检查持续 4 到 6 分钟的过程中的回顾评估,恶心与持续时间无关而与最痛苦和最后的痛苦的程度高度相关(Redelmeier 和 Kahneman 1996)。显然,这种“对持续时间的忽略”从净福祉最大化的观点看可能导致不正确的选择。时际选择(比如,Lowenstein 和 Elster 1992 年的论文)很容易被冲动、不一致、双曲线折扣和过度折扣所迷惑。包括经济学者已广泛认识到自己对将来关注的不足。例如,庇古(Pigou 1929,p.25)把它称为"不健全的预见力";拉姆赛(Ramsey 1928 p.543)称之为对将来的"想象力不足";哈罗德(Harrod 1948 p.40)认为它是"激情战胜理智"。对将来消费、收入和其他货币价值的贴现是合理的,因为现在的一元可以换成将来一元以上的价值。如果将来效用的实现是不确定的,那么对将来效用的贴现也还是合理的。(对健康的人来说,这种不确定性是很小的。)对除了这些可接受的原因外贴现将来是非理性的。这种非理性的表现是为自愿养老储蓄的严重不足,必须进行强制性的养老计划和大比例补贴退休金方案。我在做一个有关如果利率较高时有多少人愿意储蓄的调查时,遇到过一个储蓄不足的极端的案例(Ng 1992)。问题的隐含假设是每个人都有储蓄,因此答案是一个人愿意多存多少百分比。一个问卷对象说他没存过钱。我因而把答案由原来"多存 20%的钱"改为"每月多存 20 美元",如此等等。他仍回答说甚至在百分之几百的年利率下他也不愿储蓄。当我说"如果现在存一元明年会变成一百万元的时候,你会储蓄吗?"他才承认他会。我仔细的发现这个健康的年轻人没有预期他会因绝症而英年早逝。

不健全的预见力看上去和积累本能相反。然而在同一个人中它们可能同时存在。积累本能使个人过度(从福祉观点看)忙于赚钱的激烈竞争;不健全的预见力使他对将来储蓄不足。还有,物质社会无处不在的物品和服务的广告,示范效应等。这些合成效应导致了当前的过度消费。不健全的预见力还有生物学解释:健全的预见力的成本很高。(详细情况看 Ng 1999。然而,一些贴现可能符合生存繁殖的最大化;看 Rogers 1994。)

正如人很难训练得完全理性,要变得完全理性也要花费很多钱。因此某种程度的无知(不完全信息)也不足为奇,不完全理性对大多数人都适用,包括我在内。否认不完全理性的存在不但和常识和心理学研究(尤其是驱动力对行为的作用)不符而且违反了生物进化论最基本的原则(Ng 1999)。还有,既然疯子必须有非理性偏好,假设人们要么完全理性要么是疯子也是不合理的;接受大多数人在完全理性和完全发疯之间是更现实的做法。

四、福祉的简化分析

为了把握对适应效应认识不够、过高折扣率、收入的相对性、环境质量等,我们可以用下述一个代表性个人的两时期简化模型来说明:她的总效用V等于她现在的效用加上(贴现率为r)在将来的贴现效用U^f。(还有其他对相对收入效应和效用相互依赖关系的研究;如Hochman和Rogers 1969;Akerlof 1976;Boskin和Sheshinski 1978;Ireland 1998,2001;Cooper和Garcia–Penalosa 1998;Reiter 2000。这里的重点更多放在效用和福祉的分歧及与其他效应的相互作用。)每阶段的效用水平取决于消费c,闲暇x,相对收入R,环境质量E,公共物品的提供G。而且,为了把握健康和适应效应,现在消费进入了将来效用函数。(关于当前消费和其他活动对将来偏好影响的其他研究,可参阅Hahnel和Albert 1990的论文和1998年在Bowles调查的偏好变化的文献。)

$$V=U(c,x,R,E,G)+(1-r)U^f(c,c^f,x^f,R^f,E^f,G^f) \quad (1)$$

上式中$R=y/Y$,y=个人收入,Y=总收入。

同时,我们把她的总福祉看成她现在的快乐H和贴现后的(贴现率为实现将来快乐的不确定率r')将来快乐。

$$W=H(c,x,R,E,G)+(1-r')H^f(c,c^f,x^f,R^f,E^f,G^f) \quad (2)$$

如先前文中讨论的,在c水平较低的时候c增加H^f(将来快乐)会增加,在c水平较高的时候c增加H^f(将来快乐)会减少且快乐和效用不会一致。除了在本论文中忽视非情感性利他主义(或恶意)问题外,快乐和效用会由于不完全知识和不完全理性而存在差异。对适应效应的认识不足可反映为低估甚至完全无视适应效应的真实(绝对)价值，导致在绝对值上 $\partial U^f/\partial c<\partial H^f/\partial c$，过度折扣可以反映为 r 大大超过 r'。把我们的分析局限在高消费经济体中，那么 $\partial U^f/\partial c$ 和 $\partial H^f/\partial c$ 是负的。因此过高的 r 值和对适应效应绝对值的低估都会起到高估 c 对 W 的贡献，也就是导致 $\partial V/\partial c>\partial W/\partial c$。因此我们的大部分观点可以通过结合对适应效应认识不够和过度折扣导致的对 c 贡献率的高估(也就是 $\partial V/\partial c=\partial U/\partial c\equiv U_c>W_c\equiv\partial W/\partial c$)的非时间简化模型来表示。($U_i$ 和 W_i 在 $i=x,R,E,G$ 时也可能会有差异，对这些差异我们证据不足，为了简便我们在这里忽略它们的差异。)那么我们就有了

$$V=U(c,x,R,E,G);\quad U_c,U_x,U_R,U_E,U_G>0 \tag{1'}$$

$$W=W(c,x,R,E,G);\quad W_c,W_x,W_R,W_E,W_G>0 \tag{2'}$$

个人不能控制平均和总变量 Y,E,G，只能通过 c,x,y 来最大化自己的效用或福祉，c,x,y 由下式决定

$$c=(1-t)y=(1-t)(1-x)p \tag{3}$$

t=所得税(对个人来说是给定的)，p=收入率(劳动的价格或生产率)由内生决定。收入/闲暇选择的一阶条件是

$$U_x=(1-t)pU_c+(p/Y)U_R \tag{4}$$

这和教科书中的不同处只在于关于相对收入效应的最后一项。

现在考虑问题中个人生产率提高或挣钱能力 p 提高而社会生产力保持原先水平的效应。(在下述的相对静态分析中，没有使用一阶条件的全微分。附录解释了，尽管如此，这个方法还是有效的，事实上可以得出同样的结果。由于一阶条件的全微分一般得出一个很复杂且难以处理的等式，使用我们的方法的理由使我们可以提供分析一些比较静态分析类型较简单的手段。)将(1′)式对 p 求全微分，把 t,Y,G,E 当作给定(对个人来说，p 的变化对 t、Y、G、E 这些变量几乎没有影响)得出，

$$dU/dp=U_c(dc/dp)+U_x(dx/dp)+U_R(dR/dP) \tag{5}$$

(3)式对 p 求微分后把 dc/dp,dR/dp 代入(5)式,$R\equiv y/Y$ 代入(4)式,等式两边同乘以 p/U 来表示比例(即弹性形式),我们得到

$$\sigma^{Up}=\eta^{Uc}+\eta^{UR} \tag{6}$$

$\sigma^{Up}\equiv(dU/dp)p/U$ 是 p 一定比例的变化所引起 U 的总的变化的比例("总"是允许其他相关变量内生变化的意思;但 t,Y,G,E 不属于此处的相关变量),$\eta^{ab}\equiv(\partial a/\partial b)b/a$ 对任何 a、b 都是 b 一定比例的变化引起 a 的部分变化的比例("部分"指使其他变量保持不变)。

与(6)式的导数相似,我们可从对(2′)①式的微分中得到

$$\sigma^{Wp}=\eta^{Wc}+\eta^{WR}+[x/(1-x)]\sigma^{xp}(\eta^{Uc}-\eta^{Wc}) \tag{7}$$

等式(6)和等式(7)表明个人赚钱能力的提高不论对她的效用还是福祉的作用都包含了一个内在的消费效应和相对收入效应。(等式 7 中最后较复杂的一项会稍后讨论。)在低收入/消费水平时,相对收入效应可能较小,但对福祉和效用两者来说内在消费效应较大。在高收入/消费水平时,内在消费对福祉的作用 η^{Wc} 很小,甚至等于零。内在消费对效用的作用 η^{Uc} 较大,但也可能相当小。可是,相对收入对效用的作用可能相当大。因此,对所有收入水平,个人发现高收入非常重要;这可以解释对赚更多钱的激烈竞争。

(7)式中最后一项要解释一下。表达式 $[x/(1-x)]$ 是指花在闲暇上(非工作的活动)和工作上的时间的比例;当所有变量都用比例表示时,也需要这样表示来把闲暇反应弹性和其他反应弹性联系起来。表达式 σ^{xp} 是(以比例或弹性形式)表示生产率(也就是挣钱率)对闲暇的作用。如果收入效应抵消了一个高收入率的纯替代效应,那么 σ^{xp} 是正的,不能抵消就是负的。从以上(过度崇尚消费)的讨论中可得出 $(\eta^{Uc}-\eta^{Wc})$ 是正的。现在可以解释这一项的合理性了。如果过度崇尚消费,那么有过度的物品消费和不足的闲暇消费。接

① U 或 W 的标准化是一开始有 $U=W$ 所需的条件;否则(7)式中的 η^{Uc} 必须乘以 U/W。

着,如果挣钱率的提高增加了闲暇,这会提高福祉,因为它可用来抵消对物品的过度消费和对闲暇的消费不足。除非 σ^{xp} 是负的且有很大的绝对值,否则(7)式的符号是正的。

把(6)式和(7)式结合起来,可以看到 σ^{Up} 比 σ^{Wp} 大(也就是说一般认为赚钱率的增加所引起的效用的增加比福祉增加大)。如前提到忽略 η^{UR} 和 η^{WR} 之间可能存在的差异,把(6)式和(7)式相减,我们得到

$$\sigma^{Up}-\sigma^{Wp}=\{1-[x/(1-x)]\sigma^{xp}\}(\eta^{Uc}-\eta^{Wc})>0 \tag{8}$$

由于 $[x/(1-x)]$ 约为 1/4 到 1/2 之间但不会大于 1,当 σ^{xp} 是正或负的时候绝对值很小时,$\{1-[x/(1-x)]\sigma^{xp}\}$ 一定是正的,使(8)式的符号是正的因为 η^{Uc} 是正的且比 η^{Wc} 大。因此我们有

命题 1:过度崇尚消费不但会使人们高估消费的贡献还会使人们高估高收入率(高赚钱率)的贡献。

然而,(7)式的符号仍然是正的,个人收入率的增加会提高她的福祉水平尽管提高幅度小于她的效用水平。但是,当所有人挣更高的收入时,情况就不一样了。

对整个社会来讲,经济增长提高的不是一个人而是几乎所有人的收入。分配变化忽略不计的话,我们考虑代表性个人的情况,她的赚钱能力 p 和整个社会的赚钱能力 P 以同样的比例增加,也就是说,$p=P$,$dp=dP$,$x=X$,$Y=(1-X)P$ 等,大写字母表示相关变量的平均值。以具有不同赚钱能力个人的连续分布的更复杂表述不会改变中心结论。将(1′)式对 P 求微分,在 $p=P$,$dp=dP$ 时,允许总变量 Y,G,E 相应变化,我们得到

$$dU/dP=U_c(dc/dp)+U_x(dx/dp)+U_G(dG/dP)+U_E(dE/dP) \tag{9}$$

注意 U_R 不存在(9)式中,因为 y 和 Y 以相同比例变化,而 R 不变。我们应该引入政府对公共物品支出 G 和环境质量 E 如何决定。在我们简单的模型中,有

$$G=N(1-\alpha)tY \tag{10}$$

$$E=E(A,Y);\quad E_A>0,E_Y<0 \tag{11}$$

N 是给定的个人人数，α 是政府税收用于环境治理措施（A）的比例，剩下的$(1-\alpha)$是在公共物品上支出的比例。$E_Y<0$ 说明大多数生产和消费对环境的破坏作用。我们还有

$$A=\alpha tYN \tag{12}$$

把(2)、(3)、(10)、(11)式全微分后代入 dc/dp、dG/dP、dE/dP，把 N、t、α 当作既定，并将等式两边同乘以 P/U，我们得出如下的比例形式

$$\sigma^{UP}_{|t,\alpha|}=\eta^{Uc}+\eta^{UG}+\eta^{UE}(\eta^{EA}+\eta^{EY})+(x/1-x)\sigma^{XP}[\eta^{UR}-\eta^{UG}-\eta^{UE}(\eta^{EA}+\eta^{EY})] \tag{13}$$

如前对任何 $a,b,\sigma^{ab}\equiv(da/db)b/a,\eta^{ab}\equiv(\partial a/\partial b)b/a$，$|t,\alpha|$表示 t,α 保持不变。(13)式中前三项的符号是一个经济体增长对收入或生产率提高造成的直接影响，包括更高生产率导致的更高人均消费的一个内在消费效应 η^{Uc}，由于更高国民收入所导致的在公共物品上更大支出的公共物品效应 η^{UG}，以及负的环境破坏效应 $\eta^{UE}(\eta^{EA}+\eta^{EY})$。最后的一个效应，环境质量效应 η^{UE} 必须乘以治理环境的效应 η^{EA} 与破坏效应 η^{EY} 之和，因为生产的增加不但增加了环境的破坏也（通过使用在更高的税收收入中的一个固定份额来治理环境）加大了治理环境破坏的投入。(13)式中的最后的一个复杂项是通过 σ^{XP} 发生的间接作用，赚钱能力 P 的一定比例的提高引起闲暇变化(的比例)。由于(13)式中每项都用比例表示所有必须乘以 $x/(1-x)$，闲暇时间和工作时间的比例。余下的复杂的部分$[\eta^{UR}-\eta^{UG}-\eta^{UE}(\eta^{EA}+\eta^{EY})]$说明了个人收入/闲暇选择的外部效应。闲暇的增加减少了个人自己的收入并通过相对收入效应 η^{UR} 使他人获益，但通过减少公共物品提供对他人不利(因此减去 η^{UG})，有可能通过环境效应使他人受益或受损，这依赖于$(\eta^{EA}+\eta^{EY})$的正负。可能有理由假设$(\eta^{EA}+\eta^{EY})$是负的。即使给定的税收比例(只要这一份额不是太大)是用来治理环境破坏的，生产的增加还是会对环境造成更大的

破坏。

如(13)式那样可以导出,如果我们不是由(2′)式而是以(1′)式为起点,我们得出

$$\sigma^{WP}_{|t,\alpha|}=\eta^{Wc}+\eta^{WG}+\eta^{WE}\ (\eta^{EA}+\eta^{EY})+(\frac{x}{1-x})\sigma^{XP}\ [\eta^{WR}+\eta^{UC}-\eta^{WC}-\eta^{WG}-\eta^{WE}(\eta^{EA}+\eta^{EY})] \tag{14}$$

与(6)和(7)式不同,(13)和(14)式的符号是不确定的。一个个人可能理性地忙于赚钱的激烈竞争。对社会来说,生产率的提高可能不是一个纯粹的好事,即使更多的生产会提供更多的公共物品和增加治理环境的税收份额。即使在我们把不完全远见和不完全理性(这使 $\eta^{Wc}<\eta^{Uc}$ 并且(14)式中的右边项比(13)式更倾向负时)考虑进去之前(包括对适应效应的认识不足和过高折扣率),上述也是正确的。我们把(13)和(14)式相减,得出

$$\sigma^{UP}_{|t,\alpha|}-\sigma^{WP}_{|t,\alpha|}=\{1-[x/(1-x)]\sigma^{XP}\}(\eta^{Uc}-\eta^{Wc})>0 \tag{15}$$

(15)式的符号和(8)式的相同并有相似的含义。我们得出

命题 2:(a)虽然人们热衷于赚钱的激烈竞争,由于相对收入和环境破坏效应,经济增长仍有可能是减少福祉的,即使增长能为公共品的生产和环境治理提供更多的资金。[①](b)如果高收入减少闲暇的话,过度崇尚消费可能会增加福祉减少的可能性和程度。(c)过度崇尚消费会使人们高估经济增长的贡献。

在上述分析中,我们假设税率 t 和税收收入中为治理环境破坏所支出的比例 α 保持不变。然而,由于生产率 P 增加了,政府可能想要改变这个比例和税率。现在,在选择这些比例的时候,政府想把什么最大化?我不是意味着政府中自私成员的公共选择问题(虽然这是很真实的)。相反,即使政府追求公共利益(在很大程度上对

---

① 即使没有偏好和福利的分歧,命题 2 和下面命题 3 中的第一句陈述都是有效的(因此是过度崇尚消费);看 Ng 和 Ng(2001)。

宪政民主国家是真实的,虽然不完全是),它会最大化代表个人的效用 U 和福祉 W 吗?假设它最大化 U 更符合实际,如果当公共利益的追求主要是为了赢得选票时尤为如此。然而,由于下文显示的结果是负的,我们允许政府最大化福祉来加强下述结论。换句话说,即使政府足够善良和明智来选择税率和治理环境的支出比例来最大化福祉,我们看到由于个人的非理性和外部性,还是会存在问题(在福祉方面)。(偏好最大化的例子在下面的5.2节中讨论。)

允许 t,α 随 P 的变化而变化,我们得到

$$\sigma^{WP}=\sigma^{WP}_{|t,\alpha|}-\left(\frac{t}{1-t}\right)\sigma^{tP}\eta^{Wc}+\left[\eta^{tP}-\left(\frac{\alpha}{1-\alpha}\right)\sigma^{\alpha P}\right]\eta^{WG}+(\sigma^{tP}+\sigma^{\alpha P})\eta^{WE}\eta^{EA} \tag{16}$$

$\sigma^{WP}_{|t,\alpha|}$如(14)式给出。

现在假设选择最佳 t,α 来最大化 W,P 为给定。将(2′)对 t 求微分,允许内生变量 c、x、y、G、E 变化,但 α 为既定(一次一个;这不是很重要因为如果我们允许 α 变化的话,当我们在一阶条件中选择最佳 α 时会得到额外几项等于零的结果),允许平均值随个人值变化($dy/y=dY/Y$ 等)我们把(4)式代入并乘以 t/W 来表示比例,得出

$$\sigma^{Wt}=\eta^{WG}+\eta^{WE}\eta^{EA}-\left(\frac{t}{1-t}\right)\eta^{Wc}+\left(\frac{x}{1-x}\right)\sigma^{Xt}\left[\eta^{WR}+\eta^{Uc}-\eta^{Wc}-\eta^{WG}-\eta^{WE}(\eta^{EA}+\eta^{EY})\right] \tag{17}$$

有两个上标的 σ,η 在(13)式中已经有了定义。和(14)式相似,(17)式的前三项的符号是直接作用,最后一项是间接作用。除了由 $\eta^{Uc}-\eta^{Wc}$ 表示的私人消费有用性的过高期望,间接作用和(14)式相同而且有同样的解释(讨论在对效用来说的等式(13)下面)。直接作用(税率的增加)包括公共物品提供效应 η^{Wg},一个环境治理效应 $\eta^{WE}\eta^{EA}$(因为更高的税收给公共物品和治理环境破坏提供更多的资金),一个(负)的消费效应 $\left(\frac{t}{1-t}\right)\eta^{Wc}$。最后一个效应之所以要乘以 $[t/(1-t)]$ 是因为所有项都是以比例形式出现的。对于这个特殊效

应,不用比例形式更容易说明其含义。如果我们将上式两边都乘以 W/t 来取消比例形式,我们得到,表示负消费效应的项的形式原本是这样的:

$$\frac{dW}{dt}=\cdots\frac{y\partial W}{\partial c}\cdots$$

在这个形式中,很清楚的可以看到 t 上升以 y 的比例通过消费效应减少福祉因为 t 上升引起 c 以 y 倍的下降。

相同的,在(2′)中的 W 对 α 求导,有理由假设 α 对工作时间的作用忽略不计,我们有

$$\sigma^{W\alpha}=\eta^{WE}\eta^{EA}-\left(\frac{\alpha}{1-\alpha}\right)\eta^{WG} \tag{18}$$

显然,(18) 式中的符号表明 α 的上升使环境治理方面的投入加大,但是其他公共品的提供量却因此减少。有理由假设 t,α 连续且有内点解,欲使 t,α 的取最优值,需令(17)与(18)等于零。把得到的等式代入(16)式,得到闲暇对收入和税率没有弹性的特殊情形(一般情况很快就会讨论),有下述方程

$$\sigma^{WP}_{|t^*,\alpha^*|}=[1/(1-t)]\eta^{Wc}+\eta^{WE}\eta^{EY} \tag{19}$$

$\left|t^*,\alpha^*\right|$ 表示税率和政府收入用于治理环境的比例是最优的。因此(19)式以弹性形式表示,当税后收入的变化对工作时间的作用是收入和替代效应相互抵消的情形,生产率的外生变化对福祉的作用,而在增加之前和之后有最优的税率和治理环境的比例来最大化福祉。

虽然这是最优选择,但(19)式的符号还是不确定的。第一项(消费效应)是正的(但对富裕的经济体来说可能挺小),第二项(环境破坏效应)是负的(但对富裕的经济体来说可能有很大的绝对值)。因此如果环境破坏严重(事实也很可能是如此)的话,即使公共部门的大小和治理环境的支出是最佳的,经济增长也可能减少福祉。为了防止这种情况的发生,可能必须对破坏环境直接征税而

不只是通过收入税间接征收。[①]即使在税率和治理环境的比例是最优的情况下？经济增长会减少福祉看上去可能有点奇怪。解释是税收只把资源从个人生产转向也有可能产生环境破坏效应的公共物品的生产。如果破坏效应很大而治理环境很困难，增长会减少福祉，除非直接对破坏环境活动进行征税的成本不高。

工作时间或闲暇对税后收入起作用的一般例子，我们可用下式代替(19)式

$$\sigma^{WP}_{|t^*,\alpha^*|}=[1/(1-t)]\eta^{Wc}+\eta^{WE}\eta^{EY}+\left(\frac{x}{1-x}\right)[\sigma^{XP}-\sigma^{Xt}\ (1+\sigma^{tP})]\times[\eta^{WR}+\eta^{Uc}-\eta^{Wc}-\eta^{WG}-\eta^{WE}(\eta^{EA}+\eta^{EY})] \qquad (19')$$

即使闲暇的反应(σ^{XP} 和 σ^{Xt})是不可忽略的，(19′)式的符号还是负的。有了收入和替代相反的效应，σ^{XP} 和 σ^{Xt}(在只有税后收入的模型中它们应该有相同的绝对值而正负号不同)的正负不明确。根据历史事实，从长期看很可能 σ^{XP} 是正的（闲暇随收入增加而增加)。然而，根据上半个世纪的经验(Pencavel 1986)闲暇并没有随收入的增加而增加。因此，对于特定的经济体和时期(比方说，上几十年的亚洲国家）替代效应可能抵消收入效应从而在一段时间里使工作时间随收入的提高而提高。(由于国际竞争导致的过长工作时间，看Gratton 和 Holliday 1996，p.218。)可能 σ^{tP} 是正的(最佳税率随生产率增长而增长)。这符合历史事实，也可以由 Ng 2000a 中的合理假设推导出来。(一个负的而又小于 1 的 σ^{tP} 并不会改变结论。)这使得$[\sigma^{XP}-\sigma^{Xt}(1+\sigma^{tP})]$为负。那么，如果相对收入效应 η^{WR} 很大，环境破坏效应大于治理环境的效应(负的 η^{EY} 比 η^{EA} 大)，无知和非理性以及广告导致过度崇尚消费使 $\eta^{Uc}-\eta^{Wc}$ 为正而且比 η^{WG} 大，

---

① (19)式看上去太简单了，好像不是正确的似的，而且忽略了对 G 的作用。事实上，在设(17)式等于零并代入等式之前，(19)$\sigma^{WP}_{|t,\alpha|}=\eta^{Wc}+\eta^{WG}+\eta^{WE}(\eta^{EA}+\eta^{EY})$式为同时更高的 P 对A 和G 都起作用。可是当闲暇X 不随t 变化时，因为设(17)式等于零，最优解t 得到$\eta^{WG}+\eta^{WE}\eta^{EA}=[t/(1-t)]\eta^{Wc}$，从而得到(19)式。

(19′) 式中最后圆括号中的一项可能是正的而且值较大，从而使(19′)式中的第二行为负。我们得出：

命题 3：虽然选择了最优税率和最优治理环境比例，如果不能在低成本下直接对破坏环境征税的话，经济增长也可能减少福祉。如果高收入率减少闲暇的话，过度崇尚消费可能还会增加福祉减少的可能性和程度。

σ^{XP} 和$-\sigma^{Xt}\sigma^{tP}$ 合在以前相互加强看起来很奇怪(刚开始对我来说也是如此)。我最初认为如果一个更高的收入率 P 允许增加 t，那么这个更高的税率会部分抵消原来较高的 P。因此我怀疑 $\sigma^{Xt}\sigma^{tP}$ 的符号是正而不是负的。在检查了计算没有错误后，我最后作出了下述解释。在我们代入让(17)式等于零得到的等式之前，(19′)式如下所示

$$\sigma^{WP}_{|t^*,\alpha^*|}=\eta^{Wc}+\eta^{WG}+\eta^{WE}\ (\eta^{EA}+\eta^{EY})+\sigma^{tP}\ [\eta^{WG}+\eta^{WE}\eta^{EA}-(\frac{t}{1-t})\eta^{Wc}]$$

$$(\frac{x}{1-x})\sigma^{XP}\times[\eta^{WR}+\eta^{Uc}-\eta^{Wc}-\eta^{WG}-\eta^{WE}(\eta^{EA}+\eta^{EY})] \qquad (19'')$$

(19″)式中每项含义都可以很直观地看出来。前三项的符号是更高生产率的直接效应，最后很复杂的两项是通过 t 和 X 对 P 的间接效应。然而$[\eta^{WR}+(\eta^{Uc}-\eta^{Wc})-\eta^{WG}-(\eta^{EA}+\eta^{EY})]$项包含了外部效应和对工作/闲暇选择的无知/非理性的作用，该项的符号不明确。更多的闲暇(工作减少)通过减少相对收入效应和减少未经治理的环境破坏效应来使他人获益，但又通过减少公共物品的提高使他人受损。如果有诸如过度崇尚消费的情况，则 $\eta^{Uc}-\eta^{Wc}$ 是正的，那么本人就可以受益。当 t 为最优时，设(17)式为零，使前两项等于负的后两项。把它代入(19″)式就变成了(19′)式。

五、对福祉的成本收益分析

当我们的福祉经济学拓展到福祉水平，其他与福祉评价有关

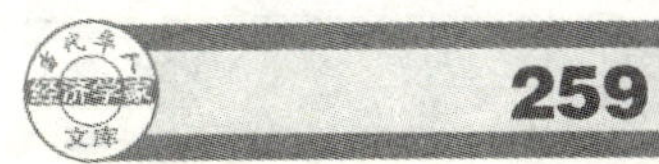

的经济分析领域也会受到相似的影响。作为一个例子和为了其本身的目的，本节说明以福祉最大化为目标的成本收益分析与传统的成本收益分析的区别。

（一） 忽略环境质量

为了检验一个公共项目是否增加效用或是否增加福祉，我可以在考虑了政府和个人的预算约束和个人最大化行为的情况下，检验和这个项目有关的公共物品的提供使 G 的增加是如何影响效用或福祉的。为了使接下来的分析简单明了，让我们暂时撇开环境质量问题（也就是说，先忽略 E，把治理环境所支出的比例 α 定为零；下文再引进）。将简化了的(1′)式对 G 求微分，将下述各项代入(6)，从(3)式的微分所求得之 dc/dG，(4)式的 U_x，从(10)式的微分而求得的 dt/dG（在代入对等式 3 的第二个等式的微分而求得的 dy/dG 之后）代入(6)式。我们在两边同除以 U_c 来使式子呈替代边际率的形式且恒标准化为 1。

$$TMV_G^U \equiv (dU/dG)/U_c$$
$$=U_G/U_c+(1-x)(dp/dG)+(p/Y)(U_R/U_c)(dx/dG)-1-tp(dx/dG) \quad (20)$$

TMV_G^U 是（包括间接和融资效应）G 增加时的总边际价值，上标 U 表示以效用（代表偏好）的形式评价与下面以福祉评价区分开来。(20)式右边给出了货币收益和相关公共项目的成本，包括：

a.项目的直接消费收益 U_G/U_c（对一个生产率导向的项目，U_G/U_c 可能是负的）。

b.公共物品通过提高生产率 dp/dG 的收益（对消费导向的项目来说 dp/dG 可能是负的）。

c.如果项目（包括通过税率 t 的变化来融资）改变了闲暇 x，相对收入效应 U_R 的间接成本/收益。

d.项目的直接成本。

e.由于项目及其融资的反激励效应造成的超额负担 $tp(dx/dG)$。

如果一个更高税率的替代效应超过它的收入效应,dx/dG 是正的,而且如果现有的税率 t 已经很高的情况下,这个反激励效应会非常大。这是经济学者所强调的一个观点(如 Feldstein 1997)。(很费解的是,除了先前的税率,是总反激励效应而不是纯替代效应决定超额负担的大小。这个难题在 Ng 2000b 中有图解。)然而,Kaplow (1996)和 Ng(2000b)争论,当我们考虑支出和融资两个效应时,不能假定反激励效应或扭曲是正的。

如果项目(和它的融资)增加/减少闲暇,则通过相对收入效应的间接效应是正/负的。这是因为相对收入效应意味着,从社会观点看,个人用太多的时间去赚钱,因为一个人的相对收入增加意味着其他人相对收入的减少。

从(20)式可以看到,即使在一个公共项目(和它的融资)包括一个实质的反激励效应($dx/dG>0$),通过正的先前的税率导致的相应的超额负担必须由相对收入效应引起的项目的间接收益来抵消。因此这两个效应大小的估计是重要的。经济学者花了很多时间估计超额负担,但对估计相对收入效应花的时间却很少。

应该注意,无论相对收入效应导致的间接效应正负与否(也就是说,无论 dx/dG 是负/正),相对收入效应总是通过反激励效应 $tp(dx/dG)$来抵消过重负担。这种抵消可以是部分、全部或超过全部,主要依赖于(U_R/U_c)是小于、等于或大于税率 t。也就是说,它依赖于

$$\eta^{U_R}/\eta^{U_c}<,=,>t/(1-t) \tag{21}$$

用文字表示,如果效用对相对收入的比例反应(这也可称为相对收入效应系数)相对于效用对消费的比例反应(内在或绝对消费效应系数),比税率和未征税部分的收入的比例小/大,通过相对收入效应起作用的间接效应不能/能抵消超额负担效应。对一个税率高为 33%的国家,为了完全抵消超额负担效应,相对收入效应的系数必须是绝对消费效应系数的 1/2。这对很多情况可能都是适用的。可是,还需要更多的经验研究。

上面的讨论还是在偏好而不是福祉的框架下进行。为了达到福祉最大化,我们要从(2′)式而不是(1′)式开始。接着,在一个如上描述的对(20)式的求导过程,我们得出

$$TMV_G^W \equiv (dW/dG)/W_c$$
$$=W_G/W_c+(1-x)(dp/dG)+(p/Y)(W_R/W_c)(dx/dG)-1-tp(dx/dG) \quad (22)$$

TMV_G^W是以福祉评估的（包括间接和融资效应)G增加时的总边际价值。如果效用和福祉总是相等的,那么(22)式和(20)式是等价的。可是,我们在3.3部分讨论过,累积本能和物质社会的相互影响导致了过分的物质主义偏差，使我们甚至在个人层次上更注重消费而不是合理的福祉。这意味着$U_c>W_c$。由于公共物品既不属于个人又不卖给个人，累积本能和广告诱使导致的偏差对G不起作用,至少不像它们对私人消费c那么起作用。因此我们可能认为U_G和W_G有相似的值。(若事实并非如此,则还应做一些相应的调整。可是,即使是$U_G>W_G$,我们还是多数可以得出$U_G/U_c<W_G/W_c$,使下述结论定性层次上还是正确的，虽然下面提到的定量调整因子β可能比较小。)累积本能和广告导致的偏差可能对相对收入效应起作用。然而,这个作用不可能比对消费效应起的作用大。因此,举一个对我要说明的观点最不利的例子,我们可以假设$U_R/U_C=W_R/W_C$。接着,比较(22)式的符号和(20)式的符号,我们注意到前面的W_G/W_c比后面的U_G/U_c大,而其他项的值都很接近。这意味着由于过分的物质偏差，公共物品的收益以偏好或福祉形式在传统成本收益分析中被低估了。当进行以福祉最大化为目标的成本收益分析时需要进行调整。因此知道$W_G/W_c-U_G/U_c$的大小是有意义的。当$W_G=U_G$时,我们可以写出

$$W_G/W_c=(U_G/U_c)U_c/W_c=(U_G/U_c)(1+\beta) \quad (23)$$

这里$\beta\equiv(U_c-W_c)/W_c$是根据过分物质主义偏差定义的比例即消费的边际效用比例超过边际福祉占后者的比例。以边际替代率

表示,$\beta \equiv [(W_c/W_c)/(U_c/U_c)]-1$。因此,所需的调整是把这个比例加到对公共项目边际消费收益的传统估计中。如果 W_c 比 U_c 小很多(如快乐数据显示,但还需很多研究),β 就很大。需要的调整可能是几倍而不是几个百分点。

注意到虽然公共项目的消费收益应当如此调整,生产性收益(也就是说,项目对生产率的贡献)不需要调整,这个是挺有意思的事。这个不对称凭直觉就可以解释。由于过度物质主义使人们过度偏向私人消费,因此公共项目的消费收益必须向上调整。生产性收益不需要如此调整,因为更高的生产率不但增加公共收入(通过收入税)还增加私人消费。尽管经过推导和直觉分析后这个不对称是不足为怪的,但我在比较(20)式和(22)式之前,并未意识到这是正确的。这一小节的主要结论总结如下①。

命题 4:(a)由积累本能和广告导致的过度消费主义(定义为消费的边际效用超过边际福祉的正值)的存在,以福祉最大化为目标的成本收益分析应该把公共项目的边际消费收益向上调整一个比例,这个比例由消费的边际效用超过消费的边际福祉的部分的百分比来决定;公共项目的生产性贡献则不需要调整。(b)即使不存在过度的消费主义,以偏好或福祉最大化为目标的成本收益分析,应该以通过相对收入效应而产生的间接作用来抵消对公共项目及其融资的反激励效应所造成的超额负担。不管通过相对收入效应而产生的间接作用是负是正(这取决于反激励效应是负是正),它总是通过反激励效应抵消超额负担效应。(c)如果效用对相对收入的弹性(相对收入效应的系数)与效用对消费的弹性(内在或绝对消费效应的系数)比税率对收入的未征税的比例小/大,通过相对收入效应而产生的间接作用不能/完全能超额抵消超额负担效应。

---

① 命题4(a)在Ng & Ng(2001)中已经有论述,但还停留在传统的偏好/效用的框架,而本文分析到福祉的水平。

（二） 解释环境破坏和治理环境

在这一小节，环境质量 E 和治理环境的支出比例 α 再度被引进。我们可以同样像推导(20)式那样并结合(11)式和(12)式推导出

$$TMV_G^U \equiv (dU/dG)/U_c$$

$$=(\frac{U_G}{U_c})+(1-x)\left\{1+(\frac{U_E}{U_c})E_y\right\}(\frac{dp}{dG})+\frac{1-\alpha(U_E/U_c)E_A}{1-\alpha}-$$

$$\frac{tY}{1-\alpha}\left\{1-(\frac{U_E}{U_c})E_A\right\}\frac{d\alpha}{dG}-p\left\{t-\frac{U_R}{YU_c}+(\frac{U_E}{U_c})E_Y\right\}\frac{dx}{dG} \tag{24}$$

(24)式和(20)式相比，我们可能发现环境破坏和治理环境效应的存在导致了对成本收益分析的下述调整（无论是以偏好最大化为目标还是以福祉最大化为目标）：

a. 项目的生产性收益必须由更高生产水平的环境破坏效应来抵消(注意 $E_Y<0$)；

b.直接成本必须以对治理环境的影响来调整。比方说，α 保持不变，给定一个 α,G 的增加必须通过一个更高的税率 t 来匹配，t 可以为治理环境提供更多的资金。因此，当直接成本通过 $\frac{1}{1-\alpha}$ 的比例而变大来考虑更高的治理环境的间接成本，它必须通过从更高的环境治理的收益来缩小。如果 α 随 G 的增加而改变，必须同样估计额外的成本和收益；(下文还会谈及)。

c. 通过反激励效应和现存的税率产生的间接成本不仅应由相对收入效应还应由环境破坏效应 $-(\frac{U_E}{U_c})E_Y$ 来抵消。

从(24)式右边的第三项和第四项可以看出对一个给定的 α 或变化的 α，更高水平的环境治理的收益是大于还是小于更高水平的环境治理的成本取决于 $(\frac{U_E}{U_c})E_A$ 是大于还是小于 1，也就是说 U_EE_A

是大于还是小于 U_c。(另言之,一元治理环境的支出是否产生大于一元的消费的效用。可是,回忆一下当我们把这个分析运用到一个人数没有标准化到 1 的真实世界的时候,必须把所有人的 $\frac{U_E}{U_c}$ 加总起来。)也就是说,这取决于是否

$$\eta^{UE}\eta^{EA}/A>,<\eta^{Uc}/c \tag{25}$$

A 是人均治理环境支出,因为 N 标准化为 1。用文字表示,如果效用对治理环境比对消费反应更敏感,那么更高环境治理支出比例产生的收益比成本高。直观上看,如果治理环境的支出比例是次佳的而且产生的收益比成本高(边际上),一个项目对治理环境的任何正(负)作用应该被看做是一个用来抵消(弥补)这个项目的直接费用的收益(成本)。如果治理环境支出过多而且产生比成本更少的收益(边际上),则相反的才是正确的。

把政府在治理环境的支出份额看作一个变量,我们应该再对关于 α 随 G 的增加的值的其他例子加以考虑,因为这影响到所需的成本收益分析。可以考虑一下下述三个例子:

A.α 在 G 和 t 增加时保持不变

B.α 的变化使总的环境治理的支出 A 不变

C.选择使效用最大化的 α 和 t。(对于只选择使效用最大化的 α,而不选择 t 的例子没有意义而且计算上也很复杂。)

对于例子 A,我们把(14)式中的 $d\alpha/dG$ 设为零。对于例子 B,对(10)式和(12)式对 G 求微分且 $dA/dG=0$,我们有 $d\alpha/dG=-\alpha/tY$。把最后一个等式代入(24)式得到

$$TMV_G^{\ U}\equiv(dU/dG)/U_c$$

$$=(\frac{U_G}{U_c})+(1-x)\left\{1+(\frac{U_E}{U_c})E_Y\right\}(\frac{dp}{dG})+1-p\left\{t-\frac{U_R}{YU_c}+(\frac{U_E}{U_c})E_Y\right\}\frac{dx}{dG} \tag{26}$$

(24)式中的第三、第四项由 1 来代替。当治理环境支出 A 保持

不变时,我们不需要通过治理环境效应来调整直接成本。

对于例子 C,为了简便起见,我们认为该例中 α 和 t 的变化对闲暇的时间 x 不起作用。(对于 α 和 t 的变化对闲暇的时间起作用的例子,我们得到反映间接效用类似于在上面讨论(24)、(26)式中选择最优 α 和 t 的与 dx/dG 相关的项。由于替代和收入效应的相互抵消的性质,对 x 的作用一般是很小的。它们对最优选择 α 和 t 的二阶效应更是可以忽略不计。)对(1′)式中的 U 对 α 和 t 微分,让得到的式子等于零(以求最优的 α 和 t)可得出 $U_E E_A=U_G=U_c$。再把它代入(24)式就得到了(26)式。这意味着,有了最优的 α 和 t,我们不需要通过治理环境效应来调整直接成本。

我们可以从(2′)式而不是从(1′)式开始来用福祉最大化而不是偏好最大化来分析环境破坏和治理环境的含义,得到类似于(24)~(26)式的等式但 U 变为 W。接着,在新一组等式(24′)~(26′)式中比较 W_G/W_c〔下面只有等式(25′)和(26′)〕和在等式(24)~(26)中 U_G/U_c 的值,我们可以得出下述结论:在一个有过度消费主义的社会中,必须根据前一节所讨论的要求对公共项目的消费效应做一个相似的调整。除了这个,还要再加两点,第一,考虑一下下面的(26′)式

$$TMV_G^W \equiv (dW/dG)/W_c$$

$$=(\frac{W_G}{W_c})+(1-x)\left\{1+(\frac{W_E}{W_c})E_Y\right\}\frac{dp}{dG}+1-p\left\{t-\frac{W_R}{YW_c}+(\frac{W_E}{W_c})E_Y\right\}\frac{dx}{dG} \tag{26′}$$

甚至在没有低估环境质量收益的情况下,当 $W_E=U_E$ 时,仅存在过度消费主义($U_c>W_c$)使根据偏好评估的环境质量值低于根据福祉评估的值,也就是说,$\frac{U_E}{U_c}<\frac{W_E}{W_c}$。这种低估意味着我们必须对以福祉最大化为目标的成本收益分析再做调整。环境效应$(\frac{U_E}{U_c})E_Y$必须

向上调整的比例为$\beta \equiv (U_c - W_c)/W_c$才能变为$(\frac{W_E}{W_c})E_Y$(相当于前面一小节提到的对公共项目消费收益所作的调整),作为对公共项目的生产性收益的抵消和对公共项目的反激励效应和它的融资的抵消。

第二,考虑$\eta^{WE}\eta^{EA}/A>,<\eta^{Wc}/c$ (25′)

这个式子是在福祉最大化时决定治理环境支出A的增加会产生正或负的净收益(相当于A是供应不足还是供应有余)的条件,而(25)式是偏好最大化的相应条件。可以有理由说,由于治理环境效应的长期性(至少在某种程度上,更不用说国际公共物品的性质),近视的政府一般对治理环境是支出不足的,甚至在以偏好最大的目标上看也是不足的。然而,为了当前的目标,我们暂停讨论这一点,而假设治理环境,根据偏好最大化来看,是已经达到最优的。也就是说,条件(25)是一个等式。那么,即使不存在对环境质量收益低估(假设没有高估,也就是说$W_E \geq U_E$),我们可以从(25′)和(25)的对比中得出,在过度消费主义存在的情况下,治理环境在福祉上看是供应不足的。回到(24)式和(24′)式,则反过来意味着如果一个项目(包括它的融资)导致了一个更高/更低水平的治理环境,会导致正/负的净收益,因而应该对此进行相应考虑。

我们可以把这小节的结论总结为两个命题。

命题5:在存在环境破坏的情况下,不管是效用最大化还是福祉最大化,(a)一个公共项目的生产性收益,必须扣除因更高生产水平的较大环境破坏效应。(b)由反激励效应和现有税率导致的项目的间接成本不仅被相对收入效应而且被环境破坏效应所抵消。(c)当治理环境的支出保持不变,或当税率和治理环境的支出比例都被最优化时,项目的直接成本不需要通过调整来考虑治理环境的作用。在其他情况下,如果公共项目及其融资使治理环境的支出增加/减少,而治理环境在边际上产生正的净收益,那么直接成本就应该相应下移/上移(上移/下移)。如果治理环境在边际上得出负的净收益,那么相反过来才是正确的。

命题 6:(a)在存在过度消费主义的情况下,对一个以福祉最大化为目标的成本收益分析来说,不但一个公共项目的消费收益(在命题 4 中讨论过)而且环境破坏效应(命题 5 中讨论过)都应向上作相似调整。(b) 如果一个项目及其融资导致了治理环境的增加(减少),很可能产生正(负)的净收益,因为治理环境从福祉观点看多数是供应不足的。

六、结束语

所有的经济学者都熟悉下述简单观点。由于生产或收入不是我们最终重视的东西,GNP(甚至是真实和人均意义上的)的增加也可能是不好的, 因为闲暇的大幅减少和/或环境破坏的大幅增加可能抵消 GNP 所增加的收益。因此现代经济学者愿意超越生产而转向偏好。可是,偏好仍不是我们最后重视的。如我在上面和其他地方(Ng 1999)所争论的,我们真正想要的是福祉或快乐。因此,偏好方面的帕累托改进如果使快乐减少也是不可取的。个人的不完全知识,近视错误以及不完全理性(包括累积本能的动物性和对适应效应的认识不足)会被我们竞争的商业社会影响而放大,使每个人都会过度忙于赚钱,而快乐却未增加。(这是可能的而且这个可悲的结果和对个人之间的外部效应有关。)因此,经济增长是否增加快乐和什么公共政策增进快乐是经济学者应该尽力帮助回答的重要问题。

如果可以可信地建立私人消费的进一步增加并不能增加社会福祉的观点,对公共项目的集资只是在金钱上算有成本,而若用福祉算是没有成本的。由于福祉是最基本的, 并对政策有深远的意义。对可以增进快乐的公共项目(如环境保护、教育和研究;很明显很多公共支出并不是在公共物品上)的集资甚至在高成本的情况下也是值得的。事实上 Di Tella 和 Mac Culloch(2000)发现许多政府消费和福祉存在正相关但 Veenhoven(接下来)发现政府在社会保障上的支出和福祉没有关系。把这两项事实合起来看,可能政府在公共物品上的支出(这包括政府消费与政府在社会保障上的支出之间的差异的大部分)应该和快乐有更大的正相关(我想验证这点但把它留给没有偏见的研究者。)如果我们考虑到全球公共物品和在这些物品上支出的长期性质,我们看到全球一致增加在这些公共品上的支出将是最能增进福祉的,这和上面提到的 Easterly (1999) 的结果一致。这并不否定公共支出中存在的大量低效率。(看 Tanzi 和 Schuknecht 2000 的争论认为许多大政府的国家在不减少社会福祉的情况下可以减少公共支出。)可是,公共支出的低效率事实上可能增加公共支出的最优规模(Ng 2000,8.2 小节)。

事实上,如 Kaplow(1996)和 Ng(2000)所争论的,甚至以金钱计,公共支出的真实成本还是被经济学者高估了。经济学者强调税收的超额负担(包括反激励效应),忽略了增加激励的支出上的抵消收益和税收的校正本质,日益重要的相对收入效应(虽然早在 1834 年 Rae 就开始讨论了)(Ng 1987)、钻石物品效应、大多数生产和消费的环境破坏效应。

尽管同意过度消费主义、相对收入效应和环境破坏效应的重要性,一个评论员认为只需要“一个的校正的税...以一笔总付的形式进行”。(对提议高收入税和高消费税可能被用来对付相对地位的效应;看 Akerlof 1976,Frank 1999,Ireland 1998,2001)。为了看为什么这还不够,考虑一个收入/替代弹性和闲暇都很低的例子。(这可能更有现实意义,因为从长期看,在收入差异很大的情况下,许多人愿意一天工作大约 6~8 小时,即使不考虑收入效应。这些工作时间是“生活必须”。注意快乐研究表明失业的人在快乐上的损失,远远不能用收入的减低来解释。那么高收入税加上转移支付只能稍微减少工作/收入(个人)消费。如果我们仍使用建立在偏好基础上的传统成本收益分析(这已被累积本能、相对工作效应和广告所扭曲),我们还会继续认为大多数的公共项目是不值得花钱的。那么私人消费、生产和环境破坏就会很大,但福祉很低。(这可以解释为什么强制工作时间是可取的。)但可能存在能增进福祉的公共项目。其次,仅使用高税率忽略了公共项目消费收益和生产性收益的区别,公共项目消费收益必须向上调整过度消费主义的份额,而生产性收益不需要调整(上面的命题4)和一些在存在或不存在过度消费主义的情况下相对收入效应、破坏效应和减少破坏效应之间的复杂的相互关系(命题4~6)。

虽然存在实质性的无知和非理性,我不想提倡政府应该直接干涉个人的日常活动,因为家长式统治有巨大的成本。政府直接干涉个人的日常活动,对一个对个人福祉重要的自由社会是具有灾难性的。(Veenhoven 2000 表明自由和快乐有正相关。Frey 和 Stutzer 2000 表明民主和快乐有正相关。)还有,在政府支出很低效或以减少福祉方式的支出(很低或是负的),支持高公共支出就不适用了。可是,这并不意味着对福祉和偏好差异的研究在实践上是没有正作用的。首先,当个人意识到研究发现的福祉和偏好差异时,他们可能相应调整自己的偏好。比如,他们更重视对福祉重要的事,在竞争性和很大程度上没有成果(通过人际间的相对收入效应和通过时际间的习惯、灵感形成和近视效应)的消费上花较少的时间和资源。相反,对具有外部效应的发现新知识上的竞争,反而可以(应该)鼓励。其次,我们的分析显示总体上的成本收益分析和尤其是环境保护的重要性可以在不直接干涉个人自由选择的情况下得到考虑。公共政策应在调整不会施加大额政府成本的领域根据对偏好和福祉差异的更佳理解来调整。可是,还需更多的研究,包括使快乐的衡量更准确(Kahneman 1999)和在人际、时际间更有可比性(Ng 1996a)。还有,对不完全理性的认识可以帮助解释许多被广泛使用而有违自由选择原则的措施,例如,反对诸如氟化反应和禁止毒品和赌博。(这并没有排除在某些例子中这种禁止的减少会增进福祉的可能。)

使用一个代表性个人方法,我们的分析没有提到收入分配和个人差异。其他地方(Ng 1979/1983,1984),我论述对于任何经济政策或成本收益分析的具体问题,我们应该遵循“一元是一元”的原则,也就是说,只关注效率而不关注分配效应,使平等的目标通过总税收/转移支付体系来更有效的取得。虽然后者有反激励效应,在每个具体问题上尽力达到平等的政策同样有相似的反激励效应(这点经常被忽视)并增加了额外的扭曲。这个结论从假设理性个人选择推出。在大量不完全信息和非理性存在的情况下需要一些调整。可是,这些调整为了在福祉方面达到效率,而不是为平等本身。然而,如果额外的收入对增进福祉不重要,那么这总税收/转移支付体系中朝平等的方向更进一步是可取的。但这并不影响在具体问题上使用“一元是一元”的原则,除非不完全信息和非理性导致在具体领域上的具体偏见,为了福祉,效率可能需要调整(看下一段)。

使用福祉分析还允许我们处理偏好变化(这是经常而且是无处不在的;看 Bowles 1998。事实上,人们可能有意识地选择去改变偏好;看 Ng 和 Wang 2001)所带来的问题。经济学者知道如何在个人偏好排序既定的情况下比较不同情形。在存在偏好变化的情况下,使用经济分析的标准工具不能比较不同的情况。必然改变偏好的许多例子包括广告、教育、社会影响等。由于广告改变偏好,标准的方法不能评价广告。(但可以看一些 Becker 和 Murphy 1993;Brester 和 Schroeder 1995;Pollak 和 Wales 1992 所作的其他的分析)。随着偏好的改变,如果在偏好改变之前和之后对快乐或福祉的水平进行对比那么我们可能得出一个评价有关选择的分析。Gintis(1974)强调偏好的内生性和它对传统福祉分析的严重破坏。

可是，他意识到传统分析“不会放松对经济学者思想的控制直到找到一个替代的分析方法”(p.429)。我们所需要的替代分析方法就是分析不同偏好和其他因素对快乐的影响，因为我们的最终目标是快乐。随着最近对快乐研究的兴起(例如，在2000年Nuffield College有关“经济学和快乐的追求”的会议，在AEA 2001年一个有关“经济学和快乐”的会议以及最近出版的《快乐研究》期刊)和更多的交叉学科的研究，在这方面会出现许多有用的进步。

我们的分析解释了许多经济学者和大众观念上的分歧。比如，很多经济学者(在我阐明这篇论文的观点之前也包括我在内)不能理解为什么人们对如失业和不平等的问题这么关注。(关于平等而不是绝对收入水平对健康、快乐的重要性，看Eckersley 1998，p.15；Wilkinson 1997。)在许多例子中，像某些诸如保护性关税或配额之类的手段的有效成本是所有被保护雇员收入总和的很多倍。即使停止保护的确会导致一些暂时性的失业，但我们用金钱收益或损失来衡量时，继续保护不论有或没有影响分配也明显是低效的。可是当我们考虑到快乐时，情况就不那么明朗了。Winkelmann和Winkelmann(1998)总结出失业是非常不快乐的事，远超过可以用收入水平的降低来解释。没能找到工作的挫折感和相应导致的自信心的丧失给快乐造成的沉重代价，远高于获得更多闲暇的收益。在一个高收入/消费水平在社会层次上对快乐不起作用的社会中，牺牲几倍于相关工人收入的钱(由全社会分摊)未必是件坏事。我想附加说明的是这个观察的有效性并不意味着公众不会被误导，从而忽略保护的间接成本和自由贸易的长期高效收益。因此，尽管这个观察有效，但经济学者还是能起着说明这些成本和收益的作用。可是，至少在一些情况下，选择可能不像经济学者只用金钱计算的成本收益认为的那么简洁明了。当我们对了解甚少的福祉进行更进一步研究时，情况就不那么明了了。由于福祉方面的信息远少于偏好和金钱上的信息，经济学者的既得利益在于，否定偏好和福祉分歧或是福祉的相关规范性的存在。用收入甚至偏好分析很容易,但福祉是最后真正重要的东西。我们很难否认偏好和福祉之间的重大分歧。尽管困难重重,经济学者还是要面对挑战。经济学者不是为过安逸的生活而出生的。

附录

没有一阶条件微分的相对静态分析

大家都知道相对静态分析中一个重要的步骤是对一阶条件求全微分。因此一个评论者认为本文的相对静态分析不正确也不足为奇,因为一阶条件(4)并没有完全微分,而相应得到的等式用在分析中。本附录告诉我们,本文这个方法是正确的。这个方法可能有更广的应用范围, 因为一阶条件的全微分不能用于许多复杂的模型而且一阶条件的全微分对某些问题也是不必要的。为了简便起见, 我用一个比本文更简单的模型来说明我的观点——和课文类似的例子即个人效用取决于消费 c 和闲暇 x。

$$U=U(c,x) \tag{A1}$$

$$c=(1-x)p \tag{A2}$$

以(A2)的预算约束为条件,对(A1)的最大化就有了边际收益等于工资或边际生产率 p 的一阶条件

$$U_x/U_c=p \tag{A3}$$

下标表示偏导数。

一般的对 w 作为外生参数的比较静态分析是对预算约束(A2)和一阶条件(A3)都进行全微分,得出

$$pdx+dc=(1-x)dp \tag{A4}$$

$$(U_{xx}-pU_{cx})dx+(U_{xc}-pU_{cc})dc=U_c dp \tag{A5}$$

以矩阵形式重写(A4)、(A5)并用克莱姆法则(Cramer's rule)求出

$$dx/dp=[U_c-(1-x)(U_{xc}-pU_{cc})]/D \tag{A6}$$

$$dc/dp=[(1-x)(U_{xx}-pU_{cx})-pU_c]/D \tag{A7}$$

$D\equiv U_{xx}-pU_{cx}-pU_{xc}+p^2U_{cc}$ 的二阶条件是负的。这是一个标准的比较静态计算,可用于评估不同外生变量的值(这个例子中是 P)对内生变量的值(x 和 c)的作用。为了这个目的,一阶条件的全微分是必要的,因为相应得出的等式限定了继续满足一阶条件的内生变量的综合变化,这个一阶条件在外生变量变化之前和之后都是满足的。

可是,这个文章的目的不是评价 p 对 c 和 x 的作用,而是对 U 的作用。在这个例子中,文中使用的方法是向 U 对 p 求微分,得到

$$dU/dp=U_c(dc/dp)+U_x(dx/dp) \tag{A8}$$

这个式子是有效的,因为在分析中 U 只取决于 c 和 x。然后,向预算约束(A2)对 p 求微分得到

$$dc/dp=1-x-p(dx/dp) \tag{A9}$$

把(A9)代入(A8)得到

$$dU/dp=(1-x)U_c \tag{A10}$$

或者通过乘以 p/U 以分数表示为

$$\sigma^{Up}=\eta^{Uc} \tag{A10$'$}$$

对任何 a,b 都有,$\sigma^{ab}\equiv(da/db)b/a$,$\eta\equiv(\partial a/\partial p)b/a$。(A10′)如文中简化的(6)式的等式的一部分。为了看到上述推导可以得到如(A10)、(A10′)与(6)的等式的方法是有效的,我们可以注意到我们如果使用传统的对一阶条件全微分方法得到 (A6)、(A7) 再代入(A8)我们就能得到和(A10)一模一样的等式。我们也可以使用包络定理来推导出(A10)和(6)。可是,当我们使用包络定理来推出(A10)和(6)时,我们不能得出(13)式。这是因为个人选择 x 来最大

化在个人水平上的 U,从而可用包络定理,但是社会并没有选择 x 来最大化社会层次上的 U,也就不能用包络定理。通过文中描述的相对收入、税收、环境破坏效应而存在的外部效应,使个人的最优选择 x 和社会的最优选择有差异。既然包络定理不能用并且一阶条件的全微分的结果又很难处理, 我们的方法提供了一个对很多情况很有帮助的结果。在(13)式中,结果依赖于 σ^{XP}。在某种程度上这可说是不完全的。可是,即使有了全微分,P 对 X 的影响在符号上还是不确定的,取决于收入效应和替代效应的平衡。因此我们在比较时并不会漏掉任何东西。这个附录的基本信息总结如下:

命题 A:在一个评价一些外生变化对变量(如上面例子中的效用)而不是对包含在一阶条件中的决策变量(如消费和工作/闲暇时间)的作用的比较静态分析中不需要对一阶条件进行全微分。

Ng 和 Yeh(2000)会对这个命题提供一个更一般的证明。

自述之十二

这个框架对劳动分工做出简化的全局均衡分析，考虑了消费者和生产者在专业化经济和交易成本之间的权衡。该框架主要是由我的已经过世的同事杨小凯教授构建出来的。(主要专著是Yang & Ng 1993) 我只是与他和后来的学者们一起发展了这一框架。从那时起，我与杨小凯继续合作，并且独自研究，发表了Yang & Ng(1995), Ng & Yang(1997), Arrow, Ng & Yang(1998), Ng & Ng (2003; forthcoming), Ng, Shi & Sun(2003), Ng(2005, 2006)等论文。

该贡献的重要性可以从Smythe发表在Journal of Economic Literature(1994, pp.691~692)上的评论中体现出来(这本期刊是经济学领域的首要参考文献):"这是一部意义深远的巨作。虽然作者们声称他们的目的只是为增加微观经济框架的多样性，但是它涉及了一系列的主题，如贸易和增长、城市经济学、比较制度、工业组织，甚至宏观经济学。它主张微观经济学的完全重新定位，从资源配置问题转向经济组织问题……这是一部有吸引力的原创性著作，立论中肯，主要见解令人信服。杨小凯、黄有光两教授为我们提供了一种全新的微观经济学方法，使我们有可能讨论许多一直无法作形式化处理的课题。"

韦森(李维森)在其将出版的《斯密动力与布罗代尔钟罩》一书的第二章中说，"杨小凯及其合作者 (Yang 1988; Yang & Ng 1993; Yang & Ng 1998; Yang 2000; Yang 2001; 杨小凯、张永生，2004)细化和规范化了亚当·斯密的分工与专业化理论，并把科斯的交易费用理论和新制度经济学的许多理论发现，一块融入了他的宏大理论框架之中……杨小凯对人类社会的分工及其市场的扩展做了非常精细的描述。"

最优的分工水平是在提高分工水平带来的专业化的经济与减低分工带来的交易成本之间做最优取舍。然而,如果没有资本积累和技术进步,劳动分工本身也不可能有多大的作用。在劳动分工、资本积累和技术进步这三个因素的相互作用下，却能使生产力提高几百倍。这三个因素对生产力的提高的正面作用是非常明显的。但反过来,生产力的提高对劳动分工、资本积累和技术进步的反作用,却往往被人们所忽视了。而且,在促进生产力提高和经济增长的动态过程中,劳动分工、资本积累和技术进步这三个因素本身也会相互影响和相互起作用，并在这种复杂的和多方向多关联的相互促进中进一步提高生产力,推动经济增长。

劳动分工和交易成本:导论

范金　译

对本期刊(Division of Labour & Transaction Costs)创刊和相关研究最有贡献的人当属杨小凯。不幸的是,他于2004年7月7日,在该刊物出版前仙游了。小凯于2001年9月被诊断出肺癌,那时医生预测他可能再活3~6个月。尽管如此(或部分为此),他与我和其他同事一起创建了这个期刊。为祝贺和纪念小凯,我们期望不久出版该期刊的专辑《劳动分工和超边际分析》。到时将会有一个关于杨小凯生平和贡献的详细描述。(会中文的读者可以参见陈一谘Chen,2004)本文的重点主要是有关本期刊的范畴。

一、劳动分工、资本积累和技术进步:生产力增长的相互加强的源泉

劳动分工的作用显而易见。没有分工,一个人不得不亲自生产他所需要的所有东西,包括食品、衣服和居住等。即便一个人具备穆罕默德·阿里的体格以及艾伯特·爱因斯坦的智慧,他也很难在一个极其原始的水平存活。即使是原始社会的男人和女人也需要一定程度的分工,包括结婚和打猎中的合作。

有关劳动分工的研究已经有相当长的历史,最早可以追溯到柏拉图。(见孙广振Sun,待发表。)〔已发表——译者注。〕而斯密(Smith 1776)则提出了劳动分工及其对提高国民财富影响的著名论述。正如劳斯伯(Loasby 1999,p.131)所指出的那样,“劳动分工可能提高生产力在1776年不是一个新思想,但之前尚无人认识到它扮演着促进经济增长的主要角色。”经过新古典生产函数和经济增

长理论训练过的经济学家自然认为资本积累和技术进步为经济增长的主要源泉。这可通过图 1 表示。包括斯密在内的古典经济学家强调带箭头(影响方向)的曲线 1,即劳动分工影响生产力,而新古典经济学家则强调带箭头的曲线 2 和曲线 3。劳动分工、资本积累和技术进步对经济增长和提高生产力的正效应显而易见。此外,提高生产力反过来也对经济增长三要素具有反作用。显然,较高的生产力会提高积累更多的资本及通过研究而促进技术进步的能力。经济增长对劳动分工的深化的作用较不明显。这个过程包括高收入导致更多产品需求、更多的多样性以及更高的质量,因而扩大劳动分工的范围。图 2 显示,三个增长要素与生产力三方互动循环导致生产力数世纪来得到了多方面的发展。这还不是这些循环的所有故事,还有更多的可以讨论的关系。

可以说,劳动分工比技术进步与资本同样甚或更加重要,有如下述。没有分工就可能没有资本积累和技术进步。假如一个人(或甚至一个家庭,且允许家庭内部有分工,但在家庭之间没有)不得不生产他所需要的一切产品,他能活下来就已经很幸运了,根本谈不上考虑资本积累和有时间思考促进技术进步。因此,劳动分工可以极大地提高生产力、深化资本积累和技术进步。来自劳动分工的较高生产力可以获得盈余的生产,从而获得资本积累、加速经济循环和获得的生产。同样,劳动分工产生盈余时间、产生可以专心于提高生产力的专家,劳动分工也会产生人们其他的好奇追逐,从而间接引致知识和生产力的提升。

另一方面,没有资本积累和技术进步,劳动分工水平自身不可能带给我们太多的东西。(附录 A 对一些特殊例子给出了数量的说明。)资本积累和技术进步反过来极大地扩展劳动分工深化的范围。在生产的初级阶段,活动/产品很少,因而劳动分工有限。每人(或家庭)从事于一个活动(并不排除部分人从事一些相同的活动)足以耗尽劳动分工的收益。人口增长和/或市场扩大可能没有促进更多的劳动分工的余地,并不能产生额外的收益。然而,随着资本积累和技术进步越来越复杂、迂回,运用机器的生产方式的利用,随着中间投入、生产过程、产品以及生产单元有效规模的扩大,这使得劳动分工深化更能提升生产力。较高的生产力又反过来提高了资本积累和技术进步的范围。①

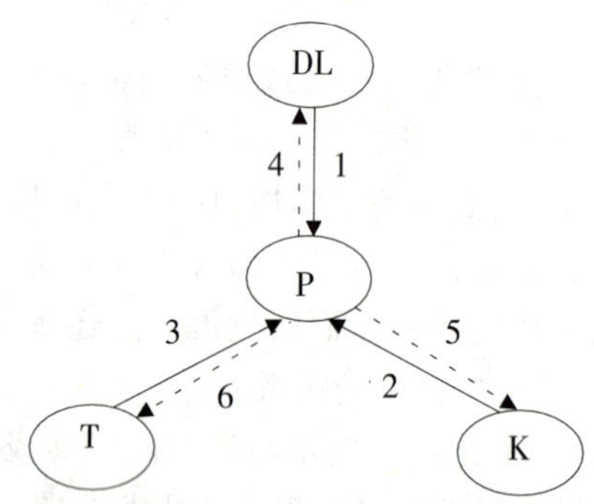

图 1　生产(P)过程中的劳动分工(DL)、资本积累(K)和技术进步(T)效应

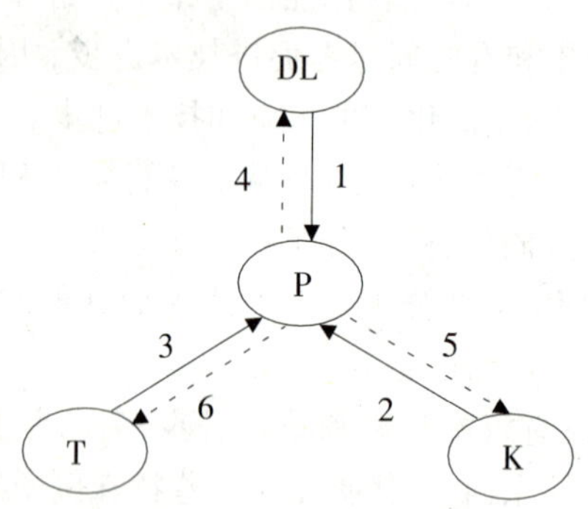

图 2　三方相互加强循环图

① 技术进步与劳动分工的紧密关系早就有讨论;例如,参见科西(Corsi 1991)和里德(Reid 1989)关于古典经济学的讨论以及瑞卡(Ricoy 2003)对马克思就此问题的看法。

事实上,尤其是资本积累和技术进步之间,以及其他两对要素两者之间,也有相互加强的关系。没有资本积累提供新机器和基础设施,技术进步也少有用武之地。同样,没有技术进步对新机器设备的要求,资本积累也会有限。假如我们仅会用铲耕田、用镰刀收割,那么就没有更多资本积累的需要。还有,技术进步提高了劳动分工深化的范围,而后者则反过来促进了技术进步。同样,高度的劳动分工促进了利用更多资本的范围,从而反过来促进更多的劳动分工。这三者两两之间的相互影响关系可以用图 3 中的曲线 7 到曲线 12 的六个箭头表示。

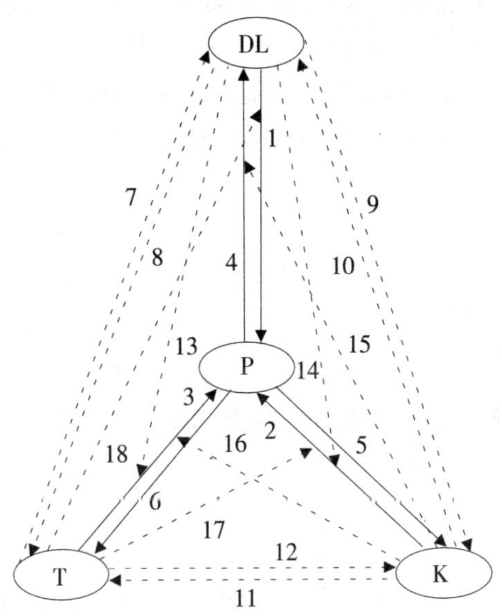

图 3 劳动分工、资本积累、技术进步与生产力之间相互关系

注:对图中的 18 根箭头的详细描述见附录 B。

故事尚未完毕;至少还有六个以上的箭头可以加上。劳动分工提升了技术进步(箭头 13)和资本积累(箭头 14)对生产力的贡献。

同样的,资本积累提升了劳动分工(箭头 15)和技术进步(箭头 16)对生产力的贡献;技术进步提升了资本积累(箭头 17)和劳动分工(箭头 18)对生产力的贡献。18 个箭头所表示的效应列表见附录 B 所示。这 18 种效应可以看成同一个硬币的不同面的映射,而且这些效应还没有概括所有的关系。例如,你可以分析,劳动分工的深化,如何影响资本对技术进步的贡献,也可以分析,技术进步如何影响较高的生产力对劳动分工的影响。此外,所有这 18 种在图中所显示的效应以及其他未显示的效应,是在给定文化、地理和制度环境中运行,且受其影响,更不必说到可能和其他因素如人口增长的相互作用。以上所有这些问题均显示了经济的复杂性和多样性。一种思想流派往往主要集中于研究一个或几个因素及他们之间的关系,以及进行有用的观察和分析。然而,坚信抓住了问题全貌的观点显然是错误的,甚至是自欺欺人的。获得问题全貌需要更多的研究和综合。

二、杨小凯和他对劳动分工分析的贡献

1987 年在普林斯顿大学完成博士学位学习 (1988 年获得学位)后,杨小凯花了一年时间在耶鲁大学完成博士后科研工作。然后他于 1988 年进入蒙纳士大学工作。在蒙纳士大学,杨小凯在国际顶尖经济学刊物,如《美国经济学评论》、《政治经济学期刊》等发表了许多重要学术论文。除此之外,他与我合作将他的博士论文再写成专著。该专著于 1993 年由北荷兰图书出版公司在《对经济分析的贡献》系列丛书中以《专业化和经济组织》为题出版。尽管我是合作者,但主要的贡献是小凯的。

最少从学术视角,杨小凯的最大贡献在于他把古典经济学思想,加以正式的数理分析,并得出许多新结果和拓展。新古典边际革命以后,经济学家主要的精力致力于资源配置,而忽视了古典经

济学中劳动分工的重要性。这部分由于专业化包含着“全部—或—全不”的选择的实际问题,而这又是边际分析不容易处理的。一个人选择成为全职的工程师或心理学家,而不是选择要花几小时研究工程学,又花几小时研究心理学。杨小凯开发了一个简单的分析框架。这个框架能分析这些选择的不同“角点”解,分析通过贸易、就业、企业的出现、城市化和工业化等而形成的整个经济的劳动分工网络。由于每个人必须消费许多产品,专业化要求具有交易成本的贸易。因此,核心的两难选择就在于专业化经济与附加交易成本之间。因此,通过技术进步和制度改善使交易成本降低,有助于深化劳动分工而获得专业化经济,从而提高生产力。需要指出的是,亚当·斯密强调市场范围对劳动分工的限制,贝克尔和墨菲(Becker and Murphy 1992)强调专业工人完成互补性工作的协调成本对劳动分工的限制,杨小凯强调贸易中的交易成本对劳动分工的限制。最后两种不同强调观点的不同之处部分在于:贝克尔和墨菲(Becker and Murphy)的侧重点在劳动的产业分工(生产单一个物品分解为不同的工作),而杨小凯的侧重点在劳动的社会分工(不同最终产品之间),虽然杨小凯和黄有光(Yang and Ng 1993)同样以迂回生产或利用中间产品的方式,也讨论了劳动的产业分工问题。

这个新的分析框架可以用来分析许多经济问题。正如《经济文献期刊》评论人斯密斯(Smythe 1994,第 pp.691~692)对杨小凯和黄有光(Yang and Ng 1993)的书评所述:“这是一部意义深远的巨作。虽然作者们声称他们的目的只是为增加微观经济框架的多样性,但是它涉及了一系列的主题,如贸易和增长、城市经济学、比较制度、工业组织,甚至宏观经济学。它主张微观经济学的完全重新定位,从资源配置问题转向经济组织问题……这是一部有吸引力的原创性著作,立论中肯,主要见解令人信服。杨小凯、黄有光两位教授为我们提供了一种全新的微观经济学方法,使我们有可能讨论

许多一直无法作形式化处理的课题。"〔利用这个新框架分析不同问题的文献回顾见杨小凯 Yang (2003)〕

詹姆斯·布坎南(James Buchanan)教授认为杨小凯的新框架非常重要,于是申请了美国国家科学基金资助,于 2002 年 6 月 2 日至 9 日举办了一个题为"超越新古典极限的经济学"研讨会。杨小凯被邀请给美国的研究生和经济学家讲解其新的分析框架。同样的研讨会分别先后于 2002 年 7 月在上海复旦大学、2003 年 2 月在蒙纳士大学、2003 年 10 月在湖南大学举行。随后,更多的研讨会已分别于 2004 年和 2005 年在北京中国人民大学、台湾中央研究院(后来是在台大——译者)举行。此外,关于杨小凯的工作,在 2003 年 3 月的蒙纳士大学的研讨会以及先前的午餐会上,布坎南直率地表述自己的观点:"全球最重要的经济学研究"是在蒙纳士。

三、相关问题和未来研究

我已经在黄有光(Ng 2004)一文中讨论了这个新框架的优点(从个人优化基本水平出发的全局均衡分析,非常灵活)和缺点(特殊的函数形式,大部分模型仅有几个产品)。事实上,没有技术进步和资本积累的劳动分工自身并不能有很大的作为,正如第一部分和附录 A 中的几个简单模型所述。图 3 中所描述的众多相关关系同样显示出新框架内的一项重要研究,是组合各种相互影响的作用或有效循环的路径。这个新框架的重要研究至今主要集中于较高的交易效率效应及劳动分工对生产力提高程度。以下,我将简要的对这个新框架的一些有趣的福祉经济学问题进行分析。

用这个新的劳动分工分析框架分析福祉经济学,显然中心问题不仅在于配置效率的传统概念,而且还在于组织效率上。组织效率是指不同经济结构之间的选择。这些经济结构包括生产产品的数量、劳动分工的不同程度以及中间投入和组织企业的不同层次。

尽管配置效率十分重要,但是从长远看,组织效率应该更加重要。为什么政府鼓励对基础设施的投资?这部分可以用公共产品的属性进行解释,而由专业化经济所产生的间接外部性的存在应该也同样重要。

改进交易(包括通讯和运输)效率的好处不仅限于交易成本的降低,而且还包括间接地导致专业化程度的提升,以及由之而来的专业化经济的增加。甚至假设排除成本可以忽略不计且没有免费搭乘问题,因基础设施改善而降低交易成本的私人生产者,可能仅仅只能获得降低交易成本的直接好处,而不能获得因更高的专业化而得到的间接好处,即使不考虑个人差异而导致的不同的消费者剩余的情形。人们会在给定现存的专业化经济水平,来评估减低交易成本的利益。通过较高程度的专业化(如出现新的市场产品)而得到的利益,并不受个人自身交易效率的影响。因此就存在两个不同的公共产品问题。提高交易效率使得基础设施改进本身可能就是一个公共产品。然而,即使这个公共产品问题通过排他性得以解决,也存在着另外一个公共产品问题,即交易效率提高对专业化水平提升的影响。即使完全可以预见,个人不可能考虑到较高的专业化带来的好处。原因在于专业化水平的提高得益于整个经济的交易效率的提高,一个人不会有可察觉的影响。这第二种公共产品问题不可能通过排他性来解决,原因在于新产品的生产者与基础设施生产者是完全不同的生产者,新产品的生产者甚至还没有出现。因此,基础设施的间接外部性可能因而使基础设施应该由公家来提供或鼓励(黄有光、黄刘淑香 Ng and Ng,2001)。对这个新框架下的关于组织的含义的考察并不限定在基础设施。事实上,广大的领域有待更多的研究。

另一个值得深入研究的领域是协调问题以及企业家作用的相关问题。多年来,我已经重复多次讨论了这个问题,包括 2002 年 6 月在弗吉尼亚技术大学由詹姆斯·布坎南(James Buchanan)教授组织的研讨会。(吉莱斯和迪曼特拉斯 Gilles and Diamantaras 也称协调问题为不确定性(indeterminacy)问题。参见他们对此精彩的分析文章以及处理这类问题的建议方式)。作为协调问题的一个简单例子,我们假设有两个(或者两百万个)完全相同的个体,两个对称的产品 x 和 y。假设交易效率 k 和专业化经济程度 α 足够低,则自给自足是全面均衡和帕雷特最优。假如 k 和足够高,则劳动分工(每人分工生产一个产品)是全面均衡和帕累托最优。假如 α 给定,k 从低水平向高水平外生变化, 那么经济如何从自给自足向劳动分工转换? 我个人认为,在价格之外的协调是必须的。即使在为 1 的正确的全局均衡价格(被虚构的瓦尔拉斯拍卖人?)宣布出来的情形下,各人对生产产品 x 或产品 y 都无所谓,任意选择其中的一种。有一半的可能情形是两人生产的是同样的物品, 因此达不到最优情形。即使我们假设这个虚构的瓦尔拉斯拍卖人不允许非均衡生产计划的实施,他也仅仅只能调整价格而不能规定产量。他宣布的任何不是 1 的价格将 100%确定导致非均衡状态。价格为 1 在有两个人的情形下仅仅才有一半的胜算。而在有两百万个人的情形下,一百万人选择生产一个产品和一百万人生产另外一个产品的概率是非常小的。在价格之外的协调肯定是需要的。这种需要并不意味着需要中央计划。这个必要的超越价格的协调可能仅仅是一个人对另外一个人说:“为什么不由你生产 x 而由我来生产 y,以后我们之间再进行交换呢? ”这是超越价格的协调,因为谁生产什么产品是有指定的。这有可能包含在谈判中, 而不可能包含在纯价格协调中,特别是在瓦尔拉斯体制下的纯价格协调。

可能需要一些超越价格的协调的事实并不意味着这项工作最好由一个中央计划部门来执行。考虑更一般的更现实的新产品导入的问题。当交易效率、人口规模、技术等提高到新产品引入市场有效率时,其导入市场并不一定会马上成功,因为人们需要了解这个新产品,从而来适应它。例如,在快餐出现以前,由于在外就餐价格很贵,所以大部分人会选择自己做晚饭、中饭自做打包。以后,快餐的导入极大地降低了在外就餐的成本。人们通过减少在家做饭而慢慢地适应了这种就餐方式。人们有了更多的闲暇时间,从而有更多的时间用于专业化活动。然而,大部分新产品需要在他们具有赢利能力之前需要消费者花费一定的时间来学习和适应。因此,即使是最成功的企业家也可能不得不忍受一定的期初损失。能够忍受这些期初损失是企业家成功的一项重要要求。这同样说明了资源从储蓄到投资转换过程中大企业存在的重要性以及金融部门的作用。对把合适的新产品引入市场的成绩而言,如果我们比较中央计划经济与自由企业市场经济,那么后者的优越性,比起处理给定产品集合间的资源配置的问题,是更加明确的。因此,市场经济活动中所需要的协调,大都依靠企业家活动的作用。即使在传统分析框架中,对企业家活动的需要也是存在的,因为使用降低成本的新方法以及导入新产品,在定义上就是企业家的功能。当然,在无报酬递增的完全竞争的传统框架下,市场对企业家的需求是很小的。当技术/需求/交易条件提升到一定的水平,即对新产品供给的需求达到向下倾斜的需求曲线与向上倾斜的供给曲线相交点达到一个正数量时,这个新产品的导入将证明是赢利的。此外,最先进入者将获得超额利润,因为起初需求价格高于供给价格。相反,在劳动分工的框架下,某人转而生产一种适应市场需要的产品的生产,可能并不能避免亏损,除非有足够数量的其他人停止在家生产而转向他购买。需要忍受一定的期初损失。因此,新分析框架比传统框架更加显示企业家的重大作用。①

这些还未解决的问题,不但不会降低对新框架的兴趣程度,实际上使问题变得更加具有挑战性,从而更加值得人们进行深入有用的研究。

① 在什么条件下企业家活动的协调更加有效或无效研究尚很浅薄,参见德丸(Tokumaru 2003)。

附录

A.没有技术进步和资本积累的劳动分工的有限贡献

我在文中提出,没有资本积累和技术进步,劳动分工水平自身不可能带给我们太多的东西。本附录用一些一般分析劳动分工的简单模型来定量的显示限度程度。甚至以对劳动分工最有利的情形,即在没有交易成本的情形,如果不考虑资本积累和技术进步,完全分工对生产力的最大贡献,大致是百分之几到百分之几百,而不是实际世界中观察到的几百倍。

首先,考虑一个简单的例子,专业化经济来源于每个产品生产中存在的固定成本(包括学习成本)。生产函数为 $x_i=l_i-A$,l_i 为产品 i 生产过程中的劳动量,A 为固定成本。为计算简单起见,我们假设所有产品均符合以上条件。假设 M 个产品被生产或消费,在不考虑劳动分工的情形下,就所有产品对具有对称拟凹效用函数的个人,会将其所有劳动时间 L 平均配置生产所有产品, 每个产品的数量为 $(L/M)-A$。在极端情况下,没有交易成本的完全劳动分工,每个人利用全部的劳动 L 生产一个产品而与其他人对所有的产品 (由于对称性)以价格 1 而进行 $M-1$ 个产品的交换,人均消费每一个 M 个产品的数量为$(L-A)/M$,超过自给自足的数量为$(L/M)-A$。前者超过后者的部分,以后者为基准,即没有交易成本的超过自给自足的完全劳动分工提高消费量的比例等于 $(M-1)/[(1/\alpha)-M]$,$\alpha\equiv A/L$ 为固定成本对总劳动量的比例。显然,该百分比随之增加而增加,也随 M 之增加而增加, 因为这两个变量分别提高专业化回报程度和劳动分工的范围。表 1 给出了在不同的 α 和 M 值下,分工的获利比例(以百分比形式表示)。例如,$\alpha=0.01$,M=10,完全劳动分工的最大获利比例为10%。表1中一些单元没有数字表示固定成本比例太高而使得相对应产品的生产不可行。

现在让我们再考虑另外一个简单模型，专业化经济不是来源于固定成本,而是来源于生产过程中的规模报酬递增。设生产函数$x_i=l_i^\alpha$,α>1表示报酬递增程度。本例中,一个对称产品自给自足下的产出水平是$(L/M)^\alpha$,完全劳动分工下每个产品的产出为L^α/M。以前者为基准的后者超过前者的比例为$M^{\alpha-1}-1$,显然,该比例随α和M的增大而增大。

不同的α和M值下的最大获得比例见表2所示。

表1　劳动分工的最大获利比例

$x_i=l_i-A$ 的案例(即固定成本导致的专业化经济)

单位:%

α	M			
	2	10	100	1000
0.001	0.1	0.9	11	–
0.01	1.0	10.0	–	–
0.10	12.5	–	–	–
0.20	33.3	–	–	–

表2显示,最大的比例接近300%,或3倍。可能有人会说,只要提高α和M的值,就能使这比例不断提高。然而,α−1.2已经是一个大的值了。这意味着投入提高100%将导致产出提高130%。同样，由于在此主要探讨没有考虑资本积累和技术进步下劳动分工贡献的限度问题，故此M值应该表示自给自足初始阶段产品的数量。这种情形下生存需要的产品需求相对是很小的。因此,表2中最后一行和最后一列所显示出劳动分工的贡献，已经是在不考虑资本积累和技术进步情形下很难达到的高度。

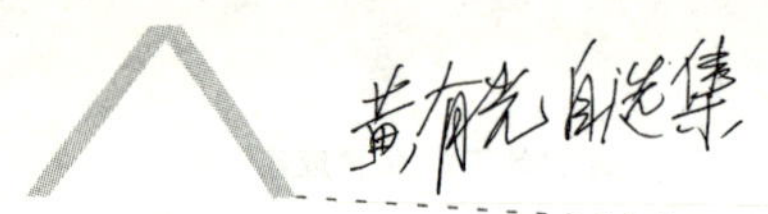

表 2 劳动分工的最大获利比例

$x_i=l_i^{\alpha}$ 的案例(即报酬递增导致的专业化经济)

单位:%

α	M			
	2	10	100	1000
1.05	3.5	12.2	25.9	41.25
1.1	7.2	25.9	58.5	99.5
1.2	14.9	58.5	151.2	298.1

B.劳动分工、资本积累、技术进步和生产力之间关系:图3的18个箭头描述

下列数字与图 3 中的数字相一致。

1.劳动分工(在未超越最优水平时)提升生产力。这是一个著名且多次讨论过的效应。它包括不仅仅限于斯密的三因素,即灵巧、节时和易操作机器。“劳动的生产能力最大限度的改善以及技能、灵巧和引导、应用的判断力的较大部分,似乎是劳动分工的效果”(斯密 Smith 1776,p.13)。

2.通过正的资本的边际生产力,资本积累增加生产。这是新古典经济模型中增长的基本源泉。

3.此处技术进步有助于生产力的提高正是技术进步的定义。

4.较高的生产力通过提高新产品需求、多样化和高质量有助于劳动分工范围的拓展。

5.较高的生产力提高积累更多资本的能力。

6. 较高的生产力增加能够用更多资源通过研究以推进技术进步的能力。

7.技术进步有助于劳动分工深化范围的拓展。这包括生产中使用更加迂回的方法。(贝克尔和墨菲 Becker and Murphy,1992,p.1146 认为那是"知识的增长提高专业化和劳动分工"。)它就是先前被马歇尔(Marshall)认为的"引入机器产生了对另外类型专业化工人的需求,从机器操作工到具有高水平判断能力的工人"(拉维兹 Lavezzi,2003,p.91)。[①]

8.劳动分工促进技术进步,这包括而且不仅限于通过提供学习的更广的范围。用斯密(Smith,1776,20)的话来说就是,"发明所有这些方便与节省劳动的机器最初主要归功于劳动分工"。

9.劳动分工有助于拓宽使用更多资本的范围。这包括通过分工使工作足够简单,而可以由使用资本的机器来进行。

10.资本积累促进劳动分工。该过程允许在生产中更加迂回和利用更多中间投入。"由于存量积累一般必须先于劳动分工,因此先有越来越多的存量积累,劳动才可以按比例越来越多的细分"(斯密 Smith,1776,p.277)。

11.资本积累促进技术进步,至少当资本积累包括人力资本与研究相关的设备时。

12.技术进步有助于扩大利用更多资本的范围;需要更多的资本用于建设更新和更好的机器、基础设施等。雷(Rae,1834,第 172 页)同样强调技术进步提高期望收益,因此不必任何额外储蓄或投资而提高"绝对资本"。(《雷(Rae)的贡献》,参见布鲁尔 Brewer,1991)

13.劳动分工提高技术进步对生产力的贡献,因为劳动分工能使高科技的生产方法得到更加充分的利用。"专业化...提高知识投资的利益"(贝克尔和墨菲 Becker and Murphy 1992,p.1157)。

14. 劳动分工提高使用更多资本的生产力。正如杨格(Young 1928,p.530)注解的那样,"制造一把铁锤只钉一个钉子是浪费的";

① 强调雷(Rae 1834)劳动分工的创新效果而不是相反效果,参见阿默达(Ahmad,1996)。

在劳动分工的情形下，一名专业铁锤使用者使用一把铁锤可以钉数以千计的钉子。

15.资本积累提高劳动分工对生产力的贡献。通过在生产过程中使用机器和中间投入,资本提高了劳动分工提高生产力的效应。

16.通过使用典型的资本密集的高技术和高产的方法,资本积累提高技术进步对生产力的贡献。

17.资本积累提高资本对生产力的贡献。高科技的生产方法一般会提高资本的边际生产力,在大部分有关范围,将资本的边际产量线向上移动。用马克思(Marx 1867,p.605)话来说,“不依赖于给定的实际运行的资本的数量,科学技术使资本得到扩张的能力”。

18. 技术进步提高劳动分工对生产力的贡献（贝克尔和墨菲Becker and Murphy 1992,p.1145 公式 12),因为更先进的生产技术典型的要求使用更多的中间投入和不同工作的合作。

参考文献

Adler, M. D. and Posner, E. A. 1999. Rethinking cost-benefit analysis, Chicago Law & Economics Working Paper, 72 (2D series).

Ahmad, S. 1996. Smith's division of labour and Rae's invention. History of Political Economy, 28(3): 441-458.

Ahuvia, A. C. and Friedman, D. C. 1998. Income, consumption, and subjective well-being: toward a composite macromarketing model, Journal of Macromarketing, 18(2): 153-168.

Akerlof, G. 1976. The economics of caste and of the rat race and other woeful tales. Quarterly Journal of Economics, 95: 599-617.

Alchian, A. A. 1953 The meaning of utility measurement. American Economic Review, 43: 26-50.

Allais, M. 1979. Expected Utility and the Allais Paradox, Reidel, Dordrecht.

Allingham, M. G. and Archibald, G. C. 1975. Second best and decentralization, Journal of Economic Theory, 10(2): 157-173.

Andreoni, J., Erard, B. and Feinstein, J. 1998. Tax compliance. Journal of Economic Literature, 36: 18-60.

Andrews, F. M. and Withey, S. B. 1976. Social Indicators of Well-Being, Plenum, New York.

Argyle, M. 1999 Causes and correlates of happiness, Ch. 18, in: Kahneman, D., Diener, E. and Schwarz, N. (eds.) Well-Being: The Foundations of Hedonic Psychology. Russell Sage Foundation, New York, pp. 353-373.

Armstrong, W. E. 1951. Utility and the theory of welfare. Oxford

Economic Papers, 3: 257–271.

Armstrong, W. E. 1955. Concerning marginal utility, Oxford Economic Papers, 2: 170–176.

Arrow, K. J. 1951/1963. Social Choice and Individual Values. Wiley, New York.

Arrow, K. J. and Hahn, F. H. 1971. General Competitive Analysis. Holden–Day, San Francisco.

Arrow, K. J., Ng, Y. –K. and Yang, X. (eds.) 1998. Increasing Return and Economic Analysis, Macmillan, London, pp. 232–252.

Arthur, W. B. 1981. The economics of risk to life. American Economic Review, 71: 54–64.

Ashby, F. G., Isen, A. M. and Turken, A. U. 1999. A neuropsychological theory of positive affect and its influence on cognition. Psychological Review, 106(3).

Atkinson, A.B. and Stiglitz, J. E. 1972. The structure of indirect taxation and economic efficiency. Journal of Public Economics, 1(1): 97–119.

Atkinson, A. B. and Stiglitz, J. E. 1976. The design of tax structure: direct versus indirect taxation. Journal of Public Economics, July–August, 6: 55–75.

Barnett, J. L. and Hemsworth, P. H. 1990. The validity of physiological and behavioral measures of animal welfare. Applied Animal Behaviour Science, 25: 177–187.

Baumol, W. J. and Bradford, D. F. 1970. Optimal departures from marginal cost pricing, American Economic Review, 60: 265–283.

Baumol, W. J. and Fischer, D. 1979. The output distribution frontier: alternatives to income taxes and transfers for strong equality goals. American Economic Review, 69: 514–525.

Becker, G. S. and Murphy, K. M. 1992. The division of labor, coordination costs, and knowledge. Quarterly Journal of Economics, 107(4): 1137–1160.

Becker, G. S. and Murphy, K. M. 1993. A simple theory of advertising as a good or bad. Quarterly Journal of Economics, 108: 941–964.

Becker, G. S. and Mulligan, C. B. 1997. The endogenous determination of time preference. Quarterly Journal of Economics, 112(3): 729–758.

Benson, P. L., et al. 1980. Intrapersonal correlates of nonspontaneous helping behavior. Journal of Social Psychology, 110: 87–95.

Berger, M. C., Blomquist, G. C., Kenkel, D., and Tolly, G. S. 1986. Valuing changes in health risks: A comparison of alternative measures', Southern Economic Journal, 53: 967–984.

Bergson, A. 1938. A reformulation of certain aspects of welfare economics. Quarterly Journal of Economics, 52: 310–334.

Bergstrom, T. C. 1982. When is a man's life worth more than his human capital. The Value of Life and Safety, edited by Jones–Lee, M. W., North–Holland, Amsterdam.

Bergstrom, T. C. and Cornes, R. C. 1983. Independence of allocative efficiency from distribution in the theory of public goods. Econometrica, 51: 753–766.

Berridge, K. C. 1999. Pleasure, pain, desire, and dread: hidden core processes of emotion. Ch. 27, in: Kahneman, D., Diener, E. and Schwartz, N. (eds.) Well–Being: The Foundations Of Hedonic Psychology, Russell Sage Foundation, New York, pp. 525–557.

Bertrand, M. and Mullainathan, S. 2001. Do people mean what they say? Implications for subjective survey data. American Economic

Review, 91(2): 67–72.

Bhagwati, J. N. 1971. The generalized theory of distortions and welfare. in: Bhagwatti, J. N., Jones, R. W. Mondell, R. A. and Vanek, R. (eds.), Balance of Payments and Growth: Papers in International Economics in Honor of Charles P. Kindleberger, North–Holland, Amsterdam.

Bhagwati, J. N. and Srinivasan. 1969. Optimal intervention to achieve non-economic objectives. Review of Economic Studies, 36 (1): 27–38.

Bhagwati, J. N. et al. 1983. The generalized theory of transfers and welfare: bilateral transfers in a multilateral world. American Economic Review, 73: 606–617.

Blanchflower, B. G. and Oswald, A. J. 2000. Well-being over time in Britain and the USA. paper presented at the Economics and Happiness Conference, Nuffield College, Oxford, 11–12.

Boiteux, M. 1971. On the management of public monopolies subject to budgetary constraints. Journal of Economic Theory, 3(3): 219–240.

Borda, J. C. de 1953. Memoire sur les Elections au Scrutin. Memoires de l Academie Royale des Sciences, 1781, English translation by A. de Grazia, Isis.

Borjas, G. J. 1994. The economics of immigration. Journal of Economic Literature, 32: 1667–1717.

Boskin, M. and Sheshenski, E. 1978. Optimal redistribution taxation when individual welfare depends upon relative income. Quarterly Journal of Economics, 92: 589–601.

Bowles, S. 1998. Endogenous preferences: the cultural consequences of markets and other economic institutions. Journal of Economic Literature, 36: 75–111.

Brekka, K. A. 1997. Economic Growth and the Environment: On the Measurement of Income and Welfare, Edward Elgar, Cheltenham, Brookfield.

Brennan, G. and McGuire, T. 1975. Optimal policy choice under uncertainty. Journal of Public Economics, 4(2): 205–209.

Brester, G. W. and Schroeder, T. C. 1995. The impacts of brand and generic advertising on meat demand. American Journal of Agricultural Economics, 77: 969–979.

Brewer, A. 1991. Economic growth and technical change: John Rae's critique of Adam Smith. History of Political Economy, 23: 1–11.

Brickman, P., Coates, D. and Janoff–Bulman, R. 1978. Lottery winners and accident victims: is happiness relative?. Journal Personality and Social Psychology, 36: 917–927.

Boadway, R. W. 1974. The welfare foundation of cost–benefit analysis. Economic Journal, 84: 926–939.

Bffs, D. 1984. Income taxation, public sector pricing, and redistribution. unpublished manuscript.

Broom, D. M. 1988. The scientific assessment animal welfare. Applied Animal Behavior Science, 20: 5–19.

Buchanan, J. M. and Tullock, G. 1962. The Calculus of Consent, Ann Arbor, University of Michigan Press.

Butt, C. 1962. The concept of consciousness. British Journal of Psychology, 53: 229–242.

Bunge, M. 1980. The Mind–Body Problem: A Psychological Approach. Pergamon, Oxford.

Cabanac, M. 1979. Sensory pleasures. Quarterly Review of Biol-

ogy, 54: 1–29.

Cabanac, M. 1992. Pleasure: the common currency, Journal of Theoretical Biology, 155: 173–200.

Camacho, A. and Sonstelie, J. 1974. Cardinal welfare, individualistic ethics, and interpersonal comparison of utilities: a note, Journal of Political Economy, 82: 607–611.

Campbell, A., Converse, P.E. and Rodgers, W.L. 1976. The Quality of American life. Sage, New York.

Cassell, E. J. 1982. The nature of suffering and the goals of medicine. New England Journal of Medicine, 306: 639–645.

Catania, A. C. and Harnad, S. (eds.) 1988. The Selection of Behavior, Cambridge University Press.

Chapman, R. C. 1990. On the neurobiological basis of suffering. Behavioral and Brain Sciences, 13: 16–17.

Chao, C. C. and Yu, E. S. H. 1991. Immiserizing growth for a quota–distorted small economy under variable returns to scale, Canadian Journal of Economics, 24: 686–692.

Chen, Y. (ed.) 2004. Where is China Heading? In Memory of Xiaokai Yang, Mirror Books, NewYork.

Chipman, J. S. and Moore, J. C. (1978) The new welfare economics 1939–1974. International Economic Review, 19: 547–584.

Chomsky, N. 1959. Review of verbal behavior by Skinner, B. F. Language, 35: 26–58.

Christopher, J. C. 1999. Situating psychological well–being: exploring the cultural roots of its theory and research, Journal of Counseling and Development, 77: 141–152.

Clark, A. E. 2000. Inequality –aversion or inequality –loving: Some surprising findings. The Economics and Happiness Conference,

Nuffield College, Oxford, 11–12 February.

Clark, A. E. and Oswald, A. J. 1996. Satisfaction and comparison income. Discussion paper 419, Department of Economics, Essex University.

Clarke, H. and Ng, Y.–K. 1993. Immigration and economics welfare: resource and environmental aspects. Economic Record, 69: 257–273.

Clarke, M. & Ng, Y.–K. 2006. Population dynamics and animal welfare: issues raised by the culling of kangaroos in Puckapunyal. Social Choice and Welfare, 27: 407–422.

Cody, M. 1966. A general theory of clutch size. Evolution, 20: 174–184.

Cohen, L. J. 1983. The controversy about irrationality, Behavior and Brain Science, 6: 510–517.

Colgan, P. 1989. Animal Motivation, Chapman and Hall, London.

Cooper, B. and Garcia –Penalosa, C. 1998. Status effects and negative utility growth, Nuffield College working paper.

Corden, W. M. 1974. Trade Policy and Economic Welfare. Oxford University Press, London.

Corsi, M. 1991 Division of Labour, Technical Change and Economic Growth, Avebury, Aldershot.

Costa, P. T. and McCrae, R. R. 1988. Personality in adulthood: a six–year longitudinal study of self–reports and spouse ratings on the NEO personality inventory. Journal of Personality Social Psychology, 54(5): 853–863

Crawford, C. and Kreps, D. L. 1998. Handbook of Evolutionary Psychology, Lawrence Erlbaum, Mahwah, NJ.

Crowne, D. P. and Marlowe, D. A. 1964. The Approval Motive:

Studies in Evaluative Dependence, Wiley, New York.

Cummins, R. A. 1998. The second approximation to an international standard for life satisfaction, Social Indicators Research, 43: 307–344

Dawkins, R. 1989. The Selfish Gene, Oxford University Press, Oxford.

Dawkins, M. S. 1980. Animal Suffering: The Science of Animal Welfare, Chapman & Hall, London.

Dawkins, M. S. 1987. Minding and mattering. Blakemore, C. & Greenfield, S. (eds.), Mindwaves, Blackwells.

Dawkins, M. S. 1990. From an animal's point of view: motivation, fitness, and animal welfare. Behavioral and Brain Sciences, 13: 1–9, 49–54.

Debreu, G. 1959. Theory of Value. Yale University Press, New Haven.

Deecke, L., Grfzinger, B. and Kornhuber, H. H. 1976. Voluntary finger movement in men: cerebral potentials and theory. Biological Cybernetics, 23: 99–119.

DeGrazia, D. 1990. On singer: more argument, less prescriptivism, Behavioral and Brain Sciences, 13: 18.

Dekel, E. and Scotchmer, S. 1999. On the evolution of attitudes towards risk in winner take all games. Journal of Economic Theory, 87: 125–143.

Di Tella, R. and Macculloch, R. 2000. Partisan social happiness. paper presented at the Economics and Happiness Conference, Nuffield College, Oxford, 11–12, February 2000.

Diamond, P. 1965. National debt in a neoclassical growth model. American Economic Review, 55: 1126–1150.

Diamond, P. A. and Mirrlees, J. A. 1971. Optimal taxation and public production. American Economic Review, 61: 8–27, 261–278.

Diener, E. 1984. Subjective well–being. Psychological Bulletin, 95: 542–575.

Diener, E, Diener, M. and Diener, C. 1995. Factors predicting the subjective well–being of nations. Journal of Personality and Social Psychology, 69(5): 851–864.

Diener, E., Horowitz, J. and Emmons, R. A. 1985. Happiness of the very wealthy, Social Indicators Research, 16: 263–274.

Diener, E., Sandvik, E., Seidlits, L. and Diener, M. 1993. The relationship between income and subjective well–being: relative or absolute? Social Indicators Research, 28: 195–223.

Diener, E. and Suh, E. 1997. Measuring quality of life: economic, social and subjective indicators. Social Indicators Research, 40: 189–216.

Diener, E. and Suh, E. 1999. National differences in subjective well–being. Ch. 22, in: Kahneman, D., Diener, E. and Schwartz, N. (eds.), Well–Being: the Foundations of Hedonic Psychology, Russell Sage Foundation, New York.

Dixit, A. K. 1970. On the optimum structure of commodity taxes, American Economic Review, 60: 295–301.

Dixit, A. and Norman, V. 1978. Advertising and welfare, Bell Journal of Economics, 9: 1–17.

Dodgson, J. S. 1977. Consumer surplus and compensation tests, Public Finance, 32(3): 312–320.

Donchin, E., McCarthy, G., Kutas, M., and Ritter, W. 1983. Event –related brain potential in the study of consciousness. in: Davidson, R. J., Schwartz, G. E. and Shapiro, D. (eds.), Conscious-

ness and Self-Regulation, Vol. 3, Plenum, New York, 81–121.

Duesenberry, J. S. 1949. Income, Saving and the Theory of Consumer Behavior. Harvard University Press, Cambridge, MA.

Duncan, I. J. H. 1974. A scientific assessment of welfare, Proceedings of the British Society for Animal Production, 3: 9–19.

Duncan, I. J. H. 1987. The welfare of farm animals: an ethological approach, Science Progress, Oxford. 71: 317–326.

Easterlin, R. A. 1974. Does economic growth improve the human lot? in: David, P. A. and Reder, M. W. (eds.), Nations and Households in Economic Growth: Essays in Honour of Moses Abramovitz, Academic Press, New York.

Easterly, W. 1999. 0Life during growth. World Bank working paper. Available on web page: http://www.worldbank.org/html/prdmg/grthweb/growth_t.htm

Eaton, J. 1989. Foreign public capital flows, in Chenery, H. and Srinivasan, T. N. (eds.) Handbook of Development Economics, vol. 11, North-Holland, Amsterdam, 1305–1386.

Eckersley, R. (ed.) 1998. Measuring Progress: Is Life Getting Better? CSIRO, Australia.

Edgeworth, F. Y. 1881. Mathematical Psychics, Kegan Paul, London.

Eisemann, C. H., Jorgensen, W. K., Merrit, D. J., Rice, M. J., Cribb, B. W., Webb, P. D., and Azlncki, M. P. 1984. Do insects feel pain? A biological view. Experientia, 40: 164–167.

Elster, J. (ed.) 1986. The Multiple Self. Cambridge University Press, Cambridge.

Elster, J. 1998. Emotions and economic theory, Journal of Economic Literature (March), 36(1): 47–74

Elster, J. 1999. Alchemies of the Mind: Rationality and the Emotions, Cambridge University Press, Cambridge.

Estes, R. J. 1988. Trends in World Social Development: The Social Progress of Nations 1970–1987, Praeger, New York.

Evans, J. St. B. T. and Over, D. E 1996. Rationality and Reasoning, Psychology Press, Hove, England.

Fang, D. M. 1980. Chinese Philosophy of Life, Li–Ming, Taipei.

Farrell, M. J. 1958. In defence of public-utility price theory. Oxford Economic Papers, 10: 109–123.

Feldstein, M. S. 1974. Distributional preferences in public expenditure analysis, in: Hochman, H.M. and Patterson, G. E. (eds.), Redistribution Through Public Choice, Columbia University Press, New York.

Feldstein, M. 1997. How big should government be? National Tax Journal, 50(2): 197–213.

Findlay, R. and Grubert, H. 1959. Factor intensities, technological progress, and the terms of trade. Oxford Economic Papers, 11: 111–121.

Fiorito, G. 1986. Is there pain in invertebrates? Behavioral Processes, 12: 383–386.

Fishburn, P. C. 1970. Intransitive indifference in preference theory: a survey. Operations Research, 18: 207–228.

Fishburn, P. C. 1972. Lotteries and social choices. Journal of Economic Theory, 5: 189–207.

Fishburn, P. C. 1972. Mathematics of Decision Theory, The Hague, Monton.

Fishburn, P. C. 1973. Interval representations for interval orders and semiorders. Journal of Mathematical Psychology, 10: 91–105.

Fishburn, P. C. 1973. Summation social choice functions, Econometrica, 41: 1183–1196.

Fleming, M. 1952. A cardinal concept of welfare, Quarterly Journal of Economics, 66: 366–384.

Fordyce, M. 1988. A review of research on happiness measures: a sixty second index of happiness and mental health, Social Indicators Research, 20: 355–381.

Frank, R. H. 1997. Conspicuous consumption: money well spent? Economic Journal, 107:1832–1847.

Frank, R. H. 1999. Luxury Fever: Why Money Fails to Satisfy in an Era of Excess. The Free Press, New York.

Frederick, S. and Loewenstein, G. 1999. Hedonic adaptation. in: Kahneman et al. 1990.

Frey, B. S. and Stutzer, A. 2000. Happiness, economy and institutions. Economic Journal, 110(446): 918–938.

Frey, B. S. and Stutzer, A. 2002. Happiness and Economics: How the Economy and Institutions Affect Well–Being. Princeton University Press, Princeton.

Frijters, P. 1999. Do individuals try to maximize general satisfaction? unpublished manuscript.

Fu, P. R. 1989. Confucianism and Modern Life, Ye Qiang, Taipei.

Furnham, A. and Cheng, H. 1999. Personality as predictor of mental health and happiness in the east and west. Personality and Individual Differences, 27: 395–403.

Galbraith, J. K. 1958. The Affluent Society, Houghton Mifflin, Boston.

Gale, D. 1974. Exchange equilibrium and coalitions. Journal of

Mathematical Economics, 1: 63–66.

Gallup, G. G. Jr. 1985. Do minds exist in species other than our own?. Neuroscience and Biobehavioral Reviews, 9: 631–641.

Georgescu–Roegen, N. 1936. The pure theory of consumer's behavior. Quarterly Journal of Economics, 50: 545–593, reprinted in Analytical Economics, Harvard University Press, 1966, Cambridge, Mass.

Georgescu–Roegen, N. 1958. Threshold in choice and the theory of demand. Econometrica, 26: 157–168.

Gintis, H. 1972. A radical analysis of welfare economics and individual development. Quarterly Journal of Economics, 86: 572–599.

Gintis, H. 1974. Welfare criteria with endogenous preferences: the economics of education. International Economic Review, 15(2): 415–430.

Goodin, R. E. 2000. Preference failures. paper presented at Fairness and Goodness Conference, (sponsored by World Health Organization, in Trivandrum, India, 11–15).

Goodman, L. A. and Markowitz, H. 1952. Social welfare functions based on individual rankings. American Journal of Sociology, 58: 257–262.

Gorman, W. M. 1955. The intransitivity of certain criteria used in welfare economics. Oxford Economic Papers, 7: 25–35.

Gould, J. L. 1985. How bees remember flower shapes , Science, 227: 1492–1494.

Gould, J. L., and Gould, C. G. 1982. The insect mind: physics or metaphysics? in: Griffin (1982).

Gould, S. J. 1980. The Panda's Thumb, Norton, New York.

Gould, S. J. and Lewontin, R. C. 1979. The spandrels of San

Marco and the Panglossian paradigm: a critique of the adaptationist programme', Proc. Royal Soc. London B 205: 581–598.

Graaff, J. de V. 1957. Theoretical Welfare Economics, University Press, Cambridge.

Gray, J. A. 1990. In defence of speciesism. Behavioral and Brain Sciences, 13: 22–3.

Green, H, A. J. 1970. On optimal taxes with an untaxable sector. American Economic Review, Vol. LX, No. 3, pp. 284–294.

Green, H. A. J. 1971. Consumer Theory, Penguin.

Gregory, R. G. 1976. Some implications of the growth of the mineral sector. Australian Journal of Agricultural Economics, 20: 71–91.

Griffin, D. R. 1976. The Question of Animal Awareness, Rockefeller University Press, New York.

Griffin, D. R. 1984. Animal Thinking, Harvard University Press.

Griffin, D. R. 1992. Animal Minds, University of Chicago Press.

Griffin, D. R., ed. 1982. Animal Mind– Human Mind, Springer–Verlag, Berlin.

Hagerty, M. R. and Veenhoven, R. 1999. Wealth and happiness revisited: growing wealth of nations does go with greater happiness. unpublished manuscript.

Hahnel, R. and Abert, M. 1990. Quiet Revolution in Welfare Economics. Princeton University Press, Princeton, New Jersey.

Harberger, A. C. 1971. The three basic postulates for applied welfare economics: an interpretive essay. Journal of Economic Literature, 9: 785–797.

Harberger, A. C. 1978. On the use of distributional weights in social cost–benefit analysis. Journal of Political Economy, 86: S87–S120.

Hardy, J. L., et al. 1952. Pain Sensations and Reactions, Baltimore.

Harnad, S. 1982. Consciousness: an afterthought. Cognitive Brain Theory, 5: 29–47.

Harrod, R. F. 1948. Towards a Dynamic Economics, Macmillan, London.

Harrington, W. and Portney, P. R. 1987. Valuing the benefits of health and safety regulation. Journal of Urban Economics, 22: 101–112.

Harsanyi, J. C. 1955. Cardinal welfare, individualistic ethics, and interpersonal comparisons of utility. Journal of Political Economy, 63: 309–321.

Harsanyi, J. C. 1997. Utilities, preferences, and substantive goods. Social Choice and Welfare, 14: 129–145.

Headley, B. and Wearing, A. 1991. Subjective well-being: a stocks and flows framework. in: Strack, F., Argyle, M. and Schwarz, N. (eds.) Subjective Well-Being, Pergamon, Oxford, pp. 49–73.

Hermalin, B. E. and Isen, A. M. 1999. The effects of affect on economic and strategic decision making, unpublished manuscript.

Hicks, J. R. 1940. The valuation of social income. Economica, 7: 105–124.

Hicks, J. R. 1941. The rehabilitation of consumers' surplus. Review of Economic Studies, 9: 108–116.

Hicks, J. R. 1953. An inaugural lecture. Oxford Economic Papers, 5: 117–135.

Hirsch, F. 1976. Social Limits to Economic Growth. Harvard University Press, Cambridge, MA.

Hochmanm, H. and Rodgers, J. D. 1969. Pareto-optimal redis-

tribution. American Economic Review, 59: 542–557.

Hodos, W. 1982. Some perspectives on the evolution of intelligence and the brain. in: Griffin (1982), 33–55.

Hotelling, H. 1938. The general welfare in relation to problems of taxation and of railway and utility rates. Econometrica, 6: 242–269.

Ihori, T. 1978. The golden rule and the role of government in a life cycle growth model. American Economic Review, 68: 389–396.

Ikema, M. 1969. The effects of economic growth on the demand for imports: a simple diagram. Oxford Economic Papers, 21: 66–69.

Inglehart, R., Basnez, M. and Moreno, A. 1998. Human Values and Beliefs: A Cross-Cultural Sourcebook: Political, Religious, Sexual, and Economic Norms in 43 Societies; Findings from the 1990–1993 World Value Survey. University of Michigan Press, Ann Arbor.

Intriligator, M. D. 1973. A probabilistic model of social choice , Review of Economic Studies, 40: 553–560.

Ippolito, P. M. and Ippolito, R. A. 1984. Measuring the value of life saving from consumer reactions to new information. Journal of Public Economics, 25: 53–81.

Ireland, N. J. 1998. Status-seeking, income taxation and efficiency. Journal of Public Economics, 70: 99–113.

Ireland, N. J. 2001. Optimal income tax in the presence of status effects. Journal of Public Economics, 81: 193–212.

Isen, A. M. 2000. Positive affect and decision making. in: Lewis, M. and Haviland-Jones, J. (eds.) Handbook of Emotions, 2nd ed. Guilford Press, New York.

Jastrow, R. 1981. The Enchanted Loom: Mind in the Universe, Simon & Schuster, New York.

Jaynes, J. 1976. The Origin of Consciousness in the Breakdown of the Bicameral Mind, Houghton Mifflin, Boston.

Jerison, H. J. 1973. Evolution of the Brain and Intelligence, Academic Press, New York.

Johnson, H. G. 1959. Economic development and international trade. Nationalkonomisk Tidsskrift, 97: 253–72.

Jones–Lee, M. W. 1976. The Value of Life, Martin Roberson, London.

Jones–Lee, M. W. (ed.) 1982. The Value of Life and Safety, North–Holland, Amsterdam.

Jones–Lee, M. W., Hammerton, M., and Philips, P. R. 1985. The value of safety: results of a national sample survey. Economic Journal, 95: 49–72.

Jones, R. J. B. 1995. Globalization and Interdependence in the International Political Economy, Pinter, London.

Josephson, B. D. and Ramachandran, V. S. 1980. Consciousness and the Physical World, Pergamon, Oxford.

Kahneman, D. 1999. Objective happiness. in: Kahneman, D., Diener, E. and Schwarz, N. 1999. Well–Being: The Foundations of Hedonic Psychology, Russell Sage Foundation, New York, pp: 3–25.

Kahneman, D., Fredrickson, B. L., Schreiber, C. A. and Redelmeier, D. A. 1993. When more pain is preferred to less: adding a better end. Psychological Science, 4(6): 401–405.

Kahneman, D., Knetsch, D. and Thaler, R. 1991. The endowment effect, loss aversion, and status quo bias. Journal of Economic Perspectives, 5: 193–206.

Kahneman, D. and Tversky, A. 1982. Judgment under Uncertainty: Heuristics and Biases. Cambridge University Press, Cambridge.

Kahneman, D. and Tversky, A. 1996. On the reality of cognitive

illusions. Psychological Review, 103: 582–591.

Kahneman, D., Wakker, P. P. and Sarin, R. 1997. Back to bentham? Explorations of experienced utility. Quarterly Journal of Economics (May), 112(2): 375–405.

Kaldor, N. 1939. Welfare propositions of economics and interpersonal comparison of utility. Economic Journal, 49: 549–552.

Kalman, P. J. 1968. Theory of consumer behavior when prices enter the utility function. Econometrica, 36: 497–510.

Kaplow, L. 1996. The optimal supply of public goods and the distortionary cost of taxation. National Tax Journal, 49: 513–533.

Kapteyn, A. and Wansbeek, T. J. 1985. The individual welfare function. Journal of Economic Psychology, 6: 333–363.

Kasser, T. and Ryan, R. M. 1993. A dark side of the American Dream: correlates of financial success as a central life aspiration. Journal of Personality and Social Psychology, 65(2): 410–422.

Kasser, T. and Ryan, R. M. 1996. Further examining the American Dream: differential correlates of intrinsic and extrinsic goals. Journal of Personality and Social Psychology, 22(3): 280–287.

Kasser, T. and Ryan, R. M. 1998. Be careful what you wish for: optimal functioning and the relative attainment of intrinsic and extrinsic goals. unpublished manuscript.

Kaufman, B. E. 1999. Emotional arousal as a source of bounded rationality. Journal of Economic Behavior and Organization, 38: 135–144.

Kemp, M. C. 1955. Technological change, the terms of trade and welfare. Economics Journal, 65: 457–473.

Kemp, M. C. and Ng, Y.-K. 1976. On the existence of social welfare functions, social orderings and social decision functions, Economica, 43: 59–66.

Kemp, M. C. and Ng, Y.-K. 1977. More on social welfare functions: the incompatibility of individualism and ordinalism. Economica, 44: 89–90.

Kemp, M. C. and Ng, Y.-K. 1982. The incompatibility of individualism and ordinalism. Mathematical Social Sciences, 3: 33–38.

Kenny, C. 1999. Does growth cause happiness, or does happiness cause growth? Kyklos, 52: 3–26.

Kirshleifer, J., de Haven, J. C. and Millman, J. W. 1960. Water Supply: Economic Technology, and Policy. Chicago, University of Chicago Press, rev. 1969.

Kockesen, L., Ok, E. and Sethi, R. 2000. On the strategic advantage of negatively interdependent preferences. Journal of Economic Theory, 92: 274–299.

Konow, J. and Earley, J. 2002. The hedonistic paradox: is homo economics happier? unpublished manuscript.

Krueger, L. E. 1989. Reconciling fechner and stevens: toward a unified psychological law. Behavioral and Brain Sciences, 12: 251–320.

Krugman, P. and Venables, A. J. 1995. Globalization and the inequality of nations. Quarterly Journal of Economics, 110: 857–880.

Kuenne, R. E. (ed.) 1967. Monopolistic Competition Theory: Studies in Impact, John Wiley, New York.

Kunreuther, H., Ginsberg, R., Miller, R., Sagi, P., Borkan, B. and Katz, N. 1978. Disaster Insurance Protection. Wiley, New York.

Lack, D. 1954. The Natural Regulation of Animal Numbers, Clarendon, Oxford.

Lane, R. E. 1993. Does money buy happiness? Public Interest,

Washington, Fall

Lane, R. E. 2000. The Loss of Happiness in Market Democracies, Yale University Press, New York.

Larsen, R. J. and Fredrickson, B. L. 1999. Measurement issues in emotion research. Ch. 3, in: Kahneman, D., Diener, E. and Schwarz, N. (eds.) Well-Being: The Foundations of Hedonic Psychology. Russell Sage Foundation, New York, pp: 40-60.

Lavezzi, A. 2003. Smith, Marshall and Young on division of labor and economic growth. European Journal of the History of Economic Thought, 10(1), 81-108.

Lazar, A. 1999. Deceiving oneself or self-deceived? On the formation of beliefs "under the influence". Mind, 108(430): 265-290.

Lebergott, S. 1993. Pursuing Happiness: American Consumers in the Twentieth Century. Princeton University Press, Princeton, NJ.

Leibenstein, H. 1965. Long-run welfare criteria, in J. Margolis, ed., The Public Economy of Urban Communities, Johns Hopkins University Press, Baltimore.

Libet, B., et al. 1979. Subjective referral of the timing for a conscious sensory experience. Brain, 102: 193-224.

Lieberman, D. A. 1990. Learning: Behavior and Cognition, Wadsworth, Belmont, California.

Lipsey, R.G. and Lancaster, K. 1956/57. The general theory of second best. Review of Economic Studies, 24: 11-32.

Little, I. M. D. 1950/1957. A Critique of Welfare Economics, Oxford University Press, London.

Loasby, B. 1999. Knowledge, Institutions and Evolution in Economics, Routledge, London.

Loewenstein, G. and Elster, J. (ed.) 1992. Choice over time,

Russell Sage Foundation, New York, NY.

Loewenstein, G. and Schkade, D. 1999. Wouldnt it be nice? Predicting future feelings. Ch. 5, in: Kahneman, D., Diener, E. and Schwaz, N. (eds.) Well–Being: The Foundations of Hedonic Psychology, Russell Sage Foundation, New York, pp: 85–105.

Lorenz, K. 1971. Studies in Animal and Human Behavior, Vol. 2. Methuen, London.

Lorenz, K. 1977. Behind the Mirror, Methuen, London.

Lorenz, K. Z. and Tinbergen, N. 1938. Taxis and instinkthandlung in der eirollbewegung der grangans. Z. Tierpsychol, 2: 238–342.

Lu, L. and Shih, J. B. 1997. Sources of happiness: a qualitative approach. Journal of Social Psychology, 137: 181–187.

Luce, R. D. 1956. Semiorders and a theory of utility discrimination. Econometrica, 24: 178–191.

Luce, R. D. and Edwards, W. 1958. The derivations of subjective scales from just noticeable differences. Psychological Review, 65: 222–237.

Luce, R. D. and Galanter, E. 1963. Psychophysical scaling. in: Luce, R. D., Bush, R. R. and Galanter, E. (eds.) Handbook of Mathematical Psychology, Vol. 1. Wiley, New York.

Lykken, D. and Tellegen, A. 1996. Happiness is a stochastic phenomenon, Psychological Science, 7(3): 186–189.

Marchionatti, R. 1999. On Keynes' animal spirits. Kyklos, 52: 415–439.

Marschak, J. 1950. Rational behavior, uncertain prospects and measurable utility. Econometrica, 18 (1950): 111–141; Errata, Econometrica, 18: 312.

Marx, K. 1867. Capital: A Critique of Political Economy, Vol. I,

International Publishers, New York.

Maslow, A. H. 1970. Motivation and Personality, Harper & Row, New York.

Maxwell, M. 1984. Human Evolution: A Philosophical Anthropology, Columbia University Press, New York.

Maynard Smith, J. 1984. A one-sided view of evolution. Behavioral and Brain Sciences, reprinted in Catania and Harnad (1988).

Mayston, D. J. 1974. Optimal licensing in public sector tariff structure. in Parkin, M. and Nobay, A.R. (eds.), Contemporary Issues in Economics, Manchester University Press.

McFarland, D. 1989. Problems of Animal Behavior, Longman.

McKearney, J. W. 1970. Responding under fixed-ratio and multiple fixed-interval fixed-ratio schedules of electric shock presentation. Journal of Experimental Analysis of Behavior, 14: 1-6.

McKinnon, R. I. 1976. International transfers and non-traded commodities: the adjustment problem. in Leidziber, D. M. (eds.), The International Monetary System and the Developing Nations, Agency for International Development, Washington, DC.

McManus, M. 1939. Comments on "the general theory of second best". Review of Economic Studies, 26: 209-224.

Melzack, R. and Wall, P. D. 1965. Pain mechanisms: a new theory. Science, 150: 971-979.

Mirrlees, J. A. 1971. An exploration in the theory of optimum income taxation. Review of Economic Studies, 38: 175-208.

Mirrlees, J. A. 1975. Tax theory and the progressivity of tax systems. ISRACON Conference Papers.

Mirrlees, J. A. 1976. Optimal tax theory: A synthesis. Journal of Public Economics, 6: 327-358.

Mirrlees, J. A. 1981. The theory of optimal taxation. in Arrow, K. J. and Intriligator, M. D. (eds.), Handbook of Mathematical AEconomics, Vol. III, North–Holland, Amsterdam.

Mishan, E. J. 1960. A survey of welfare economics 1939–1959. Economic Journal, 70: 197–256.

Mishan, E. J. 1962. Second thoughts on second best. Oxford Economic Papers, N.S., 14: 205–217.

Mishan, E. J. 1969. Welfare Economics: An Assessment, North–Holland, Amsterdam.

Mishan, E. J. 1969/1993. The Costs of Economic Growth, Weidenfeld & Nicolson, London.

Mishan, E. J. 1971. The valuation of life and limb: a theoretical approach. Journal of Political Economy, 79: 687–705.

Mishan, E. J. 1977. The Economic Growth Debate: An Assessment, Allen & Unwin, London.

Morton, D. B., and Griffiths, P. H. M. 1985. Guidelines on the recognition of pain, distress and discomfort in experimental animals and an hypothesis of assessment. Veterinary Record, 116: 431–436.

Mueller, D. C. 1989. Public Choice II. Cambridge University Press.

Murray, B. G. Jr. 1979. Population Dynamics: Alternative Models, Academic Press, New York.

Musgrave, R. A. 1969. Cost–benefit analysis and the theory of public finance. Journal of Economic Literature, 7: 797–806.

Musgrave, R. A. and Musgrave, P. B. 1980. Public Finance in Theory and Practice, 3rd ed., McGraw–Hill, New York.

Myers, D. 1996. Social Psychology, Macmillan, New York.

Negishi, T. 1961. Monopolistic competition and general equilib-

rium. Review of Economic Studies, 28: 196–201.

Nerlove, M., Razin, A., and Sadka, E. 1987. Household and Economy: Welfare Economics of Endogenous Fertility, Academic Press, Boston.

Neumann, J. von, and Morgenstern, O. 1947. Theory of Games and Economic Behavior, Princeton University Press.

Neumark, D. and Postlewaite, A. 1998. Relative income concerns and the rise in married women's Employment. Journal of Public Economics, 70(1): 157–183.

Newswire, P. R. 2000. Sex and the survey, the 2000 durex global sex survey reveals what the world has to say about sex. http://library.northernlight.com/FB20001017290000041. html.

Ng, S. 2002. Which countries/regions will benefit more from the growth of China? China and the World Economy, 10(5): 55–59.

Ng, S. and Ng, Y.–K. 1999. The enrichment of a sector (individual/region/country) benefits others: The case of trade for specialization. International Journal of Development Planning Literature, pp: 403–410.

Ng, S. and Ng, Y.–K. 2001. Welfare–reducing growth despite individual and government optimization. Social Choice and Welfare, 18: 497–506.

Ng, S. and Ng, Y.–K. 2003. Do the economies of specialization justify the work ethics? An examination of Buchanan's hypothesis. Journal of Economic Behavior and Organization, 50: 339–353.

Ng, Y.–K. & Ng, S. (forthcoming) Why should governments encourage improvements in infrastructure? Indirect network externality of transaction efficiency. Public Finance and Management.

Ng, Y.–K. 1972. Value judgements and economists role in policy recommendation. Economic Journal, 82: 1014–1018.

Ng, Y.–K. 1973. Interpretations of the pareto principle and its compatibility with liberalism. the Third Conference of Australasian Economists, Adelaide.

Ng, Y.–K. 1975a. Bentham or bergson? Finite sensibility, utility functions, and social welfare functions. Review of Economic Studies, 42: 545–570.

Ng, Y.–K. 1975b. Non–economic activities, indirect externalities, and third–best policies. Kyklos, 29(3): 507–525.

Ng, Y.–K. 1976. A micro–macroeconomic analysis based on a representative firml. Economica, 49: 121–139.

Ng, Y.–K. 1977. Towards a theory of third best. Public Finance, 32:1–15.

Ng, Y.–K. 1979/1983. Welfare Economics: Introduction and Development of Basic Concepts, Macmillan, London.

Ng, Y.–K. 1980. Macroeconomics with non–perfect competition. Economic Journal, 90, 598–160.

Ng, Y.–K. 1981a. A micro–macroeconomic analysis based on a representative firm: revenue maximization and the case of an industry´, Monash Economics Seminar Paper, No. 18/81.

Ng, Y.–K. 1981b. A micro–macroeconomic analysis based on a representative firm: the long run. Monash Economics Seminar Paper, No. 19/81.

Ng, Y.–K. 1981c. A micro–macroeconomic analysis based on a representative firm: size and Oligopoly. Monash Economics Seminar Paper, No. 22/81.

Ng, Y.–K. 1981d. Welfarism: a defence against Sen´s attack. Economic Journal, 91: 527–530.

Ng, Y.-K. 1982. The necessity of interpersonal cardinal utilities in distributional judgements and social choice. Zeitschrift fur National ōkonomie, 42: 207–233.

Ng, Y.-K. 1983. Welfare Economics, 2nd ed., Macmillan, London.

Ng, Y.-K. 1984a. Quasi-pareto social improvements, American Economic Review, 74: 1033–1050.

Ng, Y.-K. 1984b. Expected subjective utility: Is the Neumann-Morgenstern utility the same as the neoclassical's? Social Choice and Welfare, 1:177–186.

Ng, Y.-K. 1985. Equity and efficiency versus freedom and fairness: An inherent conflict. Kyklos, 38(4): 495–516.

Ng, Y.-K. 1987a. Relative-Income effects and the appropriate level of public expenditure. Oxford Economic Papers, 39, 293–300.

Ng, Y.-K. 1987b. Diamonds are a government's best friend: Burden-free taxes on goods valued for their values. American Economic Review, 77: 186–191.

Ng, Y.-K. 1988. Economic efficiency versus egalitarian rights. Kyklos, 41(2): 215–237.

Ng, Y.-K. 1989a. What should we do about future generations? Impossibility of Parfit's theory X. Economics and Philosophy, 5: 135–253.

Ng, Y.-K. 1989b. Individual irrationality and social welfare. Social Choice and Welfare, 6: 87–101.

Ng, Y.-K. 1989c. Divergence between utility and dollar values of life as one ages: Solving the parish paradox and raising perplexing policy issues. Monash Seminar Paper 5/1989, Monash University; also presented at the First International Conference on Social Choice and

Welfare at Valencia, Spain.

Ng, Y.–K. 1990a. The case for and difficulties in using "demand areas" to measure changes in well being. Behavioral and Brain Sciences, 13: 30–31.

Ng, Y.–K. 1990b. Welfarism and utilitarianism: A rehabilitation. Utilitas, 2: 171–193.

Ng, Y.–K. 1992a. Do individuals optimize in intertemporal consumption/saving decisions? A liberal method to encourage savings, Journal of Economic Behavior and Organizztion, 17: 101–114.

Ng, Y.–K. 1992b. The older the more valuable: Divergence between utility and dollar values of life as one ages. Journal of Economics, 55(1): 1–16.

Ng, Y.–K. 1992c. Business confidence and depression prevention: A mesoeconomic perspective. American Economic Review, 82 (2): 365–371.

Ng, Y.–K. 1992d. Happiness surveys: Ways to improve accuracy and comparability. Monash Economics Seminar Paper No. 14/92.

Ng, Y. –K. 1992e. Population dynamics and animal welfare. Monash Economics Seminar Paper No.15/92. Later published as Clarke & Ng 2006.

Ng, Y.–K. 1992f. Complex niches favors the evolution of more rational species, Monash Economics Paper No. 16/92. Later published as 1996b.

Ng, Y.–K. 1993. Mixed diamond goods and anomalies in consumer theory: Upward–sloping compensated demand curves with unchanged diamondness. Mathematical Social Sciences, 25: 287–293.

Ng, Y. –K. 1995. Towards welfare biology: Evolutionary economics of animal consciousness and suffering. Biology and Philosophy,

10: 255–285.

Ng, Y.–K. 1996a. Happiness surveys: Some comparability issues and an exploratory survey based on just perceivable increments. Social Indicators Research, 38: 1–29.

Ng, Y.–K. 1996b. Complex niches favor rational species. Journal of Theoretical Biology, 179: 303–311.

Ng, Y.–K. 1996c. The enrichment of a sector (individual/region/country) benefits others: The third welfare theorem? Pacific Economic Review, 1(2): 93–115.

Ng, Y.–K. 1997. A case for happiness, cardinal utility, and interpersonal comparability. Economic Journal, 107: 1848–1858.

Ng, Y.–K. 1999. Utility, informed preference, or happiness? Social Choice and Welfare, 16(2): 197–216.

Ng, Y.–K. 2000a. The optimal size of public spending and the distortionary costs of taxation. National Tax Journal, 52(2): 253–272.

Ng, Y.–K. 2000b. Efficiency, Equality, and Public Policy: With a Case for Higher Public Spending, Basingstoke, Macmillan, Hampshire.

Ng, Y.–K. 2000c. From preference to happiness: towards a more complete welfare economics. keynote paper. International Conference on Economics and the Pursuit of Happiness, Nuffield College, Oxford. Latter published as 2003a

Ng, Y.–K. 2000d. Why do economists overestimate the costs of public spending? Newsletter of the Royal Economic Society, UK 110, pp: 5–7.

Ng, Y.–K. 2001a. Towards a welfarist cost–benefit analysis. paper presented to the Annual Meeting of American Economic Association, January, New Orleans.

Ng, Y.–K. 2001b. Is public spending good for you? World Economics, 2(2): 1–17.

Ng, Y.–K. 2002. The East–Asian happiness gap: speculating on causes and implications. Pacific Economic Review, 7: 51–63.

Ng, Y.–K. 2003a. From preference to happiness: towards a more complete welfare economics. Social Choice and Welfare, 20: 307–50.

Ng, Y.–K. 2003b. Increasing returns and economic efficiency. Monash University Economics Working Paper.

Ng, Y.–K. 2004. Increasing returns and economic organization: introduction. Journal of Economic Behavior and Organization, 55(2): 129–136.

Ng, Y.–K. 2005. Division of labour & transaction costs: an introduction. Division of Labour & Transaction Costs, 1(1): 1–13.

Ng, Y.–K. 2006. Do the economies of specialization justify the work ethics? A further examination of Buchanan's hypothesis. Annals of Economics and Finance, 7(2): 385–403.

Ng, Y.–K. The paradox of the adventurous young and the cautious old: Natural selection versus rational calculation. Journal of Theoretical Biology (forthcoming). Later published in 1991.

Ng, Y.–K. and Li, G. 2007. Indirect pricing theory of the firm: A general –equilibrium analysis involving production technology and management service. Pacific Economic Review, Volume 12, Issue 1: 129–148.

Ng, Y.–K. and Ng, S. 2001. Why do governments encourage improvements in infrastructure? Indirect network externality of transaction efficiency. paper presented at the International Symposium on the Economics of E–commerce and Networking Decisions, Monash University.

Ng, Y.–K. and Ng, S. 2003. Do the economies of specialization

justify the work ethics? An examination of Buchanan's hypothesis, Journal of Economic Behavior and Organization, 20: 307–350.

Ng, Y.-K. Shi, H. and Sun, G. 2003. E-Commerce and Economic Organization: Inframargina Analysis of Networking Decisions, Macmillan, London.

Ng, Y.-K. and Sun G. 2006. Introduction. Division of Labour & Transaction Costs, 1(2): 99–103.

Ng, Y.-K. and Sun G. 2007. Economics of endogenous specialization: Introduction. Pacific Economic Review, Volume 12, Issue 1: 63–67.

Ng, Y.-K. and Wang, J. 1993. Relative income, aspiration, environmental quality, individual and political myopia: Why may the rat-race for material growth be welfarereducing? Mathematical Social Sciences, 26: 3–23.

Ng, Y.-K. and Wang, J. 2001. Attitude choice, economic change, and welfare. Journal of Economic Behavior and Organization, 45: 279–291.

Ng, Y.-K. and Weisser, M. 1974. Optimal pricing with a budget constraint – the case of the two-part tariff, Review of Economic Studies, 41: 337–345.

Ng, Y.-K. and Wu, Y. 2004. Multiple equilibria and interfirm macro-externality: An analysis of sluggish real adjustment. Annals of Economics and Finance, 5: 61–77.

Ng, Y.-K. and Yang, X. 1997. Specialization, information, and growth: A sequential equilibrium analysis. Review of Development Economics, 1(3): 257–274.

Ng, Y.-K. and Yeh, Y. Comparative statics without the total differentiation of first-order conditions. Econ Letters (forthcoming).

N.G, Siang. 2002. Which Countries Regionswill Benefitmore from the Growth of China, China and the World Economy, 2002 (refereed), 10(5):55–59.

Ahmad, S.1996. Smith's division of labour and Rae's invention. History of Political Economy, 28(3), 441–458.

Becker, G.S and KM Murphy.1992. The division of labour, coordination costs, and knowledge. Quarterly Journal of Economics, 107(4), 1137–1160.

Brewer, A.1991. Economic growth and technical change: John Rae's critique of Adam Smith. History of Political Economy, 23, 1–11.

Chen, Y(ed.)2004. Whereis China Heading? In Memory of Xiaokai Yang. NewYork: Mirror Books.

Corsi, M.1991. Division of Labour, Technical Change and Economic Growth. Aldershot: Avebury.

Lavezzi, A.2003. Smith, Marshall and Young on division of labour and economic growth. European Journal of the History of Economic Thought, 10(1), 81–108.

Loasby, B.1999. Knowledge, Institutions and Evolutionin Economics. London: Routledge.

Marx, K.1867. Capital: A Critique of Political Economy, Vol. I. New York: International Publishers1967.

Ng, Y-K.2004. Increasing returns and economic organization: Introduction. Journal of Economic Behavior and Organization, 55(2), 129–136.

Ng, Y-K, H.Shi and G.Sun.2003. E-Commerce and Economic Organization: Inframarginal Analysis of Networking Decisions. London: Macmillan.

Ng, Y-K and S.Ng.2001. Why do governments encourage improvements in infrastructure? Indirect network externality of transaction efficiency, paper presented at the International Symposium on the Economics of E-commerce and Networking Decisions, July 2001, Monash University.

Rae, J.1834. New Principles of Political Economy. New York: Kelley, 1964.

Reid, G.C.1989. Classical Economic Growth: An Analysisin the Tradition of Adam Smith. Oxford: Blackwell.

Ricoy, C.J.2003. Marx on division of labour, mechnization and technical progress. European Journal of the History of Economic Thought, 10(1), 47-79.

Smith, A.1776. An Inquiry into the Nature and Causes of the Wealth of Nations. Edited by RH Campbell, etal. Oxford.

Smythe, D.1994. Book review: Specialization and economic organization: A new classical microeconomic framework. Journal of Economic Literature, 32, 691-692.

Sun, G-Z.2005. Readings in the Economics of Division of Labour: The Classical Tradition. Singapore: World Scientific Publishing.

Tokumaru, N.2003. The division of labour is limited by the extent of the market? The counter-case of the Okayama farm-engine industrial district in Japan. Industry and Innovation, 10 (2), 145-158.

Yang, X.2003. Where do we stand: A review of the literature of infra-margin alanalysis of network of division of labour, in E-Commerce and Economic Organization: Inframarginal Analysis of Networking Decisions (eds). Y-K Ng, H Shi and G Sun. London:

Macmillan.

Yang, X.and Y-K Ng.1993. Specialization and Economic Organization: A New Classical Microeconomic Framework. Amsterdam: North-Holland.

Young, A.1928. Increasing returns and economic progress. Economic Journal, 38, 527-542.

Nordhaus W, Tobin J.1972. Is growth absolute? National Bureau of EconomicResearch, Economic Growth, Columbia University Press

Offer A.2000. Economic welfare measurements and human well-being. University of Oxford Discussion Papers in Economic and Social History, No. 34

Oswald A J.1997.Happiness and economic performance. Econ J 107: 1815-1831

Pavot W.1991. Further validation of the satisfaction with life scale: evidence for theconvergence of well-being measures. J Personal Assess 57: 149-161

Pencavel J.1986. Labor supply of man: A survey. In: Ashenfelter OC, Layard R (eds)Handbook of labor economics, vol. 1. North Holland, Amsterdam, pp 3-102

Pigou A.C.1912/1929/1932. Wealth and welfare. Later editions (1920, 1924, 1929,1932)assume the title The economics of welfare. Macmillan, London

Pollak R.A, Wales T J.1992. Demand system specification and estimation. OxfordUniversity Press, Oxford

Rae J.1834.New principles of political economy. Reprinted: Mixter CW (ed)(1990)The sociological theory of capital. Macmillan, New York

Ramsey F.P.1928. A mathematical theory of saving. Econ J 38:

543–559

Reprinted: Arrow K.J, Scitovsky T.(eds).1969. Readings in welfare economics. Allen &Unwin, London

Redelmeier D.A, Kahneman D.1996. Patients' memories of painful medical procedures: real–time and retrospective evaluations of two minimally invasive treatments.Pain 66: 3–8

Reiter M.2000. Relative preferences and public goods. Europ Econ Rev 44(3): 565–585

Richins M.L, Mckeage KKR, Najjar D.1992. An exploration of materialism andconsumption–related affect. Adv Consumer Res 19: 229–236

Robson A.J.2001. The biological basis of economic behavior. J Econ Lit 29: 11–33

Rogers A.1994. Evolution of time preference by natural selection. Am Econ Rev 84:460–481

Rozin P.1999. Preadaptation and the puzzles and properties of pleasure, Ch. 6. In: Kahneman D, Diener E, Schwarz N (eds)Well–being: The foundations of hedonicpsychology. Russell Sage Foundation, New York, pp 109–133

Ryan R.M., Chirkov V.I., Little T.D., Sheldon K.M., Timoshina E, Deci E.L.1999. The American dream in Russia: Aspirations and well–being in two cultures. PersonalitySoc Psychol Bull 25 (12): 1509–1524

Sandvik E., Diener E., Seidlitz L.1993. Subjective well–being: The convergence andstability of self–report and non–self report measures. J. Personality 61(3): 317–342

Schwarz N., Sarack F.1999. Reports of subjective well–being: Judgmental processesand their methodological implications. In: Kahneman et al.

Schyns P.1998. Crossnational differences in happiness. Soc Indicators Res 43: 3-26

Scitovsky T.1976/1992. The joyless economy. Oxford University Press, New York

Seidlitz L., Wyer R.S. Jr, Diener E.1997. Cognitive correlates of subjective well-being:the processing of valenced life events by happy and unhappy persons. J Res Personality31(2): 240-256

Sen A.K.1985. Commodities and capabilities. North-Holland, Amsterdam

Shedler J., Mayman M.,Manis M.1993. The illusion of mental health. Am Psychol48(11): 1117-1131

Slottje D.1991. Measuring the quality of life across countries: A multidimension alanalysis. Westview, Boulder, Col.

Smith R., Diener E., Wedell D.H.1989. Intrapersonal and social comparison determinantsof happiness: A range-frenquency analysis. J Personality Soc Psychol 56(3):317-325

Stanovich K.E., West R.F.2000. Individual di¤erences in reasoning: Implications forthe rationality debate. Behav Brain Sci 22(5)

Stein E.1996. Without good reason: The rationality debate in philosophy and cognitive science. Oxford University Press, Oxford

Stone A.A., Shiffman S.S., DeVries M.W.1999. Ecological momentary assessment, Ch. 2. In: Kahneman D, Diener E, Schwarz N (eds)Well-being: The foundations ofhedonic psychology. Russell Sage Foundation, New York, pp 26-39

Stones M.J., Hadjistavropoulos T., Tuuko H., Kozma A.1995. Happiness has traitlikeand statelike properties: a reply to Veenhoven. Soc Indicators Res 36(2): 129-144

Sutton S., Davidson R.1997. Prefrontal brain symmetry: a biological substrate of thebehavioral approach and inhibition systems. Psychol Sci 8(3): 204–210

Switzer G.E. et al.1995. The effect of a school–based helper program on adolescentself–image, attitudes, and behavior. J Early Adolescence 15(4): 429–455

Tanzi V., Schuknecht L.2000. Public spending in the 20th century: A global perspective.Cambridge University Press, Cambridge

Tremblay L., Schults W.1999. Relative reward preference in primate orbitofrontalcortex. Nature 398: 704–708

Tremblay C.H., Tremblay V.J.1995. Advertising, price, and welfare: evidence from theU.S. brewing industry. South Econ J 6: 367–381

Tversky A., Griffin D.1991. Endowment and contrast in judement of well–being. In:Zeckhauser RJ (ed)Strategy and choice. MIT Press, Cambridge, Mass.

US Bureau of Labor Statistics.1986. Consumer expenditure survey: Interview survey1984. Bulletin 2267, Washington, D.C

Van Praag BMS.1968. Individual welfare functions and consumer behaviour. NorthHolland, Amsterdam

Veblen T.1899. The theory of the leisure class. Macmillan, New York

Veenhoven R.1984. Conditions of happiness. Kluwer Academic, Dordrecht

Veenhoven R.1991. Is happiness relative? Soc Indicators Res 24: 1–34

Veenhoven R.1993. Happiness in nations: Subjective appreciation of life in 56 nations1946–1992. RISBO, Rotterdam

Veenhoven R.2000. Freedom and happiness: a comparative study in 44 nations in theearly 1990's. In: Diener E, Suh EM(eds)Culture and subjective well-being. The MIT Press, Cambridge, MA, US, pp 257-288

Walsh D., Gillespie A.1990. Designer kids: Consumerism and competition: When is itall too much? Deaconess Press, Minneapolis, MN

Watanabe M.1999. Neurobiology: Attraction is relative not absolute. Nature 398:661-663

Wilkie W.L.1994. Consumer behavior, 3rd ed. John Wiley, New York

Wilkinson R.G.1997. Health inequalities: Relative or absolute material standards? BritMed J 314 (22 February): 591-595

Wilson E.O.1975. Sociobiology: The new synthesis. Harvard University Press, Cambridge, MA

Winkelmann L., Winkelmann R.1998. Why are the unemployed so unhappy? Economica65: 1-15

Wright N., Larsen V.1993. Materialism and life satisfaction: a meta-analysis. J Consumer Satisfac, Dissatisfac, Complaining Behav 6: 158-165

图书在版编目（CIP）数据

黄有光自选集/黄有光著．—太原：山西经济出版社，2008.3

（当代华人经济学家文库/胡必亮，赵建廷主编）

ISBN 978-7-80636-848-0

Ⅰ．黄…　Ⅱ．黄…　Ⅲ．福利经济学-文集　Ⅳ．F061.4-53

中国版本图书馆 CIP 数据核字（2008）第 020995 号

黄有光自选集

著　　者：黄有光
责任编辑：李慧平
装帧设计：陈永平

出 版 者：山西出版集团·山西经济出版社
地　　址：太原市建设南路 21 号
邮　　编：030012
电　　话：0351-4922133(发行中心)
0351-4922085(综合办)
E-mail：sxjjfx@163.com
jingjshb@sxskcb.com
网　　址：www.sxjjcb.com

经 销 者：新华书店
承 印 者：太原红星印刷厂

开　　本：880mm×1230mm　1/32
印　　张：10.625
字　　数：270 千字
印　　数：1—3000 册
版　　次：2008 年 3 月第 1 版
印　　次：2008 年 3 月第 1 次印刷
书　　号：ISBN 978-7-80636-848-0
定　　价：25.00 元